· 中国北约研究丛书
· 丛书主编：王义桅

北约是什么

——北约重要历史文献选编之三、之四

刘得手　姚百慧　许海云　李海东　等　编译

世界知识出版社

本丛书出版得到

"中国人民大学北约研究专项启动经费"资助

<<

丛书总序：北约研究大有可为

我们编纂出版中国北约研究丛书，首要的是为回答以下基本问题：

一、北约是什么性质的组织？

早在1950年，北约首任秘书长伊斯梅（Lord Ismay）勋爵用三句话简明地概括了北约成立的宗旨。第一句话是keep the Americans in（留住美国人），意即美国是北约的盟主；第二句话是keep the Russians out（挡住苏联人），意即把苏联挤出欧洲；第三句话是keep the Germans down（压住德国人），意即防止德国军国主义复活。60多年过去了，这三句话仍然起作用，只不过苏联已经解体，但是针对俄罗斯的意图依然如故。发生变化的只有德国。东西德统一之后，并未出现北约成立伊始所担心的军国主义复活，反而通过引进欧元，成为"欧洲的德国"。欧洲一体化的核心是德国问题，德国对北约的参与、贡献，如何影响欧洲、欧美关系的未来，是北约研究的一个焦点问题。

这从一个侧面提示我们：北约是什么性质的组织？必须结合新的时代变迁和北约自身的转型，进行与时俱进的分析研究。

二、北约是一支什么力量？

北约宪章——《北大西洋公约》宣称，北约遵循《联合国宪章》的宗旨与原则，基于民主、个人自由、法治的原则，致力于维护其人民的自由、共同遗产与文明，旨在提升北大西洋地区的稳定与福祉。今天，北约已经从创建之初的12个成员国增加到28个成员国。作为横跨东西方文明的土耳其也成为北约成员国，但是，北约作为跨大西洋安全与价值纽带的本质并未改变。世界各国对北约的内外关系及其作用、影响的认识存在着巨大反差，使得北约研究充满了挑战。

通常人们认为，北约是美国推行军事霸权的工具，甚至一些北约成员国如希腊，也有许多人持这种观点。美国与北约的关系，的确是必须作出回答的首要问题。

北约与美国霸权不能简单画等号，显著的差别是美国要做世界警察，而北约不然。"全球北约"（Global NATO）是指为应对全球性安全挑战，北约建立了全球伙伴关系，并非要成为全球警察。北约要成为全球警察，可以说第一个反对的就是美国。因为美国要做"世界警察"，不会容忍第二个"世界警察"存在，尽管北约是美国领导下成立的。正如联合国也是由美国发起成立，而美国却常常绕过联合国行事一样。在亚太地区，美国有其双边联盟体系和多边联盟体系，因此反对北约插手。所谓"亚洲版北约"并非北约的意图，而是一些亚洲国家如印度呼应或揣摩美国的想法。这反过来也提醒我们，北约对美国霸权除了"帮凶"以外，也还有掣肘的一面，这是我们开展北约研究、利用北约探究美欧关系的兴趣点之一。

与此相连的另外一个关注点是，美国究竟通过什么渠道利用北约达到其霸权目标的？北约有三个总部：政治总部设在比利时的布鲁塞尔；军事总部设在比利时靠近法国边境的蒙斯；转型司令部设在美国弗吉尼亚州的诺福克。可以形象地比喻为：北约的大脑在诺福克，肌肉在蒙斯，而嘴巴在布鲁塞尔。因此，美国对北约最大的影响是战略观念的打造。其次，美国是北约军事装备、技术和系统的主要提供者。欧洲的军工体系对美国依赖较大，惠普公司、洛克希德—马丁公司在欧洲的业务不逊于在美国本土。欧洲对美国的安全依赖，不只是体现在战略理念软的层面，在军工体系、军事技术等硬的层面更是如此。这是欧盟迟迟不能解除对华武器禁运的主要原因。当然，美国驻北约大使、一直担任北约军事最高指挥官的美国将军，都是美国影响北约的人为因素。《北大西洋公约》规定，北约必须在联合国授权下展开军事行动。此外，北约的一致表决通过原则，属于软约束，也是美国发挥其超级大国影响力的重要途径。当然，更大的影响还在于美国一直是北约最大的出资方。冷战末期，欧洲人承担着北约军事开支的34%，如今这一比例下降为25%。在全球金融危机和欧债危机的影响下，欧洲各国纷纷削减防务开支，导致北约军费日益紧缩，北约只能靠"巧防务"（Smart Defence）来艰难度日，对美国的依赖就更为明显。目前，北约的欧洲成员国大多早就抛弃了军事支出至少达到本国GDP 2%的承诺，2012年只有四个成员国做到了这一点，其他欧洲国家的军费预算正朝着跌破1%的方向前进。在北约的军事支出中，美国的份额已从50%飙升至近75%。即便如此，美国想要北约做的事情不见得能做成，而美国不想北约做的事情则北约绝对做不到。换言之，美国是北约的必要条件，而非充分条件。所以，美国在1991年的海湾战争中才搞"志愿者联盟"，在2003年的伊拉克战争中才采取单边行动。值得注意的是，在2013年叙利亚危机一触即发、美国准备对叙利亚实施军事打击时，北约秘书长首次明确表示北约不会参与军事行动，北约各成员国可以单独决定采取何种行动。长期持续的军事行动并不能解决叙利亚危机，最终出路还是政治解决。可见，北约并不总是唯美国马首是瞻。

除了美国之外，北约与欧盟的关系，也是中国必须关注的核心问题。为什么诺贝尔和平奖颁发国挪威不是欧盟成员国却是北约成员国？欧盟28个成员国中有22个是北约成员国。为何欧盟作为一支和平的力量获得2012年诺贝尔和平奖，却又支持在普通人看来作为军事霸权和美国打手的北约呢？其根本原因在于欧盟防务一体化建设，绕不过北约的门槛。在欧洲大陆，"阴的力量"——欧盟，如何与"阳的力量"——北约长期共存？这是中国学界要回答的又一重要问题。

三、为何要开展北约研究？

开展对北约研究至少有下列几方面的必要性：

一是作为国际组织研究的必要。作为冷战时期的军事组织，北约度过了冷战结束、华约解体的合法性危机，摆脱了"要么走出去、要么无足轻重"（out of area or out of business）的尴尬，成功地实现了转型，成为军事和政治上两条腿走路的国际安全组织。这对于上海合作组织及其他国际组织的研究很有借鉴意义。

二是作为国际安全研究的必要。中国的国际关系研究近年来发展很快，但国际安全学科则相对滞后。对国际问题从安全视角做超越中国、超越双边关系的科学及前瞻性研究，可谓十分必要。随着中国在国际舞台角色日益突出以及国家安全委员会的建立，国际安全研究显得十分紧迫。为此，提供解剖麻雀——北约组织，推动中国的国际安全学科建设，无疑是一个重要选择。

三是史学、军事学研究的必要，包括国际关系史（尤其是冷战史）、军事史乃至文明史研究，对北约军事之体军事指挥体制、防务经济研究等，都是上述领域研究的重要角色或变量，也是很好的研究个案。为什么华约解散后，更早成立的对手——北约迄今非但没有消失，反而能够成功实现转型和发展？为什么土耳其早已是北约成员国但迄今仍不能加入欧盟？这些都可以从文明史和东西方文化认同的角度作出相关阐释。

四是服务于中国外交的必要。中国与北约没有外交关系，然而北约近年来发展对华关系十分主动，原因是它所面临的挑战是全球性的，而中国日益崛起为全球性的重要力量。北约开展对华关系的目标是，将中国变成全球伙伴国家——中国周边许多国家，如韩国、日本已经成为北约的全球伙伴关系国。为此，北约积极开展与中国的接触与对话。目前双方在政治、外交、防务安全领域的沟通和交流取得了进展，在某些方面已经和正在进行合作。未来中国与北约、上海合作组织与北约关系如何定位，发展前景怎样？需要进一步深入研究。

北约发生了重大变化，这是开展北约研究的基本前提。全球公域（Global Commons）便是为北约转型打造的核心理念，可惜由于欧洲成员国的反对以及美国国务院对国防部的制约，导致为北约"战略新概念"打造的理念，未能出现在2010年北约里斯本峰会确立的北约"战略新概念"中。然而其基本精神则贯穿始终，对于中国深化对全球化时代的国际安全的认识，无疑具有重要启示。

四、如何开展北约研究？

近代中国睁眼看世界第一人魏源提出，了解世界，译介为第一要务。北约研究，可以从翻译、编译国外最新的北约研究成果，以及北约出版物尤其是北约重要历史文献开始。当然，对于译著、文献的立场、视角和观点，我们不见得赞同或完全赞同，有些甚至持否定态度，也希望和相信读者会以批评的眼光做出独立判断。

比译介更为重要的是开展中国学者对北约的独立研究，了解北约决策机制，分析北约转型之道，研判北约与世界和平、国际安全之间的关系，把握好北约究竟是一支什么力量。为此，开展与北约的对话，直接了解北约，批判性地掌握第一手材料十分重要。在此基础上，可以开展上海合作组织与北约比较研究，中国新安全观与北约战略新概念比较研究，为党和政府建言献策。

我们希望，对北约进行横向解剖，对网络、太空、海洋等全球公域问题开展前沿式个案研究，提升中国在国际安全学科与国际社会的对话水平，这可成为我们未来研究的重点。

基于上述设想，我们组织撰写和编译了这套中国北约研究丛书。我们深知，北约研究在中国目前处于起步阶段，尽管涉及北约的研究领域很多，但北约研究还存在着太多的空白。为此，我们呼吁国内学界对北约展开专业、精细研究；深化学界对美国、欧洲及美欧关系、国际安全、国际组织等专题研究；期待更多学者奉献出更好的北约研究精品。千里之行，始于足下。我们的工作仅仅是一个开端，编纂此套丛书仍有仓促之嫌，欢迎大家批评指正，也欢迎国内外北约研究者参与其中，共同提升北约研究水平。

世界知识出版社作为专业、权威的外交与国际问题出版机构，对我们编纂"中国北约研究丛书"的设想，从构建伊始就给予了热情鼓励和鼎力支持，并且在极短的时间内高效率地组织出版了本丛书的第一批著作和译著，以及随后的第二批译著。在此谨向该机构及相关工作人员表示诚挚敬意和衷心感谢！

中国北约研究丛书编委会

2013年10月8日

<< _____

本书序：从历史文献中解析北约

《北约是什么——北约重要历史文献选编之三》与《北约是什么——北约重要历史文献选编之四》携手与读者见面了。所以如此，只是因为我们能搜集的1970—1980年间的北约重要文件少之又少，难以独立成书。北约研究丛书编委会研究决定，将计划中《北约是什么——北约重要历史文献选编之三》与《北约是什么——北约重要文献选编之四》合并。这就有了《北约是什么——北约重要历史文献选编之三、之四》。

本丛书主要目的之一是推动国内学界用历史文献解析北约，探究其本质、发展，特别是冷战后的战略转型，以进一步认识北约究竟是什么力量。

本丛书中《北约是什么——北约重要历史文献选编之一》梳理编译冷战后北约重要历史文献，《北约是什么——北约重要历史文献选编之二》又上溯至20世纪80年代，而《北约是什么——北约重要历史文献选编之三、之四》则从20世纪70年代一直追溯到北约成立之日，为追溯北约重要历史文献提供了立足点。

本书包括选编三和选编四。选编三编译了20世纪70年代北约重要历史文献，包括"北大西洋理事会布鲁塞尔会议公报"、"德意志联邦共和国与德意志民主共和国之间关系的基础条约"、"大西洋关系宣言"及"北约部长级规划"。需要说明，选编"德意志联邦共和国与德意志民主共和国之间关系的基础条约",是因为德意志联邦共和国是北约成员国,且该基础条约对北约影响重大。选编四编译了1949—1969年的北约重要历史文献,分为政治外交和军事战略两部分,每部分内按时间顺序排列。政治外交部分选编11篇,包括"北大西洋公约"、"三人委员会关于北约非军事合作的报告"、"雅典方针"、"哈默尔报告"等;军事战略部分选编13篇,包括冷战时期的四份北约战略概念、两份实施北约防御战略概念的措施、北约中期计划以及未来几年内北约军事力量的最有效模式等。这些研究冷战北约政治外交和战略演变的必读文献,探讨冷战后北约战略转型的必读文献,全面把握北约的发展,地位,作用的必读文献。

梳理北约重要历史文献,推进研究"北约是什么",我们只迈出了一小步,但执着而真诚。《北约是什么——北约重要历史文献选编》丛书而今将告一段落,我们感谢始终资助本丛书的中国人民大学,感谢为丛书出版辛勤努力的世界知识出版社编辑老师,感谢所有参与文献搜集、翻译、校对的老师和同学。

本书作为《北约重要历史文献选编》丛书收官之作,是集体劳动和智慧的结晶。选编之三的目录由李海东、许海云初选,选编之四政治外交和军事战略目录分别由姚百慧、刘得手初选,经编委会委员王义桅、高华、唐永胜等讨论确定。全书由刘得手、姚百慧、许海云和李海东统稿。

具体分工如下:

选编之三:

周德宇　译、许海云校:一、三、四

王秋怡　译、李海东校:二

选编之四:政治外交:

姚百慧　编选:一、三、七、十;校对:一至十一

狄安略　译：二

刘京、张弛、姚百慧　译：四

李云霄　译：六

佘薇　译：五、九

艾荣荣　译：八、十一

选编之四：军事战略：

刘得手　译：十二、十五、二十、二十三；校对：十二至二十三

胡晔　译：十三、十六、十七

周德宇　译：十四

朱文熠　译：十八、十九、二十一、二十二、二十四

中国北约研究丛书编委会

2015年6月16日

<<_____

目　录

北约重要历史文献选编之三

北约重要历史文献选编之四

政治、外交

北约重要历史文献选编之三

<<

一、北大西洋理事会布鲁塞尔会议公报
（又称：最后公报）

（1970年12月3—4日）

尼克松总统关于美国驻欧洲武装力量的声明—国际形势回顾—柏林的进展以及其他旨在促进欧洲安全多边探索所必需的对话—支配国家间关系的原则

1. 北大西洋理事会部长级会议于1970年12月3日至4日在布鲁塞尔召开，各成员国外长、防长和财长出席了会议。

2. 部长们再次声明，北约的政治目标是共同谋求和平，通过旨在缓和紧张关系、建立一个公正和持久的欧洲和平秩序，并且辅之以适当的安全保障。

3. 北大西洋理事会收到尼克松总统的声明，该声明承诺，加入其他盟国提供同样的努力，美国将保持并提高其自身驻欧洲的武装力量，除去处于互惠性东西方关系的背景下，美国不会减少驻欧洲驻军。部长们表示，对这一声明中北约团结一致的再次确认表示极为满意。

4. 部长们回顾了自5月罗马召开的最后一次会议以来的国际形势，他们指出，1970年是北约各成员国政府扩展外交活动的一年，这些外交活动包括与华沙组织成员国以及与其他欧洲国家，启动或者加强联系、讨论或谈判。部长们特别关注"限制战略武器谈判"、联邦德国与苏联、波兰的订约谈判、两德关系、柏林以及地中海局势。

5. 部长们欢迎美国和苏联于11月在赫尔辛基重新开始限制战略武器的谈判。他们希望，该谈判能早日达成协定，能够增进欧洲及世界的和平与安全。

6. 部长们非常满意地指出，联邦德国与苏联在1970年8月12日签订条约，联邦德国与波兰人民共和国在1970年11月18日所订立的条约生效。他们欢迎这些条约，因为它们有助于减缓欧洲的紧张局势，而且它们也是联邦德国希望与其东部邻国达成暂时妥协的重要组成部分。部长们指出了条约文本中所做的澄清，同时反映了联邦德国和三大国之间的意见交换。条约大致确认了四方对柏林的权利和责任；在德国人民自由意愿和欧洲安全利益的基础上达成一项和平协定之前，德国作为一个整体的地位不会受到影响。部长们欢迎联邦德国和民主德国之间开始交换意见，他们希望这一意见交换将会为两方的真诚协商提供基础。部长们回顾了柏林的四方会谈所取得的进展。

7. 考虑到柏林和德国的局势，部长们回顾了1969年12月5日的布鲁塞尔公告（第10段），即这两个领域所取得的实质性进展，将会对和平做出重大贡献，并且将对促进欧洲范围内东西方关系发展前景的评估产生重大影响。确实，由于目前的柏林谈判尚未取得满意成果，这些前景受到质疑。出于这种考虑，部长们强调了如下事项的重要性：即确保进入柏林的渠道畅通无阻、改善柏林内部的通行、尊重得到三大国批准而且已经建立的、连接西柏林及联邦德国的现存通道。他们强调，有必要在谈判解决其相互关系的基础上，支持联邦德国和民主德国之间实现必要的相互理解，这种相互关系应考虑到德国特殊现状。

8. 部长们关注了北大西洋理事会常务会议应其要求而准备的一份有关地中海局势的报告。他们注意到，地中海地区事态的发展，就盟国而言，使其有理由保持担忧和谨慎的警觉。他们建议应当继续就这一问题展开磋商，并且会请求理事会常务会议保持对地中海局势的监控，据此在下一次会晤中提出全面报告。

9. 作为回顾国际形势以及对其有利和不利方面展开回顾的一个结果，部长们强调，这些在欧洲和地中海地区所取得的进展，全都对北约产生了直接或者间接的影响，并且对可能缓解紧张局势、促进和平产生了影响。

10. 部长们指出，北约成员国政府提出的一些倡议已经取得了一定成效，在东西方关系的某些重要领域取得了一些进展。无论如何，他们一直希望，能够在双边联系探索和不断的谈判中取得更具实质性的进展，因此可以更加积极地考量广泛的多边接触制度，这种双边接触可以处理欧洲安全与合作中的实质性问题。他们确认，只要柏林的会谈达到了满意的结论，同时其他会谈也能顺利推进，各国政府就会准备好与所有相关政府进行多边接触，就有可能会就欧洲安全与合作问题召开一次会议或者一系列会议。在这次活动中，北大西洋理事会将立即关注这一问题。

11. 与此同时，北大西洋理事会常务会议将继续研究这类会议或一系列会议可能取得的成果，或者继续研究适当的探索和准备步骤所取得的成果，这些步骤包括那些已处于推进中的提议。北约成员国政府也将积极与所有当事国寻求双边探索性会谈，就安全与合作的诸多问题展开探讨。

12. 部长们回顾到，对欧洲范围内东西关系实施任何真诚和持久的改善，都必须建立在尊重以下原则的基础上，这些原则应该指导国与国之间的关系，应该被包含在理应探索的那些要点中：即欧洲各国的主权平等、政治独立及领土完整；不论其政治或社会体系如何，不干涉也不干预任何国家的内部事务；每个欧洲国家的人民都拥有决定自身命运、使之免于外部压力的权力。不带任何条件，亦毫无保留，对这些原则的普遍理解和适用，将会给任何共同放弃武力使用或威胁的协定带来充分意义。

13. 在国际合作领域，第10段所提到的交流提供了一个机会，可以让当事国在文化、经济、技术和科技层面、针对人类环境问题，能够考虑确保实现更紧密合作的方式和手段。部长们重申，人员、思想和信息的更自由流动，就是发展此类合作的关键要素。

14. 部长们指出，自罗马会议后，北约对相互和平衡裁军问题展开多方面研究，取得了一些成果；部长们指示理事会常务会议继续这一领域的研究。

15. 部长们代表各成员国参与北约的联合防御计划，他们再次强调了其附加的相互与平衡裁军的重要性，因为这是缓和欧洲的紧张局势、减少军事冲突的一种手段；部长们重申了1968年雷克雅未克会议和今年早些时候罗马会议就这一问题发表的宣言。他们指出，华沙组织各成员国并未对这些宣言做出直接回应，但是提出了在未来某一时刻就裁减驻欧洲各国领土的外国武装力量这一问题展开探讨的可能性。

16. 部长们再一次邀请有关国家在《罗马宣言》的基础上展开探索性会谈，并且提出他们准备好在这一框架下考察在欧洲中部地区实施裁军的不同可能性，包括可能对外来驻军实施相互和平衡裁减，以此作为同时裁减外来驻军和本土军队的整体计划的一部分。

17. 部长们重申，他们对采取真正裁军和军备控制手段怀有极大兴趣。就此而论，他们对禁止在海床上部署大规模杀伤性武器所取得的进展表示满意。他们进一步考虑了北约盟国在所有与裁军有关的重要领域所做出的努力与研究，包括对生物和化学武器感到担忧。他们邀请了北大西洋理事会常务会议继续考察这些事项。

18. 部长们支持近期北大西洋理事会对北约各成员国政府所做的建议，建议立即行动，以尽可能在1975年前，最晚不迟于70年代末之前，杜绝向大海中有意倾倒原油和含油废物。"现代社会挑战委员会"在过去一年间所提出的这一建议以及取得的其他成就，受到了部长们的欢迎，它们成为北约有效整合其资源、敦促国家及国际社会针对环境问题采取行动的证据所在。

19. 部长们检查了"国家军备董事"会议及其下属组织就其成果提交的报告，即它们在成立四年间推动了针对军事装备的研究、发展及生产上的合作。他们指出，除了在防务装备情报互换上取得的出色成果外，该组织证明有可能建立一个相对不够坚定的北约计划，该计划支持合作发展和生产武器装备。他们认识到，为实现更大规模合作要克服所面临的障碍，获得更具政治意义的支持是必要的。他们同意，有必要采取更多的积极举措，以取得更广泛采用联合发展与生产的武器装备所带来的财政以及行动上的好处。

20. 参与北约联合防御计划的各成员国部长们，在1970年12月2日防务计划委员会上展开会晤。

21. 部长们集中讨论了北约在1970年代所面对的防务问题而展开的综合性研究，该讨论自去年5月以来就一直取得了进展，他们同意将其文本公布在附录中。

22. 部长们确认，北约在1970年代的安全举措将会继续建立在防御与缓和的双重概念上。他们重申该原则，即北约的整体军事实力不应被削减，除去在规模和时间上作为相互裁军模式的一部分外。他们同意，只有在北约保持有效威慑与防御姿态时，东西方谈判才能取得预期成功。部长们确认，北约将继续坚持灵活反应战略，包括前沿防御、侧翼支援以及快速动员的能力，并且要求维持能够对任何侵略实施有效反击的军事能力。他们指出，苏联防务以及与防务有关的开支持续上涨，有证据表明，苏联正在继续进一步加强其军事设施，包括苏联的海上军力及其活动范围都明显增加。因此，部长们强调了有必要改善北约的常规威慑力量，并且保持数量充分、现代化的战术及战略核威慑力量。

23. 北约的安全是不容分割的，部长们强调了驻守欧洲的北美武装力量所扮演的特殊军事及政治角色，他们是对共同防御的不可替代的贡献。与之相并行，他们也欢迎欧洲各成员国加入北约联合防御计划这一重要决定，欧洲国家不断付出共同努力，加强北约的防御能力。"欧洲防御提升计划"非常特殊，带有大量额外措施，该计划的确立，将很显著地加强北约在许多领域的防御能力和危机管理能力，这些领域包括通讯能力——该能力在"AD 70s"研究中被认为具有非常特殊的重要意义。

24．关于上述研究，部长们请求防务计划委员会常务会议草拟一份合适的计划，同时确保所有可能取得的进展。

25．部长们指出，北约各成员国为1971年所承担的军事义务，并批准了涵盖1971—1975年这一时段的北约五年军事计划。他们为下一个北约计划期间的军事计划发展提供了指导。

26．部长们带着关注心态审核了苏联军事实力在地中海持续增长的这些证据。他们感到，这种发展态势可能给北约的安全带来的威胁明显增加。对于提高北约在地中海的防御姿态而采取的措施，部长们表示赞许。对于今年6月11日在布鲁塞尔发布的宣言，部长们指示，对于采取进一步适当举措而带来的发展和应用必须予以迫切关注。

27．在危机管理的领域，部长们检查了适用于高级别政治磋商以及指挥及控制的通信设施，他们还批准了一系列旨在改善和扩展这些关键设施的重要措施。他们鼓励在民用准备及民用紧急计划中付出更多努力。他们不仅指出各种防御研究取得的进展，而且也指出，对更精密设备的投入持续增长之势可能还会继续，他们也强调，即将实行的现代化计划将会为进一步合作提供机会。

28．部长级会谈同时也给由各成员国防长组成的核防务委员会（比利时、加拿大、丹麦、德国、希腊、意大利、荷兰、挪威、葡萄牙、土耳其、英国和美国）提供了场合，回顾核计划小组在近期所取得的成果，以及它为未来所制定的计划。基于核防务委员会的建议，防务计划委员会采纳了核计划小组在去年春天维也纳会议期间制定的政策文件，这些文件在今年十月渥太华会议期间定稿，它们与北约的灵活反应战略保持一致。

29．下一次防务计划委员会的部长级会议将于1971年春天召开。

30. 北大西洋理事会的春季部长级会议将于6月3日及4日在里斯本召开。

31. 部长们请求比利时外交部长代表他们，通过外交渠道，将该公报发送给所有其他当事各方，包括各个中立国和不结盟国家政府。

<<
二、德意志联邦共和国与德意志民主共和国之间关系的基础条约及其补充文件

（1972年12月21日于柏林签署）

缔约双方：

促使缔约双方应尽维护和平的职责、推进欧洲的缓和与安全、尊重欧洲各国现有边界不可侵犯及主权和领土的完整是维持和平的基本条件，因此双方关系中应避免相互威胁和使用武力，从历史事实出发，公正地对待德意志联邦共和国与德意志民主共和国包括民族问题在内的不同原则问题，努力促成德意志联邦共和国与德意志民主共和国的相互合作，为两国人民造福。

条约规定如下：

第一条

德意志联邦共和国与德意志民主共和国将在尊重双方平等权利的基础上发展正常的睦邻友好关系。

第二条

德意志联邦共和国与德意志民主共和国将以《联合国宪章》体现的目标与准则为指导，尤其是所有国家的主权平等和尊重独立、自主、领土完整、自决权利、保护人权及非歧视原则。

第三条

按照《联合国宪章》，德意志联邦共和国与德意志民主共和国应只能使用和平的手段解决争端，避免武力威胁及使用武力。双方重申两国之间现在与未来的领土边界神圣不可侵犯，充分保证和尊重双方的领土完整。

第四条

德意志联邦共和国与德意志民主共和国关系基于两国中的一国不得代表另一国或以另一国名义行动的主张。

第五条

德意志联邦共和国与德意志民主共和国将推动欧洲国家间的和平关系，致力于欧洲的安全与合作。双方将全力一致支持欧洲削减军队和军备，并确保不对相关国家安全带来损害。为在有效控制下进行全面彻底裁军，德意志联邦共和国与德意志民主共和国将支持为实现军备控制和裁军而采取的国际安全措施，特别是有关核武器和其他大规模杀伤性武器。

第六条

德意志联邦共和国与德意志民主共和国坚持各自管辖权仅限于各自领土，在国内外事务上，双方相互尊重对方的独立和自主权。

第七条

根据现有条约和互惠目的，在两国关系正常化进程中，德意志联邦共和国与德意志民主共和国将准备管控出现的实际问题和人道主义问题，并为发展和促进经济、科学技术、交通、司法关系、邮电、健康、文化、体育、环保和其他领域的合作而达成各项协议。

第八条

德意志联邦共和国与德意志民主共和国将在各自政府所在地互设常驻使团，有关常驻使团建立的实际问题将另行处理。

第九条

德意志联邦共和国与德意志民主共和国同意本条约并不影响之前由双方签订或涉及双方的双边和多边国际条约和协议。

第十条

本条约需经双方批准，并在互换照会后次日生效。

缔约国全权代表已签订该条约，特此证明。

本条约在1972年12月21日于柏林签署，一式两份，由德语写就。

德意志联邦共和国

埃贡·巴尔

德意志民主共和国

迈克尔·科尔

<<

三、大西洋关系宣言
由北大西洋理事会发布（"渥太华宣言"）

（1974年6月19日）

北大西洋理事会于1974年6月19日、在渥太华召开的部长级会议批准并发布该宣言，北约成员国政府首脑于6月26日在布鲁塞尔签署。

1. 北大西洋联盟的成员国宣布，25年前所签订的条约旨在保护其自由和独立，这一条约已经确认了他们的共同命运。在该条约的庇护下，北约维持了其成员国的安全，使他们得以保留其价值观，这一价值观是其文明的历史传统，它使西欧可以从废墟中得以重建，并且为西欧的联合奠定了基础。

2. 北约成员国重申了其信心，即《北大西洋公约》能够为其成员国安全提供必不可少的基础，因此这使得谋求缓和变得可能。他们对各个国家通往缓和与和谐的道路上所取得的进展表示欢迎，而且对下列事实表示欢迎，即欧洲和北美的35个国家召开会议，正在谋求制定一些指导方针，以增进欧洲的安全与合作。他们相信，除非环境允许施行全面、彻底并且可以控制的裁军，这一裁军能够独自为了所有国家提供真正的安全，否则，就必须维持联结他们彼此的纽带。北约各成员国有一个共同心愿，即减少压覆在其人民身上的军备开支负担。但是，那些希望维持和平的国家，从来不是以忽视自身安全的方式来实现这一心愿。

3. 北约各成员国重申，他们的共同防御是合而为一、不可分割的。对条约适用范围内一国或多国的攻击，将被视为是对全体成员国的攻击。北约的共同目标是，阻止任何外国势力威胁北约成员国的独立或完整的企图。这种企图不光会危及北约全体成员国的安全，也会威胁世界和平的基础。

4. 与此同时，他们意识到，影响其共同防御的环境，在过去十年间已经发生了深刻变化：美国和苏联的战略关系已经达到了一个接近平衡的临界点。

因此，尽管北约所有成员国面对攻击仍很脆弱，但是他们所面对的危险的属性却在改变。北约在保卫欧洲中遇到的问题，因而会呈现出各不相同并且更加迥异的特征。

5. 然而，国际局势中一些关键要素并未改变，正是这一局势催生了《北大西洋公约》。尽管北约所有成员国对共同防御做出承诺，减少了遭受外部侵略的风险，美国在其本土和欧洲的核力量，以及北美武装力量驻守欧洲，这些对整个北约安全所做的贡献依然是必不可少的。

6. 尽管如此，北约必须非常谨慎地关注欧洲地区所面临的危险，并且必须采取一切必要措施加以避免。欧洲各成员国提供了北约在欧洲四分之三的常规武装力量，另外，还有两个欧洲国家拥有能够发挥威慑作用的核力量，这为加强北约的全面威慑力做出了贡献；他们做出了必要的贡献，保持了同一水准的共同防御，使其能够遏止侵略，并且能够在必要时击退所有直接危及北约成员国独立和领土完整的侵略行动。

7. 对美国来说，它重申了其决心，即不接受任何会使其盟国承受外部政治或军事压力的境况，这种压力有可能剥夺其自由；美国还声明了其决心，要与盟国一起维持在欧洲的军力，使其保持在所需要的水平上，有效维持遏止战略的可信度；在遏止失败时，能够维持其保卫北大西洋地区的能力。

8. 就此而言，北约成员国断言，任何防御政策的最终目的是，挫败任何潜在对手的目标，它试图以某种武装冲突的方式来实现其目标，北约所有必要的武装力量都将用于这一目的。因此，他们一方面重申，其政策的主要目标是寻求达成减少战争风险的协议，另一方面他们也声明，这些协议不会限制他们在一旦遇到攻击时可以自由支配所有武装力量，实现共同防御。实际上，他们确信，他们下决心如此行事，其决心仍然继续是防止任何形式战争的最优保障。

9. 北约的所有成员国都同意，加拿大和大量美国武装力量继续驻守欧洲，这对于保卫北美和欧洲发挥了不可替代的作用。同样，大量欧洲盟国的武装力量也担负着保卫欧洲和北美的责任。他们也认识到，迈向统一所取得的进一步成就，将会在一定时候对北约共同防御所做出的贡献产生一种互惠性影响；欧洲共同体的成员国也下决心推动统一，他们中的许多国家也隶属于北约。此外，北约成员国对维护国际安全及世界和平做出贡献，这也被认为是非常重要的。

10. 北约成员国认为，将他们确保其共同防御的努力联合起来，这一意愿将迫使他们维持并改善其武装力量的有效性，并且每个成员国都应当根据其在北约结构中设定的角色，在维持所有国家安全的负担中承担适当的责任。反之，他们认为，在目前或未来的谈判中，不能接受任何可能损害这种安全的情况。

11. 北约各成员国确信，要实现他们的共同目标，需要维持紧密的磋商、合作及互信，进而为防御创造必要条件，为缓和创造有利环境，而缓和经常发挥着补充性作用。本着友好、平等和团结的精神，这些都使成员国关系极富特色；他们毅然确使彼此能够保持充分交流，并且坚定地通过所有方法来加强实施坦率而且及时的磋商，这些手法可能在事关其作为北约成员国共同利益的事务上非常合适，牢记这些利益可能会受到世界上其他地区所发生事件的影响。他们也希望，确保他们基本安全关系，能够得到和谐的政治与经济关系的支持。特别是，他们将致力于移除其经济政策中引发争议的根源，同时致力于鼓励与另外一方展开经济合作。

12. 他们重申,他们已做出声明,将献身于民主原则、尊重人权、公正和社会进步,这些都是各国共享的精神传统的成果;他们宣称,他们打算发展并深化这些原则在其国家的应用。由于这些原则在本质上禁止诉诸任何与推动世界和平不相容的手段,他们重申,他们保证自身独立以维持自身安全,并且提升其人民的生活水准,排斥针对任何人的所有形式侵略,使之不直接针对任何其他国家,并且意在为国际关系带来普遍变化。在欧洲,他们的目标仍旧是追求每一个欧洲国家的相互理解与合作。一般来说,在世界范围,每一个盟国都认识到自己肩负着帮助发展中国家的使命。为了所有国家的福祉,确使每一个国家都能从开放而公正的世界体系中,从科技和经济进步中受益。

13. 他们认识到,北约的凝聚力不只体现在各成员国政府间的合作,也体现在北约内部民选代表之间能够自由地交换意见。因此,他们宣告支持强化各国议会代表之间的联系。

14. 在今年《北大西洋公约》签约二十五周年纪念之际,北约成员国重申,将致力于条约的目标和理想。北约各成员国展望未来,相信其人民的活力及创造力,足以应对所面临的挑战。他们确信,北大西洋联盟将继续成为他们所决心建构的永久和平体系的一个重要支柱。

15. 本宣言由北大西洋理事会在1974年6月19日渥太华部长会议中批准并公布,由北约国家元首及政府首脑于1974年6月26日在布鲁塞尔签署。

<<

四、北约部长级规划

（1977年5月17日）

北约的目标

1. 北约总体战略构想是维护和平，主要通过可以信赖的威慑力量，维护《北大西洋公约》地区的安全。秉持前沿防御和灵活反应的理念，这一可信赖的威慑力量将取决于，北约通过运用数量足够多的武装力量，应对任何潜在的威胁行动或者事实上的侵略行为。

北约所遭受威胁的目前发展状态

2. 在全球范围展现苏联力量的态度与能力方面，华沙组织的武装力量变得越来越富于进攻性。随着装备有多弹头的新核导弹系统的出现，苏联的核力量不断提升；这些新系统包括预期部署的可移动的SS-20中程导弹系统，这种导弹可以对整个欧洲和欧洲以外的目标实施打击。然而，华沙组织在常规武器领域的军力增长也一直至为明显。尤其是，华沙组织的地面部队可以在没有援军的情况下在欧洲发动一次重大进攻。目前，华沙组织的战术空军力量的进攻性和渗透深度提升，在地面军队的配合下，实施空中打击的最初阶段超出迄今为止的状况。随着新型改进的舰船、潜艇和飞机投入使用，苏联在全球范围展开海上行动的能力一直不断强化。

3. 军事实力的稳步增长，源于苏联将其国民生产总值的11%—13%（相当于北约平均水平几乎三倍）用于军事开支，而且，按照实际价值计算，其每年军费支出的增长率为5%。苏联通过在军事研发上的大力投入巨资，此举已经开始侵蚀北约长久以来在军备上所享有的优势。

对北约的影响

4. 尽管盟国正在着手更换重要的武器装备，并且使之现代化。然而，北约武装力量内部仍存在许多缺陷，北约与华沙在常规军事力量方面亦存在差异，而且这种缺陷与差异仍在持续扩大。这些不利趋势均指向某些至关重要的领域，北约各成员国以及北约应该在各自的计划层面考虑这种不利趋势。

5. 北约的战略和危机管理

北约的威慑和前沿防御战略概念仍然有效。然而，如果北约保留执行这一战略的能力，使冲突的早期阶段没必要使用核武器，就应当执行一项旨在平行提高武装力量的计划，特别要强调对常规武装力量实施改进。尽管北约应该能够应付华沙组织可能发动的全方位侵略，但特别应该将注意力放在北约有能力在缺乏预警条件下、由准备就绪的武装力量对攻击做出反应。对于威慑和防御而言，北约各成员国政府需要在局势紧张时迅速做出政治决策，这样就能使北约及时而且有序地部署其武装力量。

6. 北约武装力量

华沙组织增强了在许多不易引起注意的地区发动突然攻击的能力，此举再一次指出，北约需要数量足够多、训练充分、部署完备的适当武装力量。预备性武装力量也应当像组织良好、装备精良、训练充分的部队一样，能够迅速部署。紧急征召系统应得到维护和运用。援助和加强部队应当在入侵行动发生前到达潜在冲突地区，或者当预警时间很短时也能尽早到达，以影响最初的敌对行动。应当特别重视事前储备，关注及时提供海上和空中运输能力，以及充分的接收设施。所有北约所能提供的武装力量，都应当尽快按照北约主要指挥官所制定的标准来训练。

7. 对装甲部队的防御

尽管北约提高了其反装甲能力，但是这些进攻与防御能力之间仍存在差距，华沙装甲部队仍构成了巨大威胁，北约还需要更多的反装甲武器。

8. 海防

如果北约要维持应对海上威胁的能力，并且要维持保卫向欧洲及时提供援助和补给的航线的能力，就必须提高增强北约海上武装力量的速率，这一点非常紧迫。

9. 防空

华沙组织空军的进攻能力不断增强，这就需要北约提升陆上和海上的防空能力。为了增加北约武装力量的存活率，北约的整体防空系统就必须扩展、必须实现现代化。

10. 区域事务

北大西洋地区的防御是不可分割的。北约在其侧翼地区必须部署足够的武装力量，而且必须确保平衡推进军事部署；北约应当继续加强地方动员能力，缩短外部援军到达的时间，增强补给能力及其他后勤安排。对一些成员国来说，不仅需要外部支援，也需要提高援助能力。

11. 新科技

如果上述诸合作而且及时的努力，有效运用现代技术，就可以提供许多机会，而且不会是任何廉价方案，可以在实质上提高北约的威慑及防御能力。

同盟合作

12. 在各成员国的计划与项目中，由于认识到各主权国家政府和国家财政系统在北约整合速度和程度上注定要产生的许多限制，如果更多考虑北约的共同需求，那么北约的资源可以得到最有效运用。防务资源的分配已经取得一些进展，但仍有较大的提升空间，特别是通过更紧密的北约合作就能取得进展。建立更广泛的防务计划框架，并且辅之以更长久的手段，就可以大大推进这一进程。只有这样，北约才有可能以一种及时而且有效的方法，确立必要的要求，确立优先事项，协调各国为实现各自所需合作努力而对资源所提出的要求，确立合作区域，

武装计划

13. 与其他大多数防务开支相关，武器装备不成比例地增长，这种趋势仍在继续。在很多时候，主要防务计划的开支，超出了大多数成员国单独负担的能力。武器装备的开支，对北约内部潜在的买主也是非常重要的，因为这会对成员国的防务计划预算产生影响。因此，当事国应当尽早参与相应计划。为了相同用途而分别研发和生产不同的武器系统，造成许多非标准化问题，并且也造成成员国在其武装力量与武器装备之间缺乏互通性。

14. 因此，目前正在开展的研究，应当着眼于协调各成员国防务装备的计划进程，并且着眼于促进北约长期的武器装备规划。这些努力的目标应当是实现武器装备标准化，如果无法做到，就应当实现武器装备完全通用。为了达到这些目标，在欧洲和北美就武器研发和装备采购上实行"双行道"，就此实现一种较好的平衡，这将是非常必要的。

防务资源

15．为了使北约就其长期防务计划建立一些更加合理的程序，北约必须寻求协调其计划机制，使之适用于各项合作及支援项目；北约还要寻求使这一努力与当前北约武装力量的计划机制相契合，将其融入更加全面的北约防务计划中；有必要对主要合作项目的资源所富有的意义予以早期确认，此举具有特殊意义。许多区域组织的活动，例如欧洲集团，将会在这种背景下对此做出重要贡献。

对北约计划的影响

16．与北约—华约在军力平衡上处于不利趋势背道而驰，为了避免双方的相对力量持续衰减，所有成员国每年都必须在实质上增加其年度国防预算。这一年度增长应当控制在3%。鉴于一些个别国家——其经济状况将会影响到防御开支的结果——现有的武装力量贡献可能会要求更高的防御开支。每一个国家防御支出的具体目标数字，将根据"国防规划审查"的常规程序来确定。各国应当为通货膨胀导致的支付和价格上涨，提供全面补偿，以确保能够达到计划中的实际增长。进言之，各国应当增加其防务经费的费效比，特别是这种经费用于主要武器装备的比例，但是不应为此损害战备能力。对资源的有效运用，在很大程度上将有赖于北约合作所取得的进展。

优先事务

17．北约应该优先考虑可直接用于威慑的那些能力建设，优先考虑提升北约承受首轮打击的能力，特别优先考虑提升北约战备及增援能力，促进对北约武装力量在装备、支援和训练方面的共同研究。

北约重要历史文献选编之四

<<
缩略语

ABC Weapons	原子、生物或化学武器
ACCHAN	盟军海峡司令部
ACE	盟军欧洲司令部
CINCHAN	海峡盟军总司令
EDC	欧洲防务共同体
EDP	欧洲防御计划
EFTA	欧洲自由贸易区
GATT	关贸总协定
IBRD	国际复兴开发银行
ICJ	国际法院
IFC	国际金融公司
IMF	国际货币基金组织
NATO	北约
NPT	防止核武器扩散条约
OECD	经济合作与发展组织
OEEC	欧洲经济合作组织
SACEUR	欧洲盟军最高司令

SACLANT	大西洋盟军最高司令
SHAPE	欧洲盟军最高司令部
SUNFED	联合国经济发展特别基金
UN	联合国
USSR	苏联
WEU	西欧联盟

<<
索　引

A

阿登纳	Adenauer,Konrad
安东尼·艾登	Anthony Eden
奥地利	Austria

B

巴黎协定	Paris Agreements
柏林	Berlin
保罗─亨利·斯巴克	Paul─Henry Spaak
北大西洋公约	North Atlantic Treaty
北大西洋理事会	North Atlantic Council
北约	North Atlantic Treaty Organization（NATO）
北约科技合作特别小组	NATO Task Force on Scientific and Technical Co─operation
北约秘书长	NATO Secretary─General
北约前沿防御战略	NATO Strategy of Forward Defence

北约信息部　　　　　　　　NATO Information Division

北约议员会议　　　　　　　NATO Parliamentarians Conference

贝赫　　　　　　　　　　　Bech, Joseph

本尼迪特逊　　　　　　　　Benediktsson, Bjarni

比利时　　　　　　　　　　Belgium

波恩专约　　　　　　　　　Bonn Agreements

布鲁塞尔条约　　　　　　　Treaty of Brussels

部长理事会　　　　　　　　Ministerial Council

C

财政与经济局　　　　　　　Financial and Economic Board

常设代表会议　　　　　　　Permanent Session

常设核心领导小组　　　　　Standing Group

初始阶段　　　　　　　　　initial phase

D

大西洋公约协会　　　　　　Atlantic Treaty Association

大西洋共同体　　　　　　　Atlantic Community

大西洋共同体委员会　　　　Atlantic Community Committee

大西洋共同体五大国委员会　Five Power Atlantic Community Committee

大西洋联盟　　　　　　　　Atlantic Alliance

德意志联邦共和国　　　　　Federal Republic of Germany

迪安·艾奇逊　　　　　　　Dean Acheson

东西方关系未来发展的宣言　Declaration on the Future Development of Relations between East and West

杜勒斯　　　　　　　　　　Dulles，John Foster

F

法德合作条约	Treaty between the Federal Republic of Germany and the French Republic on German-French Cooperation
防务计划委员会	Defence Planning Committee
防止核武器扩散条约	Treaty on the Non-Proliferation of Nuclear Weapons（NPT）
非军事合作委员会	Committee on Non-Military Cooperation

G

葛·施罗德	G. Schroeder
古斯达夫·拉斯默逊	Gustav Rasmussen
关贸总协定	General Agreement on Tariffs and Trade（GATT）
国防部长特别委员会	Special Committee of Defence Ministers
国际法院	International Court of Justice（ICJ）
国际复兴开发银行	International Bank for Reconstruction and Development（IBRD）
国际货币基金组织	International Monetary Fund（IMF）
国际金融公司	International Finance Corporation（IFC）
国际秘书部	International Secretariat
国际组	International Staff

H

哈·姆·朗吉	H. M. Lange
哈默尔报告	France

哈默尔报告（联盟的未来任务）

Harmel Report（The Future Tasks of the Alliance）

荷兰　　　　　　　　　　Netherlands

核防御事务委员会　　　　Nuclear Defence Affairs Committee

核计划小组　　　　　　　Nuclear Planning Group

华约　　　　　　　　　　Warsaw Pact

后续阶段　　　　　　　　subsequent phase

J

技术顾问委员会　　　　　Committee of Technical Advisers

加拿大　　　　　　　　　Canada

捷克斯洛伐克　　　　　　Czechoslovakia

经济顾问委员会　　　　　Committee of Economic Advisers

经济合作与发展组织　　　Organization for Economic Co-operation and Development（OECD）

军备委员会　　　　　　　Armaments Committee

军力目标　　　　　　　　force goal

军事装备生产局　　　　　Defence Production Board

K

科勒　　　　　　　　　　Kohler

科伦坡计划　　　　　　　Colombo Plan

科学委员会　　　　　　　Science Committee

肯尼迪回合　　　　　　　Kennedy Round

L

莱斯特·皮尔逊	Lester B. Pearson
里斯本决议	Lisbon Decisions
理事会代表会议	Council Deputies
联合国	United Nations（UN）
联合国裁军委员会	United Nations Disarmament Commission
联合国经济发展特别基金	Special United Nations Fund for Economic Development（SUNFED）
联合国外层空间委员会	United Nations Outer Space Committee
联合国宪章	United Nations Charter
临时委员会	Temporary Council Committee
灵活反应战略	Flexibility Response Strategy
卢森堡	Luxembourg
伦敦九国会议	London Nine–Power Conference

M

美国	United States
莫里斯·顾夫·德姆维尔	Maurice Couve de Murville

N

那不勒斯南欧盟军司令部	AFSOUTH at Naples
南欧总司令	Southern Europe Commander–in–Chief
南斯拉夫	Yugoslavia

O

欧内斯特·贝文	Ernest Bevin

欧洲防务共同体	European Defence Community（EDC）
欧洲经济共同体	European Economic Community
欧洲经济合作组织	Organization for European Economic Cooperation（OEEC）
欧洲煤钢联营条约	European Coal and Steel Community Treaty
欧洲盟军司令部	Allied Command Europe
欧洲盟军最高司令	Supreme Allied Commander, Europe（SACEUR）
欧洲盟军最高司令部	Supreme Headquarters Allied Powers, Europe（SHAPE）
欧洲自由贸易区	European Free Trade Area（EFTA）

P

帕特基	Patijn
皮埃尔·孟戴斯—弗朗斯	Pierre Mendès-France

Q

乔治·蓬皮杜	Georges Pompidou
前沿防御	forward defense
前沿战略	forward strategy

S

萨尔	Saar
塞浦路斯	Cyprus
三年审查	Triennial Review
三人委员会	Committee of Three
三人委员会报告	Report of the Committee of Three

舒曼	Schuman, Robert
舒兹	Schutz
斯大林	Stalin，Joseph
斯蒂克尔	Stikke, Dirk
斯福尔查	Sforza, Carlo
苏联	Union of Soviet Socialist Republics（USSR）

T

特别小组	Special Group
土耳其	Turkey

W

瓦特森	Watson
渥太华会议	Ottawa Meeting

X

西方科学研究基金	Western Foundation for Scientific
西欧联盟	Western European Union（WEU）
希腊	Greece
夏尔·戴高乐	Charles de Gaulle
信息和文化关系委员会	Committee on Information and Cultural Relations
现有部队	Forces-in-Being

Y

雅典方针	Athens Guidelines
雅典会议	Athens Meeting

研究小组	Study Group
议会会议	Parliamentary Conference
英国	United Kingdom
英联邦	Commonwealth of Nations
应对现代社会挑战委员会	Committee on the Challenges of Modern Society
原子、生物或化学武器	Atomic, Biologica and Chemical Weapons（ABC Weapons）
约瑟·凯洛·塔·马达	José Caeiro da Mata
预留部队	earmarked forces

Z

政治顾问委员会	Committee of Political Advisers
战术部署	tactical disposition
直接防御	direct defence

政治、外交

一、北大西洋公约[①]

（1949年4月4日）

本公约各缔约国

重申其对于联合国宪章宗旨与原则所具之信念，

及其对于一切民族与一切政府和平相处之愿望，

决心保障基于民主、个人自由及法治原则的各该国人民之自由、共同传统及文明，

愿意促进北大西洋区域之安全与幸福，

---

① 本公约依照第十一条的规定，由各缔约国向美国政府交存批准书后，于1949年8月24日对所有缔约国开始生效。各缔约国交存批准书日期如下：比利时，1949年6月16日；卢森堡，1949年6月27日；加拿大，1949年5月3日；荷兰，1949年8月12日；丹麦，1949年8月24日；挪威，1949年8月24日；法国，1949年8月24日；葡萄牙，1949年8月24日；冰岛，1949年8月1日；英国，1949年6月7日；意大利，1949年8月24日；美国，1949年7月25日。以后，希腊和土耳其加入了本公约，由各缔约国于1951年10月17日在伦敦签订了《关于希腊和土耳其加入北大西洋公约的议定书》，此项议定书于1952年2月15日生效，希腊和土耳其于1952年2月18日起正式成为本公约组织的成员国。西德以后也加入了本公约，1954年10月23日签订的"巴黎协定"附有一项"关于德意志联邦共和国加入北大西洋公约的议定书"。又，本公约的名称按照原文为"北大西洋条约"，但一般译作"公约"，本资料集也沿用习惯译法，称为公约。——编译者注。

决定联合一切力量，进行集体防御及维护和平与安全，

因此同意此项北大西洋公约：

第一条

各缔约国保证依联合国宪章之规定，以和平方式解决任何有关各该国之国际争端，其方式在使国际之和平与安全及公理不致遭受危害，并在其国际关系中避免采用不符合联合国宗旨之武力威胁或使用武力。

第二条

缔约国应加强其自由制度，实现对于此种制度所基之原则的较好了解，促进安全与幸福之条件，以推进和平与友善之国际关系向前发展。缔约国应消除其国际经济政策中之冲突，并鼓励任何缔约国或所有缔约国之间的经济合作。

第三条

为更有效地达成本条约之目标起见，缔约国的个别或集体以不断而有效的自助及互助方法，维持并发展其单独及集体抵抗武装攻击之能力。

第四条

无论何时任何一缔约国认为缔约国中任何一国领土之完整、政治独立或安全遭受威胁，各缔约国应共同协商。

第五条

各缔约国同意对于欧洲或北美之一个或数个缔约国之武装攻击，应视为对缔约国全体之攻击。因此，缔约国同意如此种武装攻击发生，每一缔约国按照联合国宪章第五十一条所承认之单独或集体自卫权利之行

使，应单独并会同其他缔约国采取视为必要之行动，包括武力之使用，协助被攻击之一国或数国以恢复并维持北大西洋区域之安全。此等武装攻击及因此而采取之一切措施，均应立即呈报联合国安全理事会，在安全理事会采取恢复并维持国际和平及安全之必要措施时，此项措施应即终止。

第六条

第五条所述对于一个或数个缔约国之武装攻击，包括对于欧洲或北美任何一缔约国之领土、法国之阿尔及利亚、欧洲任何缔约国之占领军队、北大西洋区域回归线以北任何缔约国所辖岛屿以及该区域内任何缔约国之船舶或飞机之武装攻击在内。

第七条

本公约并不影响、亦不得被解释为在任何方面对于身为联合国会员国之缔约国在联合国宪章下之权利与义务，以及安全理事会对于维持国际和平及安全之基本责任有所影响。

第八条

每一缔约国声明该国与任何其他缔约国或与任何第三国家间目前有效之国际协定，并不与本公约中之规定相抵触，同时并保证决不缔结与本公约相抵触之任何国际协定。

第九条

缔约各国应各派代表组织一理事会，以考虑有关实施本公约之事宜。理事会之组织，须能使其能随时迅速集会。理事会应设立必要之附属机构，尤其应立即设立一防务委员会，该委员会应对本公约第三条与第五条之实施提供建议。

第十条

欧洲任何其他国家，凡能发扬本公约原则，并对北大西洋区域安全有所贡献者，经缔约各国之一致同意，得邀请其加入本公约。被邀请国家一经将其加入文件交存美国政府，即可成为本公约之一缔约国。美国政府应将此种加入文件之收存情形，通知各缔约国。

第十一条

本公约须由各缔约国依照其本国之宪法程序予以批准，并履行条约中之一切规定，批准书须尽速交存美国政府，由美国政府将收存之批准书通知其他缔约国。过半数缔约国家包括比利时、加拿大、法国、卢森堡、荷兰、英国及美国已交存其批准书以后，本公约在此等国家之间应即生效，对其他国家，则应自交存批准书之日起生效。

第十二条

在本公约生效十年，或十年以后，无论何时如经任何一缔约国之请求，各缔约国须共同协商以重新检查本公约，并注意当时影响北大西洋区域和平与安全之因素，包括在联合国宪章中对于维持国际和平与安全之世界性及区域性办法之发展。

第十三条

在本公约生效二十年后，任何缔约国在通知美国政府废止本条约一年以后，得停止为本公约之缔约国，美国政府对于此种废止通知之交存，应即转告其他缔约国。

第十四条

本公约之英文与法文本，具有同等效力，其正本将存于美国政府之档案中，由该政府将认证之副本送交其他缔约国政府。

下列全权代表在本公约上签字以资证明。

1949年4月4日订于华盛顿。

比利时王国代表	斯巴克
加拿大代表	皮尔逊
丹麦王国代表	古斯达夫·拉斯默逊
法国代表	舒曼
冰岛代表	本尼迪特逊
意大利代表	斯福尔查
卢森堡大公国代表	贝赫
荷兰王国代表	斯蒂克尔
挪威王国代表	哈·姆·朗吉
葡萄牙代表	约瑟·凯洛·塔·马达
大不列颠及北爱尔兰联合王国代表	贝文
美利坚合众国代表	艾奇逊

（摘自世界知识出版社编:《国际条约集（1948—1949）》，北京：世界知识出版社，1959年，第191—195页）

<<

二、里斯本决议（北大西洋理事会第九次会议最后公报）

（1952年2月25日）

1. 北大西洋理事会第九次会议于1952年2月20日至2月25日在里斯本举行，尊敬的加拿大外长莱斯特·皮尔逊以主席身份主持了会议。

2月18日希腊王国和土耳其共和国加入北约，两国各自的政府代表也出席了本次会议。总计14国的35位部长参与了理事会的讨论。

2. 理事会在解决北大西洋共同体当前和长期存在的问题方面取得了长足进步。理事会所采取的决定和达成的协定是前期会议中提出的计划付诸实践的结果，也是条约机构长期工作的反映。这些体现了成员国政府通过增强集体防务能力来捍卫北大西洋共同体的和平、稳定和繁荣所作出的共同努力。

3. 理事会注意到巴黎会议上关于欧洲防务共同体的一份报告，以及占领国提出的与联邦德国的和约安排的一份报告。理事会认为条约以成立欧洲防务共同体为基础的原则符合北约各方的利益。理事会也同意这些原则适用于拟建的共同体和北约之间的关系。北大西洋理事会赞成向其成员国和欧洲防务共同体提议这两个组织的成员国间进行相互安全保证。这些保证需要相关各国宪法程序的批准。制定这些决策基于这样的信念：北约和欧洲防务共同体的共同目标都是增强大西洋地区的防务能力，欧洲防务共同体的发展也应遵循这一精神。因此，理事会认为共同体国家之间的职责和关系应该以这样的理念为基础：只要涉及这一共同的目标，两个紧密相关的组织中一方的工作进展也同时提升着另一方。

4．理事会依据其临时委员会的建议作出了详尽、广泛的行动。理事会的决策是为了初步构建平衡的集体力量，来保障成员国能力范围内的外部安全。已就今年年内要建立的具体防务力量以及在今年作出明确的措施规划以增强未来数年的防务力量这些方面达成协议。北约及其成员国政府赞同通过一系列步骤来更加有效地利用资源以实现上述目标。用以保持和增进成员国经济和社会稳定的政策得到了赞同并向各国政府建议。

5．达成进一步融资分配的协定，用以建设包括机场、通讯和司令部在内的基础设施。

6．常设核心领导小组和欧洲盟军最高司令部的职权范围被修订，以体现其新增的职责，尤其是在安排装备的优先级和制定军队后勤支持的计划方面。

理事会同意，希腊和土耳其交付于北约的陆军和空军将由北约欧洲盟军最高司令中的南欧总司令全权指挥。希腊和土耳其的海军力量仍将由两国参谋长掌控，但和其他所有国家的海军在地中海保持紧密合作。常设核心领导小组受命继续研究地中海的海军指挥权和加强它们与陆、空军合作的问题，并在下次会议中向理事会提交最后报告。

7．理事会同时将采取措施，使条约组织能适应从规划到运行阶段中其活动的发展需要。

北大西洋理事会在继续举行定期会议的同时，今后还将通过任命常驻代表进行常设代表会议。理事会决定设置秘书长一职，秘书长将领导统一的国际秘书部帮助理事会履行日渐增加的职责。条约组织进行的各项民间活动应集中在与本组织合作紧密的其他国际机构地理区域内，因为紧密的行政联系对工作效率至关重要。这些组织目前都定址于巴黎近郊。当这些新安排达到预期效果，理事会将履行一直以来由理事会代表会议、军事装备生产局和财政与经济局所承担的职能。

8．理事会通过了大西洋共同体委员会在渥太华会议上的一份报告。该报告强调了经济合作、贸易的扩展和自由化的重要性，以及确定与其他组织尤其是欧洲经济合作组织之间更加紧密合作的可能性。这份报告中对成员国之间劳动力流动问题的分析，理事会表示赞同。理事会承认这一问题的重要性，并签署了在临时委员会会议上对此主题的决议。理事会一致认为北约应当对此问题长期保持关注，并将提出相关建议，通过高效利用人力资源来消除由于普通或特殊的人才缺失而造成的国防生产的滞后。由于涉及大西洋共同体五大国委员会的合作领域受到理事会各成员国不可避免的普遍关注，经决定这些范围内的工作今后应移交给理事会。

9．理事会发布了公告，重申北约的目标是通过增强防务和持续进步来推动和平发展。

《《

三、巴黎协定（节略）①

（1954年10月23日）

第一部分　关于终止德意志联邦共和国占领制度的文件

1. 关于终止德意志联邦共和国占领制度议定书

（1954年10月23日订于巴黎）

法兰西共和国、美利坚合众国、大不列颠及北爱尔兰联合王国和德意志联邦共和国一致同意如下：

---

① 巴黎协定是根据伦敦九国会议的决议签订的，协定的内容很多，主要是：（1）关于终止西德占领制度的文件，特别是修改1952年的波恩专约（见目次第一、第二部分，1952年未经修改的波恩专约原文见《国际条约集（1950—1952）》第485—632页）；（2）关于西欧联盟的文件，特别是修改1948年布鲁塞尔条约的文件（见目次第三部分）；（3）关于北大西洋理事会的文件，特别是西德加入北大西洋公约组织的议定书（见目次第四部分）；（4）法国和西德间的双边协定（见目次第五部分）。所有文件除关于西欧联盟的文件于1955年5月6日生效外，其余条约、协定均于1955年5月5日生效。从这一天起，西德成为西欧联盟和北大西洋公约组织等军事集团的成员，开始重新武装，同时，美英法军队也不再以第二次世界大战的占领军名义，而以"防卫自由世界"的名义长期驻于西德。目次中注有"（略）"字样的为编译者所删略的文件。——编译者注。

第一条

1952 年 6 月 26 日在波恩签订的关于三国和德意志联邦共和国之间关系的专约、关于外国军队及其人员在德意志联邦共和国的权利和义务的专约、财政专约、关于解决由于战争和占领而发生的问题的专约，1952 年 6 月 27 日在波恩签订的改正上述各项协定中若干文字错误的议定书，以及 1952 年 5 月 26 日在波恩签订并经 1952 年 7 月 26 日在波恩签订的议定书加以修正的关于军队及其人员税务制度的协定应依照本议定书所附的五项附件予以修正并应经过这样的修正后，与本议定书同时生效（同时生效的还有签字国已同意的有关任何上述文件的补充文件）。

第二条

在关于德国对防务的分摊额的协议生效以前，下列各项规定应予实施：

（一）美利坚合众国、大不列颠及北爱尔兰联合王国及法兰西共和国将继续保持和行使它们迄今所持有或行使的有关解除武装和非军事化方面的权利。本议定书第一条所指任何文件的任何一项规定均不准任何其他权力机关颁布、修正、废除这方面的任何法律和或剥夺上述任何法律的效力，又除本条（二）款的规定以外，也不准任何其他权力机关在这方面采取任何行政措施。

（二）本议定书生效时，军事安全局将予解散（但无损于它所采取的任何行动或任何决定的效力）。是日起，关于解除武装和非军事化事项的管制将由一个由四国组成的联合组织来执行，每个签字国将指定一个代表参加这个组织，并且这个组织将以四个成员国的多数表决作出决定。

（三）各签字国的政府将（缔结）一项行政协定，这个协定将依照本条的条款规定建立四国委员会并其人员和其工作的组织。

第三条

（一）本议定书应由各签字国依照各自的宪法程序予以批准或核准。签字国批准书或核准书应交存于德意志联邦共和国政府。

（二）一俟所有签字国依照本条第一款规定将批准或核准文件交存时，本议定书以及各签字国间已达成协议的有关补充文件均应生效。

（三）本议定书将交存于德意志联邦共和国政府的档案库，联邦政府将认证无误的副本交于各签字国，并将本议定书的生效日期通知各签字国。

为此目的，在本议定书上签字的全权代表经授权在本议定书上签字盖章，以昭信守。

1954年10月23日订于巴黎，用法文、英文和德文写成，三种文本同等有效。

法兰西共和国代表孟戴斯—弗朗斯

美利坚合众国代表杜勒斯

大不列颠及北爱尔兰联合王国代表艾登

德意志联邦共和国代表阿登纳

附件一　关于美英法和德意志联邦共和国之间关系的专约的修正案

约首——用下文代替原文：

"法兰西共和国、美利坚合众国、大不列颠及北爱尔兰联合王国与德意志联邦共和国缔结确定它们新关系基础的专约如下："

序言——删去

第一条——用下文代替原文：

"（一）一俟本专约开始生效，法兰西共和国、美利坚合众国、大不列颠及北爱尔兰联合王国（在本专约和附属专约中有时简称："三国"）应即终止在联邦共和国的占领制度，废止占领法规并撤销盟国高级委员会和各地方专员办事处。

（二）因此联邦共和国将行使主权国家对内和对外事务的完全权力。"

第二条——用下文代替原文：

"第二条 由于国际局势迄今阻挠德国重新统一和缔结和约，三国保留原来行使或持有的有关柏林和德国全境的权利和责任，包括德国的重新统一和缔结和约在内。关于在德国驻军和保护其安全方面，三国所保留的权利和责任由本专约第四条和第五条予以规定。"

第四条——用下文代替原文：

"第四条

（一）关于'德国对防务'的分摊额的各项协议生效以前，三国保留原来行使的或持有的有关在联邦共和国领土内驻军的权利。此项军队的使命是为保卫自由世界，包括联邦共和国和柏林在内。除遵照本专约第五条（二）款规定外，此项军队的权利和义务由本专约第八条（一）款所指'关于外国军队及其人员在德意志联邦共和国的权利和义务的专约'（以下简称关于军队的专约）予以规定。

（二）三国原来行使的或持有关于在德国驻扎军队的权利仍予保留。此项权利，其行使在本专约第二条第一句认为必要的程度内不受本专约规定的影响。联邦共和国同意于德国对防务的分摊额的各项协议生效后，此项协议生效时在其领土内所有同一国籍和同一数额的军队仍驻扎下去。由于本专约第一条（二）款确定了联邦共和国的地位，由于三国并不愿意在联邦共和国领土内行使它们有关驻军权利的事实，关于联邦共和国方面，除与联邦共和国取得完全协议外，另以单独的专约解决此项问题。"

第五条——用下文代替原文：

"第五条

（一）在关于德国对防务的分摊额的协议生效以前，下列规定适用于联邦共和国领土内的驻军：

（甲）一俟军事情况许可，三国应与联邦共和国磋商关于此项军队驻扎的一切问题。联邦共和国应依照本专约和各附属专约并在其宪法的范围内给予充分合作，以便利此项军队的使命。

（乙）三国在邀请现在尚未提供部队的国家军队所属部队进入联邦领土以便参加其本国军队以前，应先取得联邦共和国的同意。但在内部进攻或外部进攻的紧急威胁下，此项部队得进入联邦领土内而无须联邦共和国的同意，惟在危险消除后，须得其同意才能继续驻扎。

（二）三国原来持有的或行使的，关于联邦共和国领土内驻军安全的保护的权利仍暂时予以保持。一俟德国主管当局按照德国法律取得同样权力，准其采取有效措施，俾便保护此项军队安全，并有可能应付安全和公共秩序的严重破坏时，上述权利应予消除。在上述权利得以继续行使时，于军事情势许可下须先与联邦政府磋商并且联邦政府认为情势需要行使上述权利时，上述权利才得行使。此项军队安全的保护在其他一切方面，由关于军队的专约或代替该专约的协定，予以规定，并除任何适用的协定载明相反规定外，由德国法规定办理。"

第六条（二）款——删去第二句。

第七条（一）款——用"各签字国"代替"三国与联邦共和国"。

第七条（二）款——用下文代替原文：

"（二）在和约缔结以前，各签字国应进行合作，以和平方法达成它们的共同目的，即享有例如联邦共和国所具有的自由、民主宪法，并且加入欧洲大家庭的恢复统一的德国。"

第七条（三）款——删去。

第七条（四）款——删去"其他"字样。

第八条——用下文代替原文：

"（一）（甲）各签字国缔结附属专约如下：

关于外国军队及其人员在德意志联邦共和国的权利和义务的专约：

财政专约：

关于处理由于战争和占领而发生事项的专约。

（乙）'关于外国军队及其人员在德意志联邦共和国的权利和义务的专约'以及1952年5月26日在波恩签订并于1952年7月26日在波恩签订的议定书所修正的'关于外国军队及其人员的捐税待遇的协定'，在确定三国和其他在联邦领土内驻军的国家的军队的权利和义务的新协议生效以前仍继续有效。新协议将以1951年6月19日北大西洋公约缔约国在伦敦签订关于北大西洋公约军队地位的协定为基础，而该协定由于在联邦共和国领土内驻军所处特殊情况的原因需以必要的规定予以补充。

（丙）'财政专约'在依照该专约第四条（四）款，与其他在联邦共和国领土内驻军的北大西洋公约组织成员国政府谈判的新协议生效以前仍继续有效。

（二）在'关于处理由于战争和占领而发生事项的专约'第一章第六条（四）款所指的过渡时期中，该款所指的三签字国的权利应予保持。"

第九条（一）款——用下文代替原文：

"（一）兹设立一仲裁法庭，该仲裁法庭应依照所附约章的规定执行职务。"

第九条第二款——用下文代替原文：

"（二）除本条（三）款所附约章或有关专约中另有规定外，仲裁法庭对本专约、其所附约章或附属专约在实施方面发生的争端未能由当事国通过谈判或全体签字国同意的其他一切方法予以解决者，具有专属管辖权。"

第九条（三）款——用"涉及第四条（一）款头两句，第四条（二）款第一句和第五条（二）款头两句所指三国的权利或涉及实施上述权利所采取的措施"代替"或行使此项权利时所采取的措施、或牵涉第五条

（一）至（七）款各项规定"。

第十条——用下文代替原文：

"各签字国应在下列情况下，重行审查本专约和附属专约各条款：

（甲）如果德国恢复统一，或在本专约各缔约国的参加或同意下，就恢复统一的措施成立国际协议时，或如果欧洲联邦成立时，经各签字国中一国提出请求；

（乙）本专约生效时各签字国一致承认由于当前条件发生任何具有根本变化的情况。

在前者或后者的情况下，各缔约国应在由于情况发生根本变化而需要必要的范围内修改本专约和附属各专约。"

第十一条（一）款及（二）款——删去。

附件甲　删去。

附件乙　仲裁法庭约章的修正案

第一条（二）款（丙）项——用下文代替原文：

"（丙）三国政府和联邦政府协议任命庭长一人和副庭长二人（以下也简称中立庭员），其中任何人均不得为三国之一的国民或德国国民。"

第一条（三）款第二句——用下文代替原文：

"三国政府和联邦政府应于同上期内就中立庭员三人的姓名达成协议，其中一人应被指定为庭长，其他二人为副庭长。"

第一条（三）款第三句——用下文代替原文：

"如此期限届满后，中立庭员一人或一人以上的选择未能达成协议，三国政府或者联邦政府得请求国际法院院长任命之。"

第三条——删去。

第六条——补充下文：

"（三）一俟按照本规章第十四条接到第一次投递的申诉状时，书记官长应迅即通知庭长，庭长应尽速在法庭所在地召开第一次全体庭，以便制定程序规则并督促其他工作的执行。嗣后，法庭应视其任务的需要开庭。

（四）本规章第二条（三）款和（四）款在本条（三）款所指第一次全体庭召开以前不予适用。"

第九条（一）款——在"谈判"字样之后加添"或者通过各签字国全体同意的其他一切方法"字样。

第九条（二）款（甲）项——以"第一章"字样代替"第二章"字样。

第九条（三）款——删去一句中的下面一段："并应受本约章第十一条（五）款（甲）项规定的限制。"

第十一条——用下文代替原文：

"第十一条

（一）各签字国承允遵守法庭的决定，并采取此项决定限令它们采取或为补救情势所必要的措施。

（二）如一签字国受法庭一项决定的约束必须采取使此项决定生效的措施而处于无能为力或在法庭所规定期限内，或如法庭未有规定，而在合理的期限内，规避采取此项措施时，该签字国或任何其他争端当可一方签字国得请求法庭作出一项务使未履行国家应该采取代替措施的新决定。"

附件二　关于外国军队及其人员在德意志联邦共和国的权利和义务的专约的修正案[①]

修正概要——删去第四十九条和第五十条以及附件丙。

约首——用下文代替：

"法兰西共和国、美利坚合众国、大不列颠及北爱尔兰联合王国与

[①]　该专约1952年原文见世界知识出版社编：《国际条约集（1950—1952）》第501—545页。——编译者注。

德意志联邦共和国议定下列各项规定："

第一条（三）款——用下文代替：

"三提供军队的其他国家"：

除三国中之一国外，其他在联邦领土内驻军的一切国家，自本专约生效日起，根据与三国或三国中之一国以及将来在联邦领土内驻军的其他国家所缔结的协定，即：

（甲）在'德国对防务的分摊额'的协议生效以前时期，该其他国家如未在三国同意下与联邦共和国缔结关于该国军队的地位的单独专约，则根据该国与三国或三国中之一国所缔结的协定，及

（乙）在'德国对防务的分摊额'的协议生效以后时期，根据与德意志联邦共和国缔结的协定。"

第十七条（八）款——用下文代替：

"（八）应设立包括三国主管当局的代表与联邦共和国当局代表的常设委员会。常设委员会的职权是：保证民用航空和军用航空活动之间的有效配合。"

第三十三条（一）款（丙）——删去。

第三十三条（二）款（甲）——用下文代替：

"（三）（甲）在本专约未对此作出规定时，关于外国军队及其人员的捐税待遇，由1952年5月26日在波恩签订，并经1952年7月26日在波恩签订的议定书加以修正的'关于军队及其人员捐税待遇的协定'规定之。"

第三十三条（三）款（乙）——删去。

第三十六条（五）款（丁）——删去"特别"字样。

第三十八条（一）款——删去下句：

"如果欧洲防务集团同意参加此项程序时，上述规定亦将适用于其武装部队。"

第三十八条（七）款——用下文代替：

"（七）在实施第一次房地产计划时，如果在同一地区没有可以比拟而能供代替使用的房地产时，则在本专约生效后六个月期间内，军队对'关于解决由于战争和占领而发生的问题的专约'第一章第十三条规定可供使用的公有房地产享有优先选择权。此项规定不适用于波恩地区内的房地产。"

第三十九条（二）款——用下文代替：

"（二）应设立'联合供应委员会'，包括三国主管机关代表与联邦共和国代表。委员会负责通过协议，制订为军队的需要进行采购的定期计划，并解决在执行这些计划过程中可能发生的任何困难。"

第四十二条（一）款——用下文代替：

"（一）联邦共和国的邮政和电讯公用事业应供给军队及其人员使用。在这方面，军队应享有优先待遇，这是军队为了顺利执行其防御任务所必要的，并且给符合于因此产生的需要与联邦共和国主要的民用需要和防务需要两者之间合理的协调。本专约生效时有效的使用条件于本专约生效后仍继续有效。在发现这些使用条件与本专约不相符合时，经缔约国之一国的请求，应予复查和修改。当进行此种复查时，使用条件的确定，应与军队的需要及其人员执行军队防御任务的使用条件相符合。"

第四十四条（二）款——用下文代替：

"（二）为军队服务的德国人，应负担'德国对防务的分摊额'协议所产生的一切义务。德国人仅担任非战斗员性质的服务，包括民防警卫职务在内。"

第四十四条（十）款第一句——用下文代替：

"本条（三）款及（八）款所指的混合委员会，由三国主管当局和联邦共和国以人数相等的代表组成之。"

第四十七条（二）款——删去。

第四十九条——删去。

第五十条——删去。

附件乙（三）款——用下文代替：

"第三款应设立无线电频率委员会由三国主管机关代表及联邦共和国代表组成之。频率委员会采取决定须经全体同意。"

附件丙——删去。

附件三　财政专约的修正案[①]

约首——用下文代替：

"法兰西共和国、美利坚合众国、大不列颠及北爱尔兰联合王国与德意志联邦共和国议定下列各项规定："

第一条（一）款在"有关国家"与"军队当局"之间加入"军队"字样。

第一条（二）款（乙）项——删去此项。

第一条（二）款（丙）项——用下文代替此项原文：

"（丙）军队给养经费：

根据本专约第四条（一）款至（三）款，联邦共和国以经费提供有关国家以便协助应付在联邦领土内驻军及其人员的开支。"

第三条——删去此条。

第四条——用下文代替此条原文：

"第四条

（一）（甲）自本专约生效日起至'德国对防务的分摊额'的协议生效日止，联邦共和国每月拨交分摊额六亿马克。作为军队给养费。

（乙）在本款（甲）项所指六亿马克数目中，每月一亿马克，由三国与联邦共和国共同协议决定用于防务方面的特别措施；在一亿马克中

---

① 　该专约1952年原文见《国际条约集（1950—1952）》第545—561页。——编译者注。

将包括有关北大西洋公约组织地面建筑计划的费用。属于占领损害赔偿的支付得包括在内。

（丙）本款（甲）项及（乙）项的规定，无论如何，仅适用至1955年6月30日。如果德国对防务的分摊额的协议在是日以后生效，则联邦共和国应就1955年6月30日以后和德国对防务的分摊额的协议生效以前这一段时期内，联邦共和国对部队给养提供分摊额的问题，与三国进行谈判。

（二）德国对防务的分摊额的协议生效后的头十二个月，联邦共和国以给养费的名义提供三十二亿马克予军队使用。此项分摊额在下列条件下提供军队使用。

头两个月每月四亿马克；

其后四个月每月三亿马克；

最后六个月每月两亿马克。

如德国对防务的分摊额的协议在1955年6月30日以后生效，则此项规定将不适用，联邦共和国应在德国对防务的分摊额的协议生效后不超过十二个月的时期内，就有关联邦共和国对军队给养承担分摊额的问题，与三国进行谈判。

（三）三国承认联邦共和国有权提议重新考虑本条（二）款的规定，如果联邦共和国认为，由于在批准下建立德国军队引起的负担，足以证明有此必要的话。在此情况下，各签字国将考虑一切因素，并在各签字国认为必要时，同意修改上述拨充军队给养费的规定。

（四）本条（二）款所指的时期一经结束，并根据北大西洋公约第三条的精神，联邦共和国同意与在联邦领土内驻军的北大西洋公约组织其他成员国政府，就有关给养上述军队（例如动用资产和服务的方式）的问题举行谈判，同时考虑到联邦共和国部队的需要。

（五）根据本条（一）款至（三）款，在指定时期中所拨付的分摊额，得根据本条（六）款的规定在其他时期使用。三国有责任与联邦共和国协商后，在三国之间分配并再分配根据本条规定所拨付的分摊额。本专约第五条的规定适用于此项分摊额的使用，但根据本条（六）款（甲）项规定使用的分摊额则除外。

（六）根据本条（一）款至（三）款拨充军队给养的分摊额仅供下列开支之用：

（甲）各有关国当局在本专约生效前，在占领费及强制开支项下已承受的或已订购的房地产、货物、物资及服务，而于本专约生效后，为了清偿此项债务而开出的支付凭证所列的款项，占领费及强制开支项下尚未动用的款项，在本专约生效后仍归三国支配。

（乙）在本条（二）款规定的时期结束前，从有关各国根据本专约第五条所制定的马克预算项下，开出的支付凭证所列的款项。如果本条（一）款所规定的款项，尚未完全动用来支付本条（一）款所规定的时期结束以前所开出的支付凭证，则此项款项在十八个月期间内仍归军队支配，俾便偿付军队给养费项下未了债务。同样的程序也适用于本条（二）款项下领到的经费的用途。但是，此项经费留归军队支配的期间是本条（二）款规定的时期结束后十二个月。

（丙）拨充其他用途的款项，得由联邦共和国与三国商定之。

（七）三国应尽力避免使未动用经费的余额增加，并尽速使余额大量减少。为此目的，三国当局与联邦共和国应充分合作，交换有关情报并采取其他一切方法。本款所指的未动用经费的余额应了解为联邦共和国在占领费及强制开支项下拨付的经费的未动用部分，再加上依照本条（一）款所拨付的经费的未动用部分。"

第五条（三）款——删去最后一句："在此项预算下从军队给养经费开支的费用应列入欧洲防务集团的预算，集团对之并不实行控制。"

第六条（一）款——用下文代替此款原文：

"（一）根据本专约第四条规定，联邦共和国采取一切必要的措施，根据需要拨付军队给养费。"

第七条（一）款（庚）项（3）目用"军队寄养费"代替"联邦共和国防务分摊额。"

第八条（十四）款——用下文代替此款原文：

"（十四）根据军队的机关所作决定而拨付的补偿金，在本专约第四条（一）款和（二）款所规定的期间，应在有关军队的给养经费项下开支，除非联邦共和国与有关国家另有其他规定。联邦共和国和大不列颠及北爱尔兰联合王国就此事及补充程序所缔结的协定，附于本专约，附件（甲）。联邦共和国和美利坚合众国缔结的相同的协定，附于本专约，附件（乙）。"

第八条（十五）款用下列新条文代替此款的原文：

"（十五）即使本条另有规定，对本专约生效前由有关国家当局使用的房地产或动产，在本专约第四条（二）款所规定的时期结束后返还时，产生损害赔偿的要求，应由德国当局处理，不得在军队给养经费项下开支，亦不归有关国家负担。"

第八条（十八）款——删去此款。

第十二条（六）款——删去最后一句："关于符合本条（二）款和军队专约第四十二条原则的费率的协定应及时予以缔结并应于1953年6月30日起生效。"

第十三条（二）款——以"在本专约第四条（二）款规定的时期终止以前"代替"在1953年6月30日以前。"

第十三条（三）款——用下文代替此款原文：

"（三）在本专约第四条（一）款所规定的期间，关于军队专约第二十条所指的设备和工事费用，将在军队给养费项下开支。在本专约第四条（二）款所规定的期间内，上述设备和工事费用，将在军队给养费项下开支，如果此项经费已为此列入有关国家的预算的话。如果预定的设备和工事经费并未列入此项预算，则应由联邦共和国与有关国家事先协议予以确定。"

第十三条（四）款——用"本专约第四条第二款所规定的期间终止"代替"1953年6月30日。"

第十三条（四）款——删去"本专约第四条（三）款所指。"

第十三条（五）款——删去此款。

第十四条——删去最后一句："欧洲防务集团军需部门的代表在涉及集团的利益时得参加委员会的讨论。"

第十六条——删去"在北大西洋公约组织与欧洲防务集团之间的各协定使这种修改成为必要或合适时。"

第十八条（一）款——删去此款。

第十八条（二）款——删去"并欧洲防务集团成员国。"

第十九条（甲）项——用下文代替此项原文：

"（甲）根据本专约第四条（一）至（四）款应通过谈判方式予以解决的各项问题"。

附件甲——删去第九节。

附件乙——增加下列新附件乙：

财政专约附件乙

关于美利坚合众国军队，财政专约第八条的规定应依照下列方式适用之。

第一节

财政专约第八条和第九条所指军队，就该军队范围内，其主管机关的一些职务，将授权于联邦共和国。

第二节

（一）德国主管机关将向其提出一切赔偿要求立即通知军队主管机关，并供给军队主管机关所能要求的一切情报。

（二）军队主管机关接到此项情报后，尽速将一切有用的情报和它自己收集的一切证据，转交德国主管机关，这些情报和证据对处理赔偿要求是必要的。但提供此项证据须以美国的规章所许可者为限。德国机关只能根据这些证据进行估价并支付所要求的赔偿。

第三节

（一）根据本附件第二节（二款），军队主管机关将情报及证据转送德国主管机关时，应附送声明，指出是否像财政专约第八条（二）款所确定的那样，问题在于军队的行为或不行为。

（二）除非军队主管机关作出声明，证明确如财政专约第八条（二）款所确定的那样，问题在于军队的行为或不行为，否则德国机关不予估价亦不支付任何补偿金。

（三）如果审理补偿要求时所得出的结论与声明作出的结论不同，经德国主管机关请求，军队主管机关应重新审查此项声明，并考虑德国机关所提出的意见。

第四节

如果有原告根据财政专约第八条（十）款的规定，向德国普通法院控告联邦共和国，则德国机关应将控诉状副本送交军队主管机关。如果德国机关由于该项控诉，认为有必要获得军队机关方面由其自行搜集提供辩护用的补充文件或证据时，德国机关应尽速通知军队主管机关。

第五节

根据财政专约第八条第十款起诉的案件，如果应予执行的法院判决，与德国机关根据本附件第一节所作出的决定不相符合时，则此项决定应予修改，以便与判决相符合。无论军队当局已否根据财政专约第八条（十二）款的规定，行使它参加控诉联邦共和国的权利，这些规定均应适用。

第六节

根据本附件第七节的规定，为了允许德国机关及法院所核准的补偿金部分，得以在美国军队给养费项下开支，德国机关应于每月十五日将上月份支付的补偿金额开具清单送交军队主管机关。

第七节

经议定，根据财政专约第八条（十四）款的规定，德国主管机关或经德国普通法院所核准的补偿金的百分之七十五应在军队根据财政专约领到的给养经费项下开支。其余百分之二十五的补偿金则由联邦共和国负担。

第八节

本附件的规定并不影响财政专约第八条（十六）款的规定。

附件四　关于解决由于战争和占领而发生的问题的专约的修正案①

约首——用下文代替。

"法兰西共和国、美利坚合众国、大不列颠及北爱尔兰联合王国和德意志联邦共和国议定下列条款："

第一章　一般规定

第八条（四）款——用"本章第十二条（一）款"代替"本专约第二章第四条（六）款"字样。

第八条（五）款——删去。

加入新的条款如下：

"第九条

（一）本专约生效时尚未废止的盟国高级委员会有关分散德国煤钢工业的法规仍继续生效，但须在此项日期以前下令采取的分散措施仍待执行或权利人继续需要保护为限。

（二）凡盟国高级委员会或其直属机关，为了实施本条（一）款所指的法规，通过规章或命令而制定的措施以及为了实施上述命令所批准

---

① 该专约1952年原文见《国际条约集（1950—1952）》第562—632页。——编译者注。

的计划而必须施行的措施，均应由联邦政府使其全部执行。

（三）本条各项规定不能用来反对根据欧洲煤钢联营条约所允许的德国煤钢企业的扩充和合并。

第十条

（一）根据下列规定设立由委员七人组成的混合专家委员会。一俟联邦政府收到根据本条（三）款而提出的首次申请书并通知其他三国后，联邦共和国即行任命委员三人，三国各任命一人。自此项通知起六个月期间内，经上述手续任命的委员，以多数票选举第七名委员。如此项限期届满后，第七名委员仍未获任命，或第七名委员不愿接受任命，则请国际清算银行董事会任命专家一人担任此职。该专家必须不是各签字国任何一国的国民。

（二）混合委员会的职权是：研究请求延长出售证券的最后期限的申请书，此项期限由盟国高级委员会或它的一个直属机构，以规章或命令予以规定或根据该项命令所批准的计划予以规定。

（三）申请书至迟应在规定出售证券期限届满前一年送达联邦政府。申请人在混合委员会采取决定前，有权提供一切有助于他的请求的补充文件。

（四）只需申请人证明虽经认真努力，仍未能与德国公众利益相符合的和合理的条件下，出售全部证券，并且在短促期间出售此项证券，就不免在相当时期内扰乱德国的资本市场，则混合委员会得将规定出售证券的期限予以延长。

（五）根据本条（四）款而延长的期限，无论如何不得超过一年。但是，根据同样标准而经过审查的新的申请书通过后，该项期限得再予延长。混合委员会批准延长期限或再度延期时，得附加适当的条件。

（六）混合委员会的决定，由委员以多数予以通过。委员会应在规定的出售证券期限到期以前作出决定。

（七）混合委员会委员的薪水和津贴由各签字国支付。各该国担负各自任命的委员的薪水和津贴所需的费用。联邦共和国担负第七名委员的薪水及津贴的半数,三国各担负六分之一。混合委员会得将其余费用的全部或一部分指定由申请人负担。

(八)混合委员会制订它自己的工作细则。

第十一条

(一)本专约生效时尚未废止的盟国高级委员会有关完成分散及清算法本工业的法规应继续有效,直至法本工业依照此项法规清算完毕为止。上述法规中关于法本工业清算后仍继续存在的权利和债务的各项规定仍继续生效至各该权利和债务履行完毕为止。

(二)凡盟国高级委员会或其直属机关,为了实施本条(一)款所指的法规而以章程或命令规定的措施,应由联邦政府使其全部执行。

第十二条

(一)本专约生效后,第二十七号法律经过修正的第十三条所规定的复核委员会,由联邦共和国任命委员三人,并由三国分别任命委员组成之。这样设立的复核委员会将为唯一的主管机关,根据一切有关人的申请,审查为了实施盟国高级委员会第二十七号法律第五条(丙)项,或第三十五号法律第五条(一)款而颁布的一切命令。复核委员会委员的独立性及其采取决定的自由,不受本国政府的指示或其他一切措施的束缚。复核委员会在采取决定前,应听取申请者意见。

(二)复核委员会委员的薪水和津贴由各签字国支付,各该国负担各自任命的委员的薪水及津贴所需的费用。联邦共和国负担其余费用的半数,三国各负担六分之一。

第十三条

为了使占领制度顺利过渡到建立在正常外交关系上的制度,并为了法兰西共和国、美利坚合众国和联合王国开设大使馆和领事馆,法兰西共和国、美国和联合王国有权在过渡时期继续使用它们在本专约生效时所用的房地产,但以开设大使馆及领事馆所需用者为限,并在适当情况下缴付租金。"

第二章　非卡特尔与分散化

此章全部删去。

第三章　国内财产的返还

第一条（一）款（甲）——用"第二百四十、二百四十三、二百五十二和二百五十五号命令所修正或补充的军政府第五十九号法律"字样代替"第二百四十和二百四十三号命令所修正或补充的军政府第五十九号法律。"

第一条（一）款（乙）——用"第二十一号（修正的）三十及四十二号法律"字样代替"第二十一号（修正的）及三十号法律"。

第一条（二）款（甲）在"英国高级委员"之后删去"和"字，并在最后加添"和英国高级委员会第二百五十四号命令"字样。

第一条（三）款——删去。

第三条（五）款——（甲）（乙）（丙）——删去

第六条（一）款（甲）用"最高返还法院"代替"复核委员会"字样。

附件　第五条（五）款（丙）项（1）目——删去。

附件　第九条（一）款（乙）项用"联合王国高级委员第二百五十五号命令所设立的英占区最高返还法院"代替"英国军政府第五十九号法律的第六号规则所成立的复核委员会"字样。

附件　第九条（二）款——用"英占区最高返还法院"代替"复核委员会"字样。

第四章　对于受纳粹迫害者的赔偿

（四）款——删去。

第五章　国外财产的返还

第二条（二）款——用"1956年5月8日"代替"1955年5月8日"字样。

用"1957年5月8日"代替"1956年5月8日"字样。

第三条（一）款——用"1956年5月8日"代替"1955年5月8日"字样。

第三条第二款——用"1956年5月8日"代替"1955年5月8日"字样。

第六章　赔偿

第二条第一句——在"第六十三号法律"字样之前加添"经盟国高级委员会在第二十四号决议所修改的"字样。

第七章　流离失所的人和难民

第一条（一）（二）（三）款——删去。

第三条——删去。

第五条——删去。

第八章　对德国的要求

此章和它的附件全部删去。

第九章　对外国或外国国民的要求

第三条（三）款——在"第四十七号法律"字样之前加添"经盟国高级委员会第七十九号法律所修改的"字样。

第十章　在德国的外国利益

第二条第二句——用下文代替："此项法律将由联邦共和国于其他签字国的同意下，在1958年2月27日在伦敦缔结的'关于德国外债协定'的基础上予以复核。但以有关本专约所提到的债权为限。"

第六条（二）款——用"1952年8月14日关于平均负担的法律"代替"正在考虑中关于平均负担的法律"字样。

第六条（二）款[（甲）项前最末一句]——用"根据平均负担"代替"根据平均负担草案"字样。

第六条（二）款（丙）项（最后一句）——删去"草案"字样（仅只英文本及德文本）。

第六条（七）款——删去"最后"字样（仅只英文本）。

第七条（一）款（甲）项——删去。

第七条（一）款（乙）项——删去"第五十五号"（关于货币改革的法律第二次修正案）。

第七条（一）款（丙）项、（二）款与（三）款（甲）（乙）项——删去。

第九条（一）款——删去"并且与盟国高级委员会第五十五号法律的继续有效相联系"句。

第十二条（一）款——在（己）项后添加下文："根据盟国高级委员会第八号法律第二条最后一句和第七条（一）款，于本专约生效时，根据第八号法律（经过修正的）所制订的第一号规则而设立的关于专利权上诉委员会受理中的上诉案件，应移交仲裁委员会，并由该委员会以根据本条提出上诉的同样方式予以审查。"

第十一章　三国在联邦共和国内使领馆的设备

此章全部删去。

第十二章　民用航空

第一条——用"第二条至第六条"代替"第二条至第七条"字样。

第七条删去。

附件五　关于军队及其人员税务制度的协定的修正案（略）

2. 关于终止德意志联邦共和国占领制度议定书的十次换文（略）

3. 关于外国军队驻在德意志联邦共和国领土内的专约

（1954年10月23日订于巴黎）

鉴于国际局势和为了保证自由世界的防务，需要继续要求外国军队驻在德意志联邦共和国起见，美利坚合众国、大不列颠及北爱尔兰联合王国、法兰西共和国和德意志联邦共和国兹议定以下各条款：

第一条

（一）自德国对防务的分摊额的协议生效之日起，是日驻扎联邦共和国领土上同一国籍、同一人数的军队得仍留驻于联邦共和国。

（二）依照本条（一）款驻在联邦共和国的军队人数，得在德意志联邦共和国政府同意下，随时予以增加。

（三）本专约签字国的补充部队为了训练目的，可在德意志联邦共和国政府同意下，依照驻欧盟军最高司令管辖下的军队所适用的规则，进入和留驻联邦领土内，但留驻期限每次不得超出三十天。

（四）联邦共和国应以进入、通过和离开联邦领土的权利给与法国、美国和英国的军队以便过境前往或来自奥地利（在军队尚继续驻奥期间）或者前往或来自任何北大西洋公约组织成员国（在北大西洋公约组织各缔约国之间通常许可的同样基础上或在经北大西洋理事会同意，对所有成员国一律有效的同样基础上）。

第二条

任何于1954年10月23日在巴黎签订终止在德意志联邦共和国占领制度的议定书时有军队驻在联邦领土内的非签字国家得加入本专约。任何上述愿意参加本专约的国家须将其加入书交存联邦共和国政府。

第三条

（一）本专约将于缔结对德和约时或在此以前当各签字国认为因国际局势发展须有新的安排时满期。

（二）各签字国将在三国与德意志联邦共和国之间关系的专约第十条所规定的同一时期内和同样条件下重行考虑本专约各条款。

第四条

（一）本专约须经各签字国批准或核准，批准书或核准书应由各该国交存德意志联邦共和国政府。联邦政府应将每一批准书或核准书的交存通知各签字国。本专约自所有签字国均交存上述文件和德意志联邦共和国加入北大西洋公约的文件交存美国政府之日起生效。

（二）本专约对于所有依照本专约第二条规定已事先交存加入书的国家系在上述同一日期生效。本专约对于其他加入国则自其交存加入书之日起生效。

（三）本专约应交存于德意志联邦共和国政府档案库。联邦政府应将本专约和依照第二条交存的加入书经认证无误的副本送给各签字国并通知各签字国一切加入书的交存日期。

为此目的，各全权代表经授权在本专约上签字盖章，以昭信守。

1954年10月23日以英文、法文和德文订于巴黎，三种文本具有同等效力。

美利坚合众国杜勒斯

大不列颠及北爱尔兰联合王国艾登

法兰西共和国孟戴斯—弗朗斯

德意志联邦共和国阿登纳

4. 三国关于在德意志联邦共和国行使保留权利的协定

（1954年10月28日订于巴黎）

法兰西共和国政府、美利坚合众国政府和大不列颠及北爱尔兰联合王国政府兹议定以下各条款：

（一）美利坚合众国、大不列颠及北爱尔兰联合王国与法兰西共和国在经下述议定书修正的三国与德意志联邦共和国之间的关系的专约所提到的关于终止在德意志联邦共和国占领制度的议定书生效之后所保留的权利，将由各该国任命的驻德意志联邦共和国使节予以行使。

（二）在三国认为依照上述议定书及该议定书第一条提及的各项文件系属共同有关的事件上，三国使节将以联合行动行使在德意志联邦共和国所保留的权利。

（三）关于在柏林所保留的权利，除将来可能经协定予以改变者外，将继续在柏林依照现有办法予以行使。

（四）本协定将在关于终止在德意志联邦共和国的占领制度的议定书生效时生效。

1954年10月28日以英文和法文订于巴黎，两种文本具有同等效力。

美利坚合众国政府杜勒斯

大不列颠及北爱尔兰联合王国政府艾登

法兰西共和国政府孟戴斯—弗朗斯

第二部分　关于巴黎协定生效后确定西德地位的文件（波恩专约）

按照1954年10月23日巴黎协定关于终止德意志联邦共和国占领制度的议定书五个附件而修订的波恩专约修订本

一、关于美英法三国和德意志联邦共和国之间关系的专约

法兰西共和国、美利坚合众国、大不列颠及北爱尔兰联合王国与德意志联邦共和国缔结确定它们新关系基础的专约如下：

第一条

（一）一俟本专约开始生效，法兰西共和国、美利坚合众国、大不列

颠及北爱尔兰联合王国（在本专约和附属专约中有时简称"三国"）应即终止在联邦共和国的占领制度，废止占领法规并撤销盟国高级委员会和各地方专员办事处。

（二）因此，联邦共和国将行使主权国家对内和对外事务的完全权力。

第二条

由于国际局势迄今阻挠德国重新统一和缔结和约，三国保留原来行使或持有的有关柏林和德国全境的权利和责任，包括德国的重新统一和缔结和约在内。关于在德国驻军和保护其安全方面三国所保留的权利和责任由本专约第四条和第五条予以规定。

第三条

（一）联邦共和国同意按照联合国宪章的原则和欧洲理事会规章中所确定的目的执行其政策。

（二）联邦共和国申明其意愿：通过加入对自由世界共同目的有贡献的国际组织，与自由国家集团充分地联合起来。三国于适当时期将支持联邦共和国关于加入此项组织的申请。

（三）三国与同联邦共和国尚无关系的各国进行谈判时，就直接涉及联邦共和国政治利益的事项，应与联邦共和国协商。

（四）当联邦共和国在其与别国的关系中，及其在某些国际组织或会议中不能代表其自身利益的任何时候，三国应依联邦政府的请求设法代表联邦共和国的利益。

第四条

（一）关于德国分担防务协款的各项协议书生效以前，三国保留原来行使或持有的有关在联邦共和国领土内驻军的权利。此项军队的使命是为保卫自由世界，包括联邦共和国和柏林在内。除遵照本专约第五条（二）款规定外，此项军队的权利和义务由本专约第八条（一）款所指《关于外国军队及其人员在德意志联邦共和国的权利和义务的专约》（以下简称"关于军队的专约"）予以规定。

（二）三国原来行使或持有关于在德国驻扎军队的权利仍予保留。此项权利，其行使在本专约第二条第一句认为必要的程度内不受本专约规定的影响。联邦共和国同意于德国与分担防务协款的各项协议生效后，此项协议生效时在其领土内所有同一国籍和同一数额的军队仍驻扎下去，由于本专约第一条（二）款确定了联邦共和国的地位，由于三国并不愿意在联邦共和国领土内行使它们有关驻军权利的事实，关于联邦共和国方面，除与联邦共和国完全协议外，另以单独的专约解决此项问题。

第五条

（一）在关于德国分担防务协款的协议生效以前，下列规定适用于联邦共和国领土内的驻军：

（甲）一俟军事情况许可，三国应与联邦共和国磋商关于此项军队驻扎的一切问题。联邦共和国应依照本专约和各附属专约并在其宪法的范围内给予充分合作，以便利此项军队的使命。

（乙）三国在邀请目前尚未提供部队的国家军队所属部队进入联邦领土以便参加其本国军队以前，应先取得联邦共和国的同意。但在外部进攻或外部进攻的紧急威胁下，此项部队进入联邦领土内而无须联邦共和国的同意，惟在危险消除后，须得其同意才能继续驻扎。

（二）三国原来持有或行使的，关于联邦共和国领土内驻军安全的保护的权利仍暂时予以保持。一俟德国主管当局按照德国法律取得同样权力，准其采取有效措施，俾便保护此项军队安全，并有可能应付安全和公共秩序的严重破坏时，上述权利应予消除。在上述权利得以继续行使时，于军事情势许可下须先与联邦政府磋商并且联邦政府认为情势需要行使上述权利时，上述权利才得行使。此项军队安全的保护在其他一切方面，由关于军队的专约或代替该专约的协定，予以规定，并除任何适用的协定载明相反规定外，由德国法规定办理。

第六条

（一）三国应就其有关柏林之权利的行使与联邦共和国进行协商。

（二）联邦共和国方面应与三国合作，以便利三国履行其对柏林的责任。

第七条

（一）各签字国同意其共同政策的主要目的为通过德国与其过去敌人间的自由谈判而达成对整个德国和约的缔结，为永久和平奠定基础。它们并同意德国疆界的最后决定须等待这一和约的缔结。

（二）在和约缔结以前，各签字国应进行合作，以和平方法达成它们的共同目的，即享有例如联邦共和国所具有的自由、民主宪法并且加入欧洲集团的恢复统一的德国。

（三）删

（四）三国应就涉及对整个德国行使权利的一切事项与联邦共和国进行协商。

第八条

（一）（甲）各签字国缔结附属专约如下：

关于外国军队及其人员在德意志联邦共和国权利和义务的专约；

财政专约；

关于解决由于战争和占领而发生的问题的专约；

（乙）关于外国军队及其人员在德意志联邦共和国权利和义务的专

约以及1952年5月26日在波恩签订并于1952年7月26日在波恩签订的议定书所修正的关于外国军队及其人员的捐税待遇的协定，在确定三国和其他在联邦领土内驻军的国家的军队的权利和义务的新协议生效以前仍继续有效。新协议将以1951年6月19日北大西洋公约缔约国在伦敦签订关于北大西洋公约军队地位的协定为基础，而该协定由于联邦共和国领土内驻军所处特殊情况的原因而需以必要的规定予以补充。

（丙）财政专约在依照该专约第四条（四）款规定而与其他在联邦共和国领土内驻军的北大西洋公约组织成员国政府谈判的新协议生效以前仍继续有效。

（二）在关于解决由于战争和占领而发生的问题的专约第一章第六条（四）款所指的过渡时期中，该款所指的三签字国的权利应予保持。

第九条

（一）兹设立一仲裁法庭，该仲裁法庭应依照所附约章的规定执行职务。

（二）除本条（三）款所附约章或有关专约中另有规定外，仲裁法庭对本专约、其所附约章或附属专约在实施方面发生的争端未能由当事国通过谈判或全体签字国同意的其他一切方法予以解决者，具有专属管辖权。

（三）涉及第四条（一）款头两句，第四条（二）款第一句和第五条（二）款头两句所指三国的权利或涉及实施上述权利所采取的措施的任何争端不属仲裁法庭或任何其他法庭或法院管辖。

第十条

各签字国应在下列情况下重行审查本专约和附属专约各条款：

（甲）如果德国恢复统一，或在本专约各签字国的参加或同意下，就恢复统一的措施成立国际协议时，或如果欧洲联邦成立时，经各签字国中一国提出请求；

（乙）本专约生效时，各签字国一致承认由于当前条件发生任何具有根本变化的情况。

在前者或后者的情况下，各签字国应在由于情况发生根本变化而需有必要的范围内修改本专约和附属各专约。

第十一条

（一）删

（二）删

（三）本专约和附属各专约应存于德意志联邦共和国政府档案库中，该国政府应将认证的副本送交所有缔约国并以本专约和附属各专约的生效日期通知各缔约国。

各该政府正式授权在下面签字的代表已在本专约签名以昭信守。

1952年5月26日订于波恩，用英文、法文和德文写就三种文本，均具有同等效力。

> 美国代表：迪安·艾奇逊
> 英国代表：安东尼·艾登
> 法国代表：罗伯·舒曼
> 德意志联邦共和国代表：阿登纳

1. 关于美英法和德意志联邦共和国之间关系的专约

附件一　联邦共和国关于援助柏林的声明（删）
关于美英法和德意志联邦共和国之间关系的专约

附件二　仲裁法庭约章

第一部　法庭的构成、组织和地址

第一条

（一）法庭由庭员九人构成，此项庭员在其本国应具有最高司法职位的任命资格，或者为对国际法具有公认才能的法学家。

（二）法庭的庭员九人应依下述办法予以任命；

（甲）三国政府任命庭员三人，每政府各一人；

（乙）联邦政府任命庭员三人；

（丙）三国政府和联邦政府协议任命庭长一人和副庭长二人（以下也简称中立庭员），其中任何人均不得为三国之一的国民或德国国民。

（三）三国政府和联邦政府应于本约章生效后不超过六十日内发表第一批任命。三国政府和联邦政府应于同上期内就中立庭员三人的姓名达成协议，其中一人应被指定为庭长，其他二人为副庭长。如此项期间届满后，中立庭员一人或一人以上的选择未能达成协议，三国政府或者联邦政府得请求国际法院院长任命之。

（四）补缺的任命应以与任命被接替庭员的同样方法为之。但如有应由三国中之一国政府或应由联邦政府递补的缺额未于出缺后一个月内递补时，三国政府或联邦政府得请求国际法院院长任命一人临时补缺，此人既不是三国中任何一国的国民，也不是德国国民，应任职六个月或者任职直至遗缺依正常方法递补时为止，可依两者之间较长者计算。被接替者若是中立庭员，本条（二）款（丙）项所指协议如于出缺后一个月尚未达成时，三国政府或联邦政府得请求国际法院院长任命之。

（五）如果某一庭员对于所担任案件的审讯或判决不参加或拒绝参加，而依法庭意见并不具备正当理由时，法庭得以过半数投票宣告这一庭员出缺。

第二条

（一）庭员的任期为四年，任期届满后得连任。

（二）庭员于任期届满后仍应继续执行职务，直至其继任人员被任命为止。庭员于其继任人员被任命后，仍应就其已参加的未了结案件继续执行职务，直至此项案件最后判决为止，但法庭庭长另有指示者不在此限。

（三）法庭庭员不得从事于与其职务的执行相抵触的活动，亦不得参加他们会以另一身份而受牵涉的或者他们有直接利益的案件的审判。关于本款的适用如有争议时，由法庭予以决定。

（四）（甲）法庭庭员在任和卸任后，就其在执行公务时所作行为，应享受诉讼上的豁免。

（乙）此外，法庭的非德国籍庭员应在联邦领土内享受外交代表团团长所享受的同样特权的豁免。开庭或公务行为如在三国之中一国的领土内进行时，不属于开庭地或行为地国籍的法庭庭员应在该国享受外交特权和豁免。

（五）法庭每一庭员应于就任前当众宣誓必将秉公竭诚执行职务。

（六）除本约章第一条第五款的规定外，庭员在其任期届满前，或依本条第二款在其职务终止以前，非经三国政府与联邦政府协议，不得被免除职务。庭员如经国际法院院长任命，应由三国政府与联邦政府协议，并经国际法院院长同意，始得免职。

第三条（删）

第四条

（一）法庭在庭长或副庭长中一人主持下，得开全体庭或者以庭员三人组成的分庭。

（二）全体庭原则上应包括法庭全体庭员。庭员五人足以构成全体庭的法定人数。全体庭应以庭员的奇数人数构成，并在任何情况下应有相同人数的三国政府任命的庭员与联邦政府任命的庭员，再加上中立庭员至少一人。

（三）分庭应以三国政府任命的庭员一人、联邦政府任命的庭员一人及中立庭员一人组成之。

（四）法庭应在全体庭内指定此种分庭的庭员，确定每一分庭所应受理的案件的种类，或者将一特定案件分配给某一分庭。

（五）分庭对于分配给它的案件的任何判决应被认为法庭的判决。

（六）分配给分庭的案件的最终判决必须取决于法庭的全体庭，如果当事国的一方在分庭本身宣告最终判决以前这样请求的话。

第五条

法庭开庭，除非另有决定，应公开行之。法庭的评议应永远保守秘密，在不公开开庭时向法庭提出的事实亦同。

第六条

（一）法庭的行政由一书记官长负责办理，书记官长应有必需的职责归其支配。书记官长应办理文件的收发，对于向法庭提出的声请作成记录，并负责管理法庭的档案和账目。

（二）第一任书记官长应由三国与联邦共和国通过协议予以任命。

书记官长为一常任官员，只能由法庭予以免职和撤换。

（三）一俟按照本约章第十四条接到第一次投递的申诉状时，书记官长应迅即通知庭长，庭长应尽速在法庭所在地召开第一次全体庭以便制定程序规则并督促其他工作的执行。嗣后，法庭应视其任务的需要开庭。

（四）本约章第二条（三）款和（四）款在本条（三）款所指第一次全体庭召开以前不予适用。

第七条

法庭地址应位于联邦领土内，其具体地点由三国政府与联邦政府以一补充行政协定予以确定。但法庭如认为合适时，得在其他地点开庭并行使其职务。

第八条

关于法庭的行政费用，包括各庭员的公薪，以及为法庭房屋作出安排，以保证其不受侵犯等问题由本约章第七条所述补充行政协定予以规定。

第二部　法庭的管辖和权力

第九条

（一）法庭对三国和联邦共和国之间根据"关于三国和德意志联邦共和国之间关系的专约"（以下称"专约"），或本约章，或专约第八条所列有关专约中任一专约的规定而发生的一切争端，经各当事国通过谈判或者通过各签字国全体同意的其他一切方法仍不能解决者，有管辖权，但专约或本约章或有关专约中任一专约的规定以明文除外的争端，则不在此限。

（二）（甲）法庭并对下列各当局权力范围的问题有管辖权：

"关于解决由于战争和占领而发生的问题的专约"第一章所提到的复核委员会；上述专约第三章所提到的有关返还事件最高法院；

上述专约第五章和第十章所提到的关于在德国境内财产、权力和利益仲裁委员会。

（乙）关于此项当局权力范围的问题得在向它们提起诉讼以后并且在最终判决以前任何时间提出。

（丙）法庭就这些问题所作判决对于权力发生问题的当局应有拘束力。

（三）本条（二）款（甲）项所指当局所作判决仅在该项所定范围内，应受法庭管辖，但有关专约中之一以明文作相反规定者不在此限。

（四）非本条（二）款（甲）项所指当局而为有关专约规定或提到的当局所作判决，不论就管辖问题或者实体问题，仅在本条（二）款（甲）项所定范围内，应受法庭的复核，但有关专约之一以明文作相反规定者不在此限。

（五）只有三国中之一个或一个以上的政府作为一方和联邦政府作为另一方得在法庭为当事国。如联邦政府对三国之中一个或两个政府提起诉讼，或者三国之中一个或两个政府对联邦政府提起诉讼，三国之中的另一个或其余两个政府得向法庭声请参加为当事国。

第十条

法庭以判决或指令的方式作出其决定，对当事国有拘束力。

第十一条

（一）各签字国承允遵守法庭的决定并采取此项决定限令它们采取或为补救情势所必要的措施。

（二）如一签字国受法庭一项决定的约束必须采取使此项决定生效的

措施而处于无能为力或在法庭所规定的期限内或如法庭未有规定而在合理的期限内规避采取此项措施时，该签字国或任何其他争端当事一方签字国得请求法庭作出一项务使未履行国家应该采取代替措施的新决定。

第十二条

（一）法庭、于紧急时庭长有权发出指令，采取为在法庭判决前保全各当事国权利所必需的措施。庭长依本条发出的任何指令得在通知各当事国后七十二小时内予以证实、修改或撤销。

（二）各当事国在法庭或庭长依本条发出任何指令以前应有陈述的机会。

（三）庭长缺席时，本条赋给庭长的权力应由经庭长为此目的指定的副庭长一人行使之。

第三部　程序

第十三条

法庭的正式语文为法文、英文和德文。

第十四条

向法庭起诉应向法庭提出书面申请状，其内容应有争端所由发生的事实的陈述，专约或本约章或有关专约规定的引述，法律论据以及结论。

第十五条

（一）当事国由代理人代理，并得由律师协助。

（二）上述代理人和律师就其在执行职务中所作行为享受诉讼上的豁免。

75

第十六条

（一）主持审判的庭员得召唤代理人，以了解他们对于诉讼程序的期限和进行的意见。

（二）主持审判的庭员应指定提交诉讼文件的期限和采取进行诉讼的必要措施。

（三）任何一方当事国所提出文件经证明无讹的副本应通过书记官长立即送达于他方。

第十七条

诉讼程序分为两部分：书面程序和口述程序。如双方均请求时，得不举行口述程序。

第十八条

（一）书面程序包括原告对于案情的陈述，被告的辩诉，又除非法庭另有指示，还应有答辩和复辩。

（二）反诉可以提起。

第十九条

（一）口述程序包括原告的辩论，被告的辩论，又除非法庭另有指示，还应有答辩和复辩，以及对证人和鉴定人的审讯。

（二）法庭有权要求提出文件或其他证据，要求证人出席作证，请求鉴定人提供意见并指示举行讯问。

（三）当事国一方如不提出法庭所认为对争议点有关而为该当事国所持有或者可以获得的证据，法庭虽然没有此项证据，仍得进行宣告判决。

（四）主持审判的庭员或法庭任何其他庭员得向当事国、证人和鉴定人提出问题。

（五）口述程序应作成书面记录，由主持审判的庭员和书记官长签名。

第二十条

法庭一切判决应以专约、本约章以及有关专约为根据。法庭在解释此项专约时，应适用关于解释条约的国际法一般承认的规则。

第二十一条

（一）法庭依过半数投票作出判决。

（二）判决应陈述所根据的理由。

（三）判决应由主持审判的庭员和书记官长签名。

（四）判决是终局性的，不得对之提起上诉。

（五）对于判决的意义或范围如有不同意见时法庭得经任何一方的声明，并于听取双方意见后，通过一个释明性的判决予以解释。

第二十二条

请求法庭复核判决，只能因发现具有决定影响的事实，而此项事实在判决宣告前为法庭和请求复核的当事国所不知者，始得为之，并以并非由于请求复核一方的过失而不知者为限。

第二十三条

（一）除法庭另有指示外，在法庭涉讼的各当事国应各支付自己的费用。

（二）法庭所请求到庭的证人以及为听取鉴定人意见和命令举行讯问所产生的费用，由法庭负担。

第二十四条

法庭应自行规定符合于本约章的程序规则。

第四部　咨询意见

第二十五条

（一）法庭得根据三国政府和联邦政府的联合请求，就专约或本约章或有关专约所发生任何事项发表咨询意见，但如向其提出的问题系通过诉讼的形式而法庭无权处理者不在此限。

（二）法庭得根据本约章第九条（二）款所指当局或该当局的首长的请求，就该当局的权力问题，发表咨询意见。

（三）咨询意见无拘束力。

2. 关于外国军队及其人员在德意志联邦共和国的权利和义务的专约（略）[①]

附件一　关于保护三国、三国军队及其人员的刑事规定（略）

附件二　关于无线电频率的规定（略）

附件三（删）

3. 财政专约（略）[②]

附件　关于财政专约第八条的特别适用（略）

[①]　该专约1952年全文见《国际条约集（1950—1952）》第501—545页。——编译者注。

[②]　该专约1952年全文见《国际条约集（1950—1952）》第546—561页。——编译者注。

4. 关于解决由于战争和占领而发生的问题的专约（略）①

附件　关于在德财产、权力和利益的仲裁委员会规章（略）

5. 关于军队及其人员税务制度的协定（略）

第三部分　关于西欧联盟的文件

1. 关于邀请意大利和德意志联邦共和国加入布鲁塞尔条约的宣言

（1954年10月28日于巴黎）

1948年3月17日在布鲁塞尔签订的关于经济、社会、文化合作和集体正当自卫的条约各缔约国——比利时、法兰西、卢森堡、荷兰和联合王国的政府；

确认以布鲁塞尔条约所创制的联合为基础的原则亦为德意志联邦共和国和意大利所承认和适用；

欣幸地指出对于和平和民主制度的共同忠诚构成西欧各国之间密切的联系；

深信同德意志联邦共和国和意大利的联合标志着在条约所指出的道路上一个新的和实质的进步；

决定：

按照条约第九条，邀请德意志联邦共和国和意大利加入依照1954年9月28日至10月3日伦敦会议最后决议书规定而修改和补充的该条约。

---

① 该专约1952年全文见《国际条约集（1950—1952）》第562—632页。——编译者注。

2. 关于布鲁塞尔条约的各议定书[①]

第一号议定书——关于修改和补充布鲁塞尔条约的议定书

（1954年10月23日订于巴黎）

1948年3月17日在布鲁塞尔签订的关于经济、社会、文化合作和集体正当自卫的条约（以下简称"本条约"）[②]的缔约各方——比利时国王陛下、法兰西共和国总统兼法兰西联邦总统、卢森堡女大公殿下、荷兰女王陛下、大不列颠及北爱尔兰及其他领地与属地联合王国女王兼英联邦元首陛下为一方；

德意志联邦共和国总统和意大利共和国总统为另一方；

基于促进和平政策和巩固安全的共同意志；

希望为此目的，增进欧洲团结并促使其逐步统一；

深信德意志联邦共和国和意大利共和国参加本条约是在这一道路上一个新的和重大的进展；

考虑到在1954年10月3日的最后决议书及其附件中颁布的伦敦会议各项决议。

特派全权代表如下：

比利时国王陛下：

外交大臣保罗·亨利·斯巴克先生阁下，

法兰西共和国总统、法兰西联邦总统：

---

① 关于"布鲁塞尔条约"（即西欧联盟）的四个议定书，按照第一号议定书第六条的规定，须俟所有各国批准书交存比利时政府以及西德加入北大西洋公约的文件交存美国政府之日生效。各国批准书交存比利时政府的日期如下：意大利，1955年4月20日；法国，1955年5月5日；比利时，1955年4月22日；西德，1955年5月5日；荷兰，1955年5月1日；英国，1955年5月5日；卢森堡，1955年5月4日。西德加入北大西洋公约组织的文件于1955年5月6日交存美国政府，因此，上述四个关于西欧联盟的议定书及其附件于1955年5月6日生效。——编译者注。

② 1948年布鲁塞尔条约全文见《国际条约集（1948—1949）》第48—54页。——编译者注。

内阁总理兼外交部部长皮埃尔·孟戴斯—弗朗斯先生阁下，

德意志联邦共和国总统：

联邦总理、联邦外交部部长康拉德·阿登纳先生阁下，

意大利共和国总统：

外交部部长盖塔诺·马蒂诺先生阁下，

卢森堡女大公殿下：

国务大臣兼外交大臣约瑟夫·伯克先生阁下，

荷兰女王陛下：

外交大臣约翰·威廉·贝恩先生阁下，

大不列颠及北爱尔兰及其他领地与属地联合王国女王兼英联邦元首陛下：

国会议员、外交大臣、尊敬的安东尼·艾登爵士。

上述全权代表出示其全权证书，经证明无误，兹议定条款如下：

第一条

德意志联邦共和国和意大利共和国加入经本议定书修改和补充的条约。

本议定书的缔约各方认为关于西欧联盟各国军队的议定书（以下简称"议定书第二号"）、关于军备监督的议定书及其附件（以下简称"议定书第三号"）、关于西欧联盟军备监督机构的议定书（以下简称"议定书第四号"）是本议定书的构成部分。

第二条

条约序言中下列词句："采取万一德国侵略政策复活时所认为必需的措施，"应修改为："采取必要的措施，俾促进欧洲的团结并鼓励其逐步统一。"

第一条第二款的开首词句应修改为："前款规定，通过第八条所指理

事会来实施的合作……"

第三条

将以下新条款添入条约内，作为第四条：

"关于条约的执行，缔约各方及缔约各方根据条约所设立的任何机构应同北大西洋公约组织密切合作。

为了避免与北大西洋公约组织军事参谋部发生重复，理事会及其机构将关于军事问题的一切情报和一切意见提交北大西洋公约组织的主管军事当局。"

条约原第四、五、六、七各条应改为第五、六、七、八条。

第四条

条约第八条（原第七条）应修改如下：

"（一）为了进行和平政策和巩固它们的安全，为了促进团结，并且为了鼓励欧洲逐步统一，以及鼓励各缔约国间及各缔约国与其他欧洲组织间进一步密切合作起见，布鲁塞尔条约各缔约国应设立一理事会，以考虑一切有关实施本条约、它的各议定书及其附件的问题。"

"（二）该理事会应称为'西欧联盟理事会'；理事会应按照保证经常行使职权的原则组成；理事会应设立必要的附属机构，尤其应立即设立一个军备监督机构，该机构的职权由议定书第四号加以规定。"

"（三）经缔约任何一方的请求，理事会应立即召开，以便各缔约国就可能构成对和平的威胁，无论此种威胁在哪里发生或构成危及经济的稳定的任何局势，进行磋商。"

"（四）理事会对于一切在过去或将来未经议定适用其他表决程序的问题，应以全体一致票决定之。对于第二、三、四号各议定书内所规定的情况，则按照各该议定书所规定的表决程序，或为一致票，或为三分之二多数票，或为简单多数票办理。理事会对于军备监督机构提出的问题，将以简单多数票决定之。"

第五条

将一新条款添入条约内，作为第九条：

"西欧联盟理事会每年应将其活动，特别是关于军备监督的活动，向布鲁塞尔缔约国出席欧洲理事会咨询议会的代表所组成的议会提出报告。"

本条约中第八、九、十各条应改为第十、十一、十二条。

第六条

本议定书和上述第一条所列举的其他议定书须经批准，批准书应尽速交存比利时政府。

本议定书和其他议定书在所有各国批准书交存比利时政府以及德意志联邦共和国加入北大西洋公约的文件交存美国政府之日起生效。

比利时政府应将每一批准书的交存事项通知各缔约国政府和美国政府。

上述各全权代表在本议定书上签字盖章以昭信守。

1954年10月23日订于巴黎，以英文及法文写成，两种文本具有同等效力，正本一份存于比利时政府档案库，由比利时政府将认证无误的副本一份送交各签字国。

比利时代表：斯巴克

法国代表：孟戴斯—弗朗斯

德意志联邦共和国代表：阿登纳

意大利共和国代表：马蒂诺

卢森堡代表：伯克

荷兰代表：贝恩

联合王国代表：艾登

第二号议定书——关于西欧联盟部队的议定书

修改和补充布鲁塞尔条约的议定书的签字国各方——比利时国王陛下，法兰西共和国总统兼法兰西联邦总统、德意志联邦共和国总统、意大利共和国总统、卢森堡女大公殿下、荷兰女王陛下、大不列颠及北爱尔兰及其他领地与属地联合王国女王兼英联邦元首陛下；

经与北大西洋理事会磋商，

特派全权代表如下：（同第一号议定书。——编者）

议定以下条款：

第一条

（一）本议定书各缔约国在平时应置于欧洲盟军最高司令指挥下的驻欧洲大陆上的地面部队和空军部队在总人数上和部队编制数额上不得超过以下规定：

（甲）就比利时、法国、德意志联邦共和国、意大利和荷兰而言，以1952年5月27日在巴黎签订的建立欧洲防务集团条约所附特别协定的规定为平时最大限度；

（乙）就联合王国而言，为四个师和第二战术空军；

（丙）就卢森堡而言为一个团的战斗部队。

（二）（一）款所指的部队编制数额在必要时可以按照最近情形加以调整，使其适合北大西洋公约组织的需要，但以不超过相等的战斗力和总人数为限。

（三）这些最大限度的宣示并不对任何缔约国构成必须按照上述水平建立或保持它的部队的义务，而只是为它们保留在必要时有这样做的权利。

第二条

关于海军方面，本议定书各缔约国向北大西洋公约组织司令部提供的军力应在北大西洋公约组织的年度审查报告中（此项报告应注意北大西洋公约组织军事当局的建议）每年加以规定。德意志联邦共和国提供的海军应由北大西洋公约组织在第一条提及的特别协定规定的范围内指定的由其担任的防御使命所必要的军舰和编制或相等的战斗力组成。

第三条

如在年度审查报告的过程中任何时候提出旨在提高第一条和第二条所规定的部队的水平的建议时，有关国家之接受建议提高部队水平须先经本议定书各缔约国全体一致的赞同；此种赞同或在西欧联盟理事会中表示，或在北大西洋公约组织中表示。

第四条

为了确使第一条和第二条所规定的限制得到遵守，西欧联盟理事会将定期收到关于欧洲盟军最高司令在视察中所获情报的通知。此项情报将由欧洲盟军最高司令为此目的特派的高级军官转达于西欧联盟理事会。

第五条

本议定书各缔约国驻在欧洲大陆上的国内防务和警察部队的人数和军备应在西欧联盟组织的范围内缔结协定予以规定，在规定时，应顾及这些部队的固有任务和需要以及它们现有的水平。

第六条

大不列颠及北爱尔兰联合王国女王陛下将继续在欧洲大陆——包括

德国在内——保持现在交由欧洲盟军最高司令统辖的联合王国部队的实际军力——四个师和第二战术空军，或欧洲盟军最高司令认为有相等的战斗力的其他部队。

女王陛下承诺将不在违背大多数成员国的愿望下撤出这些部队，上述国家应该在充分了解欧洲盟军最高司令的意见后作出决定。但此项承诺不应使女王陛下在海外发生严重危机时受到拘束。无论何时，如联合王国在欧洲大陆上的驻军使联合王国对外财政负担过重，女王陛下将通过大不列颠及北爱尔兰联合王国政府，请北大西洋理事会重新考虑维持此项驻军的财政条件。

本议定书为修改及补充条约的议定书第一条所列举的议定书之一。上述各全权代表已在本议定书上签字盖章以昭信守。

1954年10月23日订于巴黎，以英文及法文写成，两种文本具有同等效力，正本一份存于比利时政府档案库，由比利时政府将认证无误的副本一份送交各签字国。

（签名代表同第一号议定书。——编者）

第三号议定书——关于军备监督的议定书

修改及补充布鲁塞尔条约的议定书的签字各方：比利时国王陛下、法兰西共和国总统兼法兰西联邦总统、德意志联邦共和国总统、卢森堡女大公殿下、荷兰女王陛下、大不列颠及北爱尔兰及其他领地与属地联合王国女王兼英联邦元首陛下。

特派全权代表如下：（同第一号议定书。——编者）

议定以下条款：

第一章 禁止制造的军备
第一条

西欧联盟各缔约国注意到德意志联邦共和国总理于1954年10月3日

在伦敦发表的声明（列为本议定书附件一），并表示同意。在该项声明中，德意志联邦共和国已经承允不在其领土内制造原子、生物或化学武器。本条所指的军备类型的定义载于附件二。西欧联盟理事会应对此项军备更明确地规定其定义，并使这些定义随时与最新的情况相适应。

第二条

各缔约国即西欧联盟成员国同时注意到并表示同意德意志联邦共和国总理在上述声明中所作的承诺，即不在共和国领土内制造若干其他种类的武器，但遇有下列情形则不在此限，即北大西洋公约组织主管的最高司令根据联邦共和国所属军队的需要对这些军备清单的内容建议修改或删除，并且联邦共和国政府亦为此目的提出请求时，西欧联盟理事会得以三分之二的多数票通过的决议加以修改或删除。本条所称的军备类型载于附件三。

第二章　应受监督的军备
第三条

在未经放弃生产原子、生物或化学武器权利的缔约国在欧洲大陆的领土上，如此项武器的制造已超过试验阶段而投入实际生产时，有关缔约国得在欧洲大陆上拥有的储存量水平应由西欧联盟理事会以多数票予以决定。

第四条

在不妨碍以上各条下，附件四所载的各种军备应依照第四号议定书所规定的范围和程序加以监督。

第五条

西欧联盟理事会得以一致决议修订附件四中的目录。

本议定书为修改及补充本条约的议定书第一条所列举的议定书之一。上述各全权代表已在本议定书上签字，以昭信守。

1954年10月23日订于巴黎，以英文及法文写成，两种文本具有同等效力，正本一份存于比利时政府档案库，由比利时政府将认证无误的副本一份送交各签字国。

（签名代表同第一号议定书。——编者）

附件一

联邦总理声明：

联邦共和国保证不在它的领土内制造后附目录Ⅰ、Ⅱ、Ⅲ，各段中详细列举的任何原子武器、化学武器或生物武器。

联邦共和国同时保证不在它的领土内制造后附目录Ⅳ、Ⅴ、Ⅵ各段详细列举的武器。经联邦共和国的请求对于Ⅳ、Ⅴ、Ⅵ各段的内容，如其北大西洋公约组织主管最高司令根据军队的需要提出请求修改或删除时得由布鲁塞尔部长理事会以三分之二多数通过的决议予以修改或删除。

联邦共和国同意由布鲁塞尔条约组织的主管当局行使监督。以保证此项承担的义务得到遵守。

附件二

本目录包括下列Ⅰ至Ⅵ段中规定的武器和被指定专门制造这些武器的工厂。用于民用目的或纯粹科学和使用科学方面的科学、医学以及工业研究的一切装置或配件，器械，生产工具，产品和组织不在这项定义之内。

Ⅰ 原子武器

（甲）原子武器的定义是：任何武器包含或设计来包含或利用核子燃料或放射性同位素，并由于核子燃料的爆炸或其他未被控制的核子转变，或由于核子燃料或放射性同位素的放射作用而起大规模毁灭、大规模伤害或大规模毒杀的作用。

（乙）此外，任何专为（甲）款所列举的任何武器而设计的或主要是供该项武器之用的任何配件、装置、装配或物质应视为原子武器。

（丙）上述定义中所称的核子燃料包括钚、铀233、铀235（包括在铀中浓集到2.1%——按重量计算——的铀235）以及任何其他能通过核子分裂或溶解或其他物质的核子反应而释放出大量原子能的物质。上述各种物质不论其现有的化学或武力状态如何，均应视为核子燃料。

Ⅱ 化学武器

（甲）化学武器的定义是：有军事目的使用任何化学物质的窒息、有毒、刺激、麻痹、阻碍发育、糜烂和催化等性质而设计的一切装备或器械。

（乙）除丙款另有规定外，凡具有上述各种特性并可供装备（甲）款所列的器械的一切化学物质均应视为包括在本定义之内。

（丙）（甲）（乙）两款所指定器械和化学物质的数量，如不超过和平时期民用需要，则认为不应包括在本定义之内。

Ⅲ 生物武器

（甲）生物武器的定义是：将有害的昆虫、其他活的或死的有机体，或此种有机体含有毒性的产品使用于军事目的而专门设计的一切装备或器械。

（乙）除（丙）款另有规定外，一切昆虫、有机体具有毒性的产品，按其性质及数量可供（甲）款所列的装备和器械之用者，均认为包括在本定义之内。

（丙）（甲）（乙）两款所指的装备或器械以及昆虫、生物及其有毒的产品的数量，如不超出和平时期民用的需要，均认为不应包括在生物武器定义之内。

附件三

本清单包括Ⅳ至Ⅵ段所规定的武器和被指定专门生产这些武器的工厂。所有供民用目的或供在纳粹科学和应用科学方面的科学、医学以及工业研究之用的一切装置或配件、器械、生产工具、产品和组织不在这一定义之内。

Ⅳ 长射程火箭、导弹和感应水雷

（甲）除丁款所规定者外，长射程火箭和导弹的定义是：凡速度或运动方向在发射后能受弹的内部或外部的装置或机械作用的影响的武器，包括上次世界大战中所发展及后来改进的Ⅴ型武器。燃烧被认为是能够影响速度的一种机械作用。

（乙）除丁款所规定者外，感应水雷的定义是：能够纯从外来影响而自动爆炸的海军水雷，包括上次世界大战中所发展及后来改进的感应水雷。

（丙）专为（甲）（乙）两款所列的武器使用，或和它配合使用而设计的配件、装置或组成部分，均认为包括在此定义之内。

（丁）具有下列最高额的接近目标的火箭和防空用的短射程导弹应认为是不包括在此项定义之内。

长度：2公尺；

半径：30公分；

速度：每秒660公尺；

地面射程：32公里；

弹头重量：22.5公斤。

Ⅴ 军舰（供防御之用的小型舰只除外）系指：

（甲）排水量在3000吨以上的军舰；

（乙）排水量在350吨以上的潜水艇；

（丙）用除了蒸气、柴油或汽油引擎以外的东西或用瓦斯涡轮或用喷气引擎推动的一切军舰。

Ⅵ 战略轰炸机

附件四

应受监督的军备类型目录

一、（甲）原子武器（乙）生物武器（丙）化学武器依照西欧联盟理事会将来根据本议定书第一条所列举而批准的定义。

二、口径超过九十公厘的一切大炮、榴弹炮、迫击炮，包括这些武器的下述构成部分，即其摆动设备。

三、一切导弹

定义：导弹是指在发射后速度或运动方向能受弹的内部或弹的外部的装置或机械作用的影响的武器，其中包括上次世界大战中所发展及战后改进的Ⅴ型武器。燃烧被认为是能够影响速度的一种机械作用。

四、其他重量在十五公斤以上的自动推进的武器。

五、除了反坦克地雷和以人为对象的地雷以外的各种地雷。

六、坦克，包括坦克的下列构成部分：（甲）摆动设备、（乙）铸成的射击塔和钢板装配成的射击塔。

七、其他全部重量在十公吨以上的装甲战车。

八、（甲）排水量超过一千五百吨的军舰；（乙）潜水艇；（丙）一切用蒸气、柴油或汽油引擎或瓦斯涡轮以外的方法推动的军舰；（丁）速度能超过三十海里和配备有进攻武器而排水量较轻的舰艇。

九、一千公斤以上的炸弹。

十、供上述二款所列武器用的弹药。

十一、（甲）装备好的军用飞机，下述各种不包括在内；（1）一切教练机，但供教练用的作战飞机除外；（2）军用运输和联络飞机；（3）直升机；（乙）特别并专为军用飞机设计的飞机骨架，但供上述（1）、（2）和（3）项飞机所用者不在内；（丙）以喷气引擎、涡轮推进引擎和火箭发动机作为主要动力的飞机。

第四号议定书——关于西欧联盟军备监督机构的议定书

修改和补充布鲁塞尔条约的议定书缔约各方：比利时国王陛下、法兰西共和国总统兼法兰西联邦总统、德意志联邦共和国总统、意大利共和国总统、卢森堡女大公殿下、荷兰女王陛下、大不列颠及北爱尔兰及其他领地与属地联合王国女王陛下兼英联邦元首

业经议定，按照修改和补充布鲁塞尔条约的议定书第四条设立军备监督机构，特派全权代表如下：（同第一号议定书——编者）

议定以下条款：

第一节　组织

第一条

军备监督机构（以下简称"本机构"）应向西欧联盟理事会（以下简称"理事会"）负责。这个机构应有主任一人，由副主任一人襄助，并由各缔约国即西欧联盟成员国国民中录用数目相等的工作人员辅助之。

第二条

主任及其工作人员，包括成员国交由监督机构调用的任何职员，应受西欧联盟秘书长的一般行政监督。

第三条

主任应按照理事会一致同意的决定任命，任期五年，不得连任。主任负责依照第一条所列的原则并与个别有关成员国协商选任他的工作人员。在任命副主任和本机构各部门的领导人以前，主任应将拟任人员的姓名提交理事会核准。

第四条

（一）主任应通过秘书长向理事会提出关于本机构的组织计划。此项组织应包括各部门，分别处理：

（甲）研究西欧联盟各成员国和北大西洋公约组织主管当局提供的统计和预算报告；

（乙）测验、检查和视察；

（丙）行政。

（二）本机构的组织得由理事会以决定予以变更。

第五条

本机构经费应载入西欧联盟的预算。主任应通过秘书长向理事会提出此项经费的年度概算。

第六条

本机构工作人员应受北大西洋公约组织的全部保密法规的约束。他们在任何情形下均不得泄露行使公务中所获的情报，但在履行他们的职责时仅仅向本机构提供，则不在此限。

第二节　职务
第七条

（一）本机构的任务应为：

（甲）查明第三号议定书所指不制造该议定书附件二和附件三所载某些类型军备的承诺得到遵守；

（乙）依照本议定书第三节，对西欧联盟各欧洲大陆成员国所拥有第三号议定书附件四所列举的各类军备的存储水平进行监督。这种监督应在使对军备存储的监督发生实效所需要范围内，适用于生产和输入。

（二）为了行使本条第一项所列举的任务，本机构应：

（甲）检查西欧联盟各成员国和北大西洋公约组织各主管机构所提供的统计和预算资料；

（乙）在欧洲大陆上对生产工厂、仓库和部队（北大西洋公约组织管辖下的仓库和部队除外）进行测验、检查和视察；

（丙）向理事会提出报告。

第八条

对于在北大西洋公约组织管辖下的部队和仓库的测验、检查和视察应由北大西洋公约组织的主管机构进行。对于在欧洲盟军最高司令管辖下的部队和仓库，本机构应获悉欧洲盟军最高司令指派的高级官员向理事会提供的资料。

第九条

本机构的一切活动应限于欧洲大陆。

第十条

本机构应将其注意力置于第三号议定书附件二、三、四所列举的加工物品和装配部分的生产，而不是生产的过程。本机构应注意务使民用物资和产品不包括在它的监督范围之内。

第十一条

本机构进行的视察不是定期的，而是采取不定期查验的形式。这种视察应在和谐和合作的精神中进行。主任应向理事会提出关于进行视察所应遵守的细则，其中对私人利益应规定适当的司法保障。

第十二条

为了使本机构人员得以进行测验、检查和视察，一经要求，即应准许此项人员自由进入工厂或仓库并应允许其调阅有关账目和文件。在进行这种测验检查和视察时，本机构与各国当局应从事合作，特别是各国当局得自动要求参加这种工作。

第三节 军备储存水平

第十三条

（一）西欧联盟各成员国应就其驻在欧洲大陆上北大西洋公约组织管辖下的部队每年应向本机构提出关于以下各项的报告：

（甲）关于它的部队所需要的第三号议定书附件四所列举各种类型军备的总数；

（乙）在监督年度开始时所拥有的这种军备的数量；

（丙）用下列方法：

（1）本国制造，

（2）向国外购买，

（3）外来的军事物资援助。

以便获得上列（甲）项所述总数的计划。

（二）西欧联盟各成员国也应就其国内防务和警察部队以及欧洲大

陆上在本国管辖下其他部队每年提出此类报告，其中包括在大陆上保持供给海外驻军需用武器的储备报告。

（三）此项报告应与向北大西洋公约组织提出的有关报告相联系。

第十四条

关于北大西洋公约组织管辖下的部队，本机构应与北大西洋公约组织主管军事当局协商，以便确定第十三条所指总数是否与有关成员国在北大西洋公约组织管辖下部队所需而经认可的数量相符合，以及是否与北大西洋理事会在北大西洋公约组织年度审查报告中所核准的文件中所载的结论和说明相符合。

第十五条

关于国内防务和警察部队，成员国所报告的军备总数应即为本机构所认为适当的总数，但此项总数应不超出西欧联盟成员国日后缔结关于欧洲大陆国内防务和警察部队人数和军备的协定所规定的限制。

第十六条

关于仍在本国控制下的其他部队，各成员国向本机构所报告的军备总数应即为本机构所认为适当的总数。

第十七条

各成员国依照第十五条和第十六条提供的关于军备总数的数字应符合有关部队的实数和任务。

第十八条

第十四条和第十七条的规定不适用于各缔约国和第三号议定书第三条所列各类武器。此项武器的储存量应依照该条所规定的程序予以决定并应由西欧联盟理事会通知本机构。

第十九条

本机构根据第十四条、第十五条、第十六条和第十八条所收集的数字应作为西欧联盟成员国在监督年度中适当的水平而向理事会报告。依照第十三条（一）款所申报的数字和依照第十四条所认可的数量之间如有不符情形，亦应报告理事会。

第二十条

（一）本机构如从视察或从其他情报方面发现下列情况，应立即向理事会报告：

（甲）有关成员国家制造一种该成员国曾经保证不制造的军备；

（乙）军备储存数量超过第十九条和第二十二条所确定的数字和数量。

（二）如理事会认为本机构所报告的违反情况不太严重，而且可以就地迅速采取行动予以补救，理事会应通知本机构和有关成员国家以便采取必要的措施。

（三）如有其他违反情况，理事会应邀请有关成员国在理事会规定的时间内提供说明；如这种说明不能令人满意，理事会应依照它自己将要决定的程序采取它所认为必要的措施。

（四）理事会应按多数票表决作出实施本条的一切决议。

第二十一条

各成员国应将在欧洲大陆上应受监督的军备储存仓库和制造此项军备的工厂名称和地点通知本机构。特别是对于虽未开工，但专为制造此项军备的工厂的名称和地点，亦应由各成员国通知本机构。

第二十二条

西欧联盟各成员国应将它从欧洲大陆上的领土输出关于第三号议定书附件四所列举各种军备的数量通知本机构。本机构有权查明此项军备事实上确系输出。如任何应受监督的项目的储存水平发现不正常，本机构有权进一步查明输出订货单的真相。

第二十三条

理事会应将它从美国和加拿大政府收到关于两国对西欧联盟成员国在欧洲大陆上的军队提供的军事援助的资料转达本机构。

本议定书为修改和补充本条约的议定书第一条所列举的议定书之一。上述各全权代表已在本议定书上签字盖章，以昭信守。

1954年10月23日订于巴黎，以英文和法文写成，两种文本同等有效，正本一份存于比利时政府档案库，由比利时政府将认证无误的副本一份送交各签字国。

（签名代表同第一号议定书）

附件一　德意志联邦共和国政府和意大利政府关于国际法院管辖问题分别致布鲁塞尔条约五国政府的照会

（1954年10月23日于巴黎）

兹谨将联邦共和国、意大利政府关于履行和解释布鲁塞尔条约第十条（旧第八条）一事所作的承诺转达阁下如下：

联邦共和国、意大利政府在将其对于接受国际法院强制管辖权一事所附带的保留通知各缔约国之后，兹承允在各缔约国对修改与补充布鲁塞尔条约和各有关议定书的议定书及该条约与各该议定书的附件进行批准以前，根据条约第十条（旧第八条）接受国际法院强制管辖权的条款。

联邦共和国、意大利政府了解到：依照各缔约国的意见，条约第十条（旧第八条）第五款使各缔约国仍有自由另订协定规定用其他方法解决彼此间可能发生的争端，联邦共和国、意大利政府并了解到上述承诺绝不影响可能立即进行会谈寻求确定其他方法以便解决在履行或解释条约上可能引起的争端。

（下节仅见于联邦政府的照会中）

此外，联邦政府希望指出：按照该国意见，扩大布鲁塞尔条约可能对条约、议定书和各附件的解释和履行上引起种种不明确的情形和很多的争端，这些情形和争端主要是属于技术方面，并不涉及本质问题。为了解决这类问题，联邦政府认为规定建立一项更简单的程序是适宜的。

因此，联邦政府建议各缔约国立即讨论上述各项问题，以便同意取得一个适当的程序。

（下节是联邦共和国、意大利政府两照会中所共同载明的）

倘蒙阁下证实贵国政府同意本照会中所载各节，则不胜感激。经过此项程序而进行的换文应依照修改和补充布鲁塞尔条约议定书第四条第一款的意义，认为是上述议定书的附件。

附件二　五国政府分别致德意志联邦共和国政府和意大利政府的复照

（1954年10月23日于巴黎）

我谨声明收到阁下 XX 日来照并通知阁下：（有关政府）已经满意地注意到对于德意志联邦共和国、意大利政府承允在将其对于接受国际法院强制管辖权一节所附带的保留通知各缔约国之后，声明根据布鲁塞尔条约第十条（旧第八条）接受国际法院的强制管辖权。

我证实：（有关政府）解释条约第十条（旧第八条）第五款是与阁下

照会第三段所说的相同。

（下节仅见于对德意志联邦共和国政府复照中）

关于阁下照会中第四与第五两段，（有关政府）同意联邦共和国政府的建议。根据此项建议各缔约国应立即进行会谈，以便对解决联邦共和国政府提请注意的可能发生的争端建立一项适当的程序。

（下节见于致两国政府复照中）

（有关政府）并同意认为本换文，根据修改并补充布鲁塞尔条约的议定书第四条第一款的意义，应作为上述议定书的附件。

3. 九国会议关于军备生产和标准化的决议

（1954年10月21日）

比利时王国、法兰西共和国、德意志联邦共和国、意大利共和国、卢森堡大公国、荷兰王国和大不列颠及北爱尔兰联合王国各国政府，渴望把它们用于共同防务的军队效率提高到到最大限度，

希望通过生产的合理化组织来保证最好地使用它们的军备拨款，

注意到武器和武器构成部分的标准化在这方面的重要性。

希望在七国之间或七国中某些国家之间在这方面促成一切协议。

（一）重申伦敦会议所作出的决定，即设立一个工作小组来研究法国政府于1954年10月1日提出的方针草案和以后可能提出的关于军备生产和标准化问题的其他所有这类的文件。

（二）决定于1955年1月17日在巴黎召开比利时、法国、意大利、卢森堡、荷兰、德意志联邦共和国和联合王国各国代表组成的工作小组会议，负责研究上述方针草案和其他文件，以便在西欧联盟理事会成立时向它提出建议。

第四部分　北大西洋理事会的文件

（1954年10月23日于巴黎）

1. 关于执行伦敦会议最后决议书第四段的决议

北大西洋理事会：

（一）承认加强北大西洋公约组织机构和欧洲集体防御制度的必要性，并渴望明确规定对各成员国在防御上所作努力相互审查的条件。

（二）注意到：

（甲）各成员国拟用于各该国防御努力上的资源，以及各成员国提供防御北大西洋地区各军队的水平、成分和质量，每年在北大西洋公约组织年度审查范围内应受集体的审查，以便在考虑到预计中的互助情况之下，对军队的指标经共同协议予以确定。

（乙）各成员国所支付的防御费用和在年度审查范围内提出建议所产生的效果程度，应在年度内进行定期审查。

（三）同意关于西欧联盟部队的协定条文，并决定关于西欧联盟成员国交给北大西洋公约组织驻欧洲大陆司令部指挥的军队（各国军队的最高数额已由上述协定规定），如遇在北大西洋公约组织的年度审查过程中任何时候提出的建议，其结果足以使军队的水平提高到超过该协定所规定的限度时，有关国家必须经过西欧联盟成员国在西欧联盟理事会或在北大西洋公约组织中表示一致同意核准以后才能接受这种建议的提高。

（四）决定欧洲盟军司令部地区内所有成员国部队，除用作保卫海外领土的部队和北大西洋公约组织业已承认或将予承认仍应隶属本国指挥的其他部队以外，均应置于欧洲盟军最高司令或北大西洋公约组织其他适当司令部管辖之下，并应受北大西洋公约组织军事当局的总指挥。

（五）在顾及北大西洋公约组织的有关此事的相应指示下，邀请各成员国对于各该国为共同防务的目的而拟留驻欧洲盟军司令部地区内，但不置于北大西洋公约组织权力下的部队，向理事会提出初步报告以便理事会审核和备案。该初步报告应包括一项一般性的说明陈述各该部队不隶属北大西洋公约组织权力的理由。以后如遇有提出改变时，北大西洋理事会在北大西洋公约组织年度审查范围内所采取的决定即作为承认何种部队隶属北大西洋公约组织适当司令部的统辖、何种部队应留归各本国司令部的指挥以及各部队的数额应为多少。

（六）注意到在西欧联盟组织范围内缔结关于该组织各成员国留驻大陆上的国内防务部队和警察部队的各项协定，应通知北大西洋理事会。

（七）为使留驻欧洲盟军司令部地区并拨归欧洲盟军最高司令统率的战斗部队在集中防御力量方面发挥最大效能起见，决定：

（甲）所有部署都应按照北大西洋公约组织的战略进行之；

（乙）按照北大西洋公约组织的作战计划，部队驻扎地点应经由欧洲盟军最高司令向有关国家当局磋商并取得同意后予以确定；

（丙）欧洲盟军最高司令在欧洲盟军司令部地区内所统率的部队，除根据北大西洋理事会在必要时所制订并通过正常途径予以转达的政治指示外，非经过欧洲盟军最高司令的同意不得在该地区以内重作部署或供作战上的使用。

（八）决定：

（甲）部队以军团一级为单位和以战术空军一级为单位的统一编制应予维持；

（乙）考虑到以军一级为单位的战斗支援部队的效能和后勤支援组织的重要性，凡任何地方如遇几个国籍的部队在同一地区活动并担任共同任务时，应以军一级及空军相应的军级为单位予以统一编制，但在军事效能方面如有决定性反对的理由则不在此例。

（丙）在顾到军队的重要性以及军队地点和军队后勤支援各种情形

之下，在军事效能条件所许可的情况下，对于地面部队和空军在较低级上的统一编制应尽最大的可能予以推进。

（丁）北大西洋公约组织军事当局应向北大西洋理事会提出建议指出采取各项措施，可能需要增加公共负担的各项费用，特别是关于地面设备方面的费用。

（九）为了给予欧洲盟军最高司令以种种方便俾得在最良好的条件下，在欧洲行使指挥权起见，决定该最高司令对于所属各部队后勤支援方面的责任和职权应予扩大。

（十）认为该项增加的责任和职权应赋予该最高司令以下的权力：

（甲）经与有关国家当局磋商后，规定后勤资源方面的需要；

（乙）在有关国家当局同意下，确定各该资源地理方面的分配；

（丙）经与各该当局磋商后对各部队单位的成立、装备和给养在后勤方面规定先后的次序；

（丁）对主管当局提供该最高司令的后勤支援得支配用途以满足其各种需要；

（戊）调整和监督北大西洋公约组织共同所有的地面设备和各国当局提供该最高司令使用的各本国所有设备在后勤方面的使用。

（十一）决定：为了保证能够获得关于拨归欧洲盟军最高司令指挥各军队，包括后备部队以及在欧洲盟军最高司令部地区内各该部队的后勤支援方面的必要情报，并能够将这些情报通知各有关当局起见，欧洲盟军最高司令下列各项权力应予扩大；欧洲盟军最高司令对于各该部队的规模和效率和各该部队在军备上、装备上、供应上以及其后勤部署的组织和地点上的规模和效率有权要求提供报告，并且如认为必要，有权在其指挥的地区内进行现场视察。

（十二）请各国向欧洲盟军最高司令提出该最高司令在该一方面可能要求的报告，欧洲盟军最高司令对于在欧洲盟军最高司令部地区内的各该部队以及在各该部队的后勤支援，如认为有进行检查的必要时，各该国应给予便利。

（十三）确认欧洲盟军最高司令的权力在和平时期不仅限于将归其统率的部队组织成为一支统一而有效的力量，而且应该对各该部队进行教育和训练。在这方面，欧洲盟军最高司令有权直接控制在和平时期归其统率的一切国家部队的高级教育。此外，各成员国应给予欧洲盟军最高司令以一切的便利，以便该最高司令能够监督各级干部和驻扎在欧洲盟军最高司令部地区并留备拨归司令部指挥的其他部队的训练。

（十四）委托北大西洋公约组织的军事当局采取必要措施，务使有关西欧联盟成员国驻在欧洲大陆上各部队的情报，其来源系根据（十一）款和（十二）款所指各项报告和视察者，由欧洲盟军最高司令指定该司令部的高级军官一名负责定期转达西欧联盟理事会，以便该理事会得以肯定上述（三）款所指特别协定内规定的限度确已得到遵守。

（十五）同意按照本决议的意义，"欧洲盟军司令部地区"一词应解释为不包括北非在内。此项决议绝不改变美国和联合王国驻地中海军队的地位。

（十六）指令北大西洋公约组织军事委员会对该委员会的各项指示进行必要的修改，以便实施北大西洋理事会在上面所指定的原则并达到北大西洋理事会上面所规定的目标。

2. 关于联合问题的决议

北大西洋理事会：

满意地欢迎1954年10月3日德意志联邦共和国政府在伦敦所作的声明（附件甲）以及美利坚合众国政府、大不列颠及北爱尔兰联合王国政府和法兰西共和国政府同时所作的相应的声明（附件乙）。

满意地注意北大西洋公约其他缔约国代表以各该国政府名义表示赞成上述三国政府所作声明的声明。

德意志联邦共和国政府的声明

德意志联邦共和国声明同意执行符合联合国宪章原则的政策，并且接受宪章第二条所规定的义务。

在加入北大西洋公约和布鲁塞尔条约之际，德意志联邦共和国声明，它将不采取同这两个条约的严格防御性质相抵触的任何行动。德意志联邦共和国特别保证决不以武力来实现德国的重新统一或改变德意志联邦共和国的目前疆界，并且保证以和平方法解决德意志联邦共和国和其他国家可能发生的争端。

美利坚合众国、法国和联合王国政府的联合声明

美利坚合众国、法兰西共和国和大不列颠及北爱尔兰联合王国政府：决心按照联合国宪章、特别是按照联合国宪章第二条中规定的义务、致力巩固和平。根据这些义务它们同意；

（一）以和平方法解决它们的国际争端，以使国际和平、安全和正义不致受到妨碍；

（二）在国际关系上不使用威胁或武力，以侵害任何国家的领土完整或政治独立，或从事与联合国宗旨相抵触的任何其他方式的行动；

（三）对于联合国按照宪章而可能采取的任何行动，尽力予以必要的协助，而对于联合国对之采取防止或强制行动的任何国家不给予协助；

（四）在维持国际和平和安全的必要范围内，保证非联合国会员国按照宪章原则行事；

考虑到大西洋联盟的纯防御性质是从北大西洋公约中明显地表现出来的，三国政府在该公约中重申了它们对联合国宪章的宗旨和原则的信念，和它们同各国人民和各国政府和平相处的愿望，并且保证按照宪章原则以和平方法解决它们的国际争端，并按照这些原则在国际关系上避免使用威胁或武力。

注意到德意志联邦共和国通过1954年10月3日发表的声明，已经接受了联合国宪章第二条所规定的义务，并且已经承允决不采用武力来实现德国的重新统一，或改变德意志联邦共和国目前的疆界，并以和平方法解决联邦共和国和其他国家可能发生的任何争端。

声明如下：

（一）认为联邦共和国政府是唯一自由和合法地组成的德国政府，因而有权在国际事务中作为德国人民的代表为德国发言。

（二）在它们与联邦共和国的关系中，它们将遵循联合国宪章第二条所规定的原则。

（三）它们的政策的主要目的仍然是使德国和它以前的敌国自由缔结扩大到整个德国的和约，为持久和平奠定基础。德国疆界问题必须等到缔结和约时解决。

（四）它们政策的基本目的仍然是通过和平方法实现一个完全自由和统一的德国。

（五）三国认为柏林的安全和福利以及维持三国在该城的地位，在目前国际情况下，是自由世界和平的主要因素。因此，在它们的责任所需要的时期内，它们将在柏林境内继续驻军。它们重申：对柏林的任何进攻，不论来自何方，它们都将认为是对它们的军队和对它们自己的进攻。

（六）它们认为任何使用武力之行动是对和平和它们自己的安全的威胁，这种行为违反联合国宪章的原则，危害大西洋联盟的完整和团结或它的防御目的。一旦发生这种行动时，三国政府方面将认为违犯这种联合国宪章原则的政府已经丧失了它所应得的北大西洋公约和它的认定书规定的一切保障和一切军事援助的权利。三国政府将按照北大西洋公约第四条行事，以便采取一切其他适当的措施。

（七）它们将邀请北大西洋公约组织的其他成员国参加这个声明。

3. 关于德意志联邦共和国加入北大西洋公约组织的议定书

（1954年10月23日订于巴黎）

1949年4月4日在华盛顿签订的北大西洋公约各缔约国

深信德意志联邦共和国加入本公约将会加强北大西洋地区的安全，

注意到：德意志联邦共和国以于1954年10月3日发表的声明中接受了联合国宪章第二条中规定的义务，并承允于加入北大西洋公约时，担承避免采取任何同本公约的严格防御性质相抵触的行动，

还注意到：所有成员国政府都决定赞成美利坚合众国、法兰西共和国和大不列颠及北爱尔兰联合王国政府于1954年10月3日发表的就德意志联邦共和国上述声明而作的声明，

同意各项规定如下：

第一条

一俟本议定书生效，美利坚合众国政府应代表所有缔约国向德意志联邦共和国政府发出加入北大西洋公约的邀请书。根据北大西洋公约第十条，在德意志联邦共和国政府，将其加入书交存美利坚合众国政府之日起，即成为本公约的参加国。

第二条

本议定书在下列手续完成后生效：

（甲）北大西洋公约所有缔约国都已通知美利坚合众国政府，表示它们同意本议定书，

（乙）关于修改及补充布鲁塞尔条约的议定书的所有批准书都已交存于比利时政府，

（丙）关于外国军队驻在德意志联邦共和国境内的专约所有批准书或核准书都已交存德意志联邦共和国政府。美利坚合众国政府应将每个

接受本议定书的通知的收到日期以及本议定书生效的日期通知北大西洋公约其他缔约国。

第三条

本议定书的英文本和法文本具有同等效力。其正本将存于美国政府档案库。由美国政府将认证无误的副本送交北大西洋公约其他缔约国政府。

为此，各代表经各本国政府授权在本议定书上签字，以昭信守。

1954年10月23日订于巴黎。

[签字国家]比利时、加拿大、丹麦、美国、法国、希腊、冰岛、意大利、卢森堡、挪威、荷兰、葡萄牙、英国和土耳其。

4. 北大西洋公约理事会关于四国和九国会议成果的决议

（1954年10月22日订于巴黎）

北大西洋理事会

承认伦敦会议所产生的一切协定为一个总解决的构成部分，而这个总解决对北大西洋公约组织所有成员国家都有直接或间接关系，因此，将其提交理事会以供参考决定之用；

满意地获悉：美国、法国和联合王国政府为一方，与德意志联邦共和国政府为另一方之间达成的关于终止在联邦共和国的占领制度的协议，正如它们提交理事会的议定书中所说明的那样；

欢迎布鲁塞尔条约各国邀请德意志联邦共和国和意大利参加布鲁塞尔条约的决定，该条约业已通知理事会的各议定书和其他文件加以修改和补充，理事会通过本决议表示同意这些议定书和文件关于北大西洋公约组织的行动的规定；

欢迎布鲁塞尔条约的扩大，该条约构成统一欧洲道路上的一个主要步骤，理事会并表示信心：西欧联盟与北大西洋公约组织间将建立更密切的合作，这种密切的合作仍然是北大西洋集团的安全和繁荣的基础；

满意地注意到：美国国务卿和加拿大外交部长于1954年9月29日在伦敦所发表的声明，以及联合王国外交大臣关于联合王国军队留驻欧洲大陆的声明；

非常满意地表示：整个这一切协定的圆满缔结对于加强自由世界的联盟和统一具有决定性的贡献。

第五部分　补充文件和法国—西德间的协定

1. 三国关于柏林的声明

（1954年10月23日于巴黎）

1954年10月23日，法国、美国和英国的外交部长在巴黎发表声明如下：

"关于柏林，它的安全已在1954年10月3日伦敦公报中由盟国给予保障，法国、英国和美国的外交部长，对于盟国当局和柏林当局之间存在着的密切和友好的合作，深为满意地予以记录在案。三国已经决定使柏林实现最高度的自治以符合于柏林的特殊情况。

因此，三国政府已嘱咐各驻柏林的代表与该城当局协商，以便在最可能广泛的程度内一起实现上述的原则。"

2. 德意志联邦共和国政府和法兰西共和国政府关于萨尔地位的协定

（1954年10月23日订于巴黎）

德意志联邦共和国政府，

法兰西共和国政府，经向萨尔政府提出咨询并获得同意之后，

渴望使萨尔经济获得最大可能限度的发展并设法消除它们间发生纠纷的一切机会，兹议定下列原则作为萨尔问题解决办法的基础。

一

考虑中的解决办法，其目标是在西欧联盟范围以内，给予萨尔以一个欧洲性的法规。该项法规一经公民投票赞成以后，在未缔结和约以前不得再有异议。

二

在对外事务和防务上，萨尔的利益将由一位欧洲专员担任代表。该专员亦担任监督法规的实施。专员由西欧联盟部长理事会任命，对理事会负责。

法国人，德国人或萨尔人不得充任专员。在选举专员的多数票中，应包括法国和德意志联邦共和国的票；同时必须获得萨尔的同意。

专员每年向部长理事会提出工作报告，由部长理事会转交西欧联盟议会。

部长理事会对于萨尔法规履行责任时以多数票作出决定。

三

两国政府将向其他有关的欧洲国家政府建议，应以下列方式代表萨尔在欧洲各项组织中的利益：

（甲）欧洲理事会：

（一）部长委员会：专员参加会议，有咨询权。

（二）咨询议会：萨尔代表权不变。

（乙）欧洲煤钢联营

（一）部长特别理事会：

（子）当各外交部长举行会议时，萨尔由专员代表参加；

（丑）当其他各部长举行会议时，萨尔有评议权，由主管部长代表参加。

（二）联营议会：由萨尔议会选出代表三名。法国代表团人数仍依照欧洲煤钢联营条约第二十一条的规定与意大利和德意志联邦共和国的代表团人数相等。

（丙）西欧联盟：

（一）部长理事会：专员参加会议，有咨询权。

（二）议会监督：西欧联盟议会应包括萨尔参加欧洲理事会咨询议会的代表。

四

两国政府建议：在西欧联盟范围以内缔结一项条约以确定萨尔参加欧洲防务；在有关萨尔的各项问题上，欧洲盟军最高司令应与专员密切合作。

五

对于法规未曾明白规定是否属于专员管辖的一切事项，萨尔政府和当局有专署管辖权。

六

政党、社团、报纸和公共集会无须经过许可。法规一经公民投票通过之后，在和约未缔结以前对之不得再有异议。

任何目的在于影响萨尔舆论的外来干涉，特别是对于政党、社团或报纸采取援助或补助形式的外来干涉应予禁止。

七

萨尔居民通过公民投票如接受这个法规将使萨尔承担下列各项义务：

（甲）萨尔政府必须遵守法规的规定。

（乙）采取一切必要的措施，使萨尔制宪机构对萨尔宪法作出欧洲性法规通过后所必要的修改。

（丙）萨尔政府应在公民投票后三个月内举行新议会的选举。

八

德意志联邦共和国政府和法国政府担承在签订和约前支持和保证萨尔法规。

两国政府将要求联合王国政府和美国政府承担同样的义务。

九

和约中关于萨尔可能作出的规定必须通过公民投票取得萨尔居民的同意，萨尔居民得不受任何限制发表意见。

十

第一条所载的公民投票将在上述第六条第一段各项规定生效后三个月举行。

十一

两国政府共同作出一切必要的努力，以便萨尔经济得到最大的发展。

十二

（甲）目前法国、萨尔经济联盟所根据的各项原则将由法国和萨尔之间所缔结的经济合作协定所采取，该协定应照顾到下列各项规定。

（乙）关于德意志联邦共和国和萨尔之间的经济关系，应以建立与法国和萨尔现存关系相类似的关系为目的。此项目的应在不断扩大中的法德经济合作和欧洲经济合作的范围内求得逐步实现。在货币方面，现行规则仍应继续有效，直至一种欧洲性的货币制定之日为止。

德意志联邦共和国和萨尔之间关系的逐步扩大，不应危及法萨货币联盟和法萨经济合作协定的履行。

使法国和萨尔之间无建立关税壁垒的必要一点应予注意，又对萨尔工业的若干部门可能需要保护一点必须加以估计。

（丙）立即采取措施增加德意志联邦共和国和萨尔间的易货，以适应两国间在产品方面互相的需要。

（丁）法国、德意志联邦共和国和萨尔之间应缔结协定，以便将（乙）（丙）两款所规定的各项原则付诸实施。

在该项协定中，应注意法郎地区和德意志联邦共和国之间的即期支付不致发生严重影响，但一方面还须照顾到德意志联邦共和国和萨尔之间的易货情况。

（戊）萨尔将负责管理全部萨尔和华恩特的煤矿矿藏，以及由萨尔采矿公司管理的矿山设备。

十三

两国政府应向欧洲煤钢联营其他各成员国政府建议将欧洲煤钢联营总部设在萨尔布鲁根。

十四

本协定将提交西欧联盟部长理事会查照备案。

两国政府将要求西欧联盟的其他各成员国政府同意本协定中需要各该政府同意的规定。

孟戴斯—弗朗斯

阿登纳

113

附件一　关于在萨尔被扣押的财产事法国总理致阿登纳总理的照会

总理先生：

当我们就解决萨尔问题进行谈判时，你曾经提及准许在萨尔境内现尚在扣押中的财产问题，

我谨通知您，在对于萨尔的欧洲性法规举行公民投票以前，各该被扣押财产将予清理。

总理先生，请接受我的最崇高的敬意。

孟戴斯—弗朗斯

1954年10月23日于巴黎

附件二　关于萨尔银行和保险事业法国总理致阿登纳总理的照会

总理先生：

当我们就解决萨尔问题进行谈判时，你曾经提及准许在萨尔设立德国银行分行和德国保险公司分公司的问题。

我谨通知你，主管设立银行事务的法国主管当局将奉命以合作的精神审查德国银行可能提出的请求。

另一方面，法国政府将居间请求萨尔政府也以合作的精神审查德国保险公司可能提出的请求。

总理先生，请接受我的最崇高的敬意。

孟戴斯—弗朗斯

1954 年 10 月 23 日于巴黎

附件三　关于萨尔采矿公司事法国总理对霍夫曼总理有关同一问题的同日来函的复函

在你本日的来函中，承通知我：采矿委员会的萨尔政府代表不久即将奉命会同法国政府代表共同采取下列各项措施：

（甲）人事和社会福利问题将始终归由萨尔采矿公司董事会的萨尔人员一人管理；

（乙）采取一切适当措施，以增加萨尔采矿公司行政和技术部门各级职员中萨尔人所占的比例。

法国政府所奉行的政策是在各方面逐渐地使煤矿的全部责任交由萨尔承担，上述各项措施就是在这一政策范围内采取的。

总理先生，请接受我的最崇高的敬意。

孟戴斯—弗朗斯
1954 年 10 月 23 日于巴黎

3. 巴黎会议结束时公布的法国和西德会谈公报

（1954 年 10 月 23 日于巴黎）

孟戴斯—弗朗斯总理和阿登纳总理于 10 月 19 日在圣格卢的拉赛尔堡开始与巴黎会议同时举行的会议全面地讨论了有关法德关系的问题。

两国政府确信两国之间的紧密合作对于建设欧洲与和平将带来重大的贡献，不仅已经就萨尔问题达成协议，而且也已经就下列问题达成协议：

（一）两国政府已同意法国与德意志联邦共和国之间在经济方面广泛合作的原则。两国政府满意地注意到法德贸易关系近几年来已有进展，并已达到打破纪录的数字之后，曾经共同研究不仅适合于稳定这些贸易关系，而且适合于发展这些贸易关系的各种方法。为了这些目的，彼此认为进行长期贸易协定的谈判是适宜的。在这些协定中应该有关于若干农业品，特别是小麦、然后是糖的长期合同。尤其是关于小麦方面，在预定十一月举行的贸易谈判中必须注意到由于目前的局势已有增加的可能。

两国政府本着同样的合作精神，考虑了组织一个"法德经济委员会"及成立一个双方人数相等的法德商会的方式。另一方面，彼此承认对于居留问题如能共同觅得一个解决的方案，必能有助于贸易的发展。

关于德国制造品旧商标的问题将由专家会议所达成的共同协议予以解决。该专家会议应于几天以后举行。

关于运输和交通问题，特别是由于修浚摩塞尔运河所引起的问题也曾经提出。这些问题都将作为新会谈中的题目，并将与其他有关国家以后共同研究的对象。

两国政府认为，鼓励法国和德国的资本和企业在欧洲和海外进行联合，以便帮助开发资源，并增加产品的合理化这一点，是受到欢迎的。这样的联合对于其他各国，特别是西欧联盟各成员国都完全开放。

从彼此的共同目标：经济扩展的前景来看，这样的合作，特别是适用于这些工业所面临的新任务的合作，将为全体利益服务，对扩大国内和国外的市场，增加消费数量和提高生活水平都有贡献。

（二）鉴于法国人民和德国人民在文化方面尽可能密切的合作必能促进彼此间相互的了解，两国政府已经依照下列基础缔结了一个法德文化协定：

（甲）交换教授、学者、讲师、助教、大学生、学生、技师和学徒。为了便利这些交换起见，两国政府将使对方的国民得享受奖学金和津贴，为教师、大学生和学生组织假期学习班；两国政府并将便利青年组织间的合作。

（乙）增加大学和学校中关于对方国家语文和文化的正规课程，尽可能地使所有学生选修对方语文。

（丙）相互给予已有的或将来设立的机构、学院、研究所和学校以种种的优待。

（丁）对相互承认考试和学位给予便利。

（戊）对组织演讲、音乐会、展览会、戏剧演出、电影放映以及无线电和电视的广播、书籍、杂志和其他刊物的发行给予支持。

（己）赞助在所有各级教育机关、特别是在教科书中客观地介绍有关对方国家的一切问题。

（庚）互相咨询，维持双方对外的共同文化利益。

决定成立常设联合委员会，由两国政府任命人数相等的代表组成之。各该代表应从高级官员和文化界代表人士中推选。委员会的任务在于解决实施本协定时所引起的问题，寻求达到拟议中各目标的最好方法，并向两国政府提出对于发展两国文化关系的建议。

（三）两国政府缔结了一项专约，解决因流放事件所引起的若干问题，特别是关于遗骨的运回本国、谒墓以及维持流放者的灵地各问题。

法国政府总理和阿登纳总理也签署了关于维持在法国的德国军墓的专约。

4. 法兰西共和国政府和德意志联邦共和国政府间的文化协定

（1954年10月23日订于巴黎）

鉴于法国人民和德国人民之间在文化方面增加交流和有效合作，只能对于和平事业和统一的欧洲有所贡献。

为此目的，决定在两国中发展此国对彼国知识活动和文化的相互认识和最广泛的了解。

因此，法兰西共和国政府为一方，

德意志联邦共和国政府为另一方。

决定缔结协定，条文如下：

第一条

缔约双方应尽力在本国领土内各大学及其他高等教育机构中设立学习对方语文和文化的正规课程。

第二条

缔约双方应赞助在本国境内设立高等研究院、研究所或研究学会这一类的文化机关，在有关国家现行法律规章的范围内进行法德两国的研究。缔约两方对于对方在本国领土内所设立的文化机关应予协助。

"文化机关"的统称也适用于遵循本协定规定目标的学校。

第三条

缔约双方应组织交换教授、学者、讲师、助教以及大学以外各文化团体的负责人员。本规定的实施办法，特别是关于应行交换各人员的人数和专业性质以及他们逗留的期间和应给的补助金数目，由第十六条所指的联合委员会提出议定。

缔约双方对于交换教授、大学生、学生、技师和学徒应同样给予便利。

第四条

缔约双方应鼓励为对方教员、大学生和学生设立假期学习班。

第五条

缔约双方应赞助在本国认可的各青年团体的合作以及各青年间具有教育、社会或职业性质的会见。凡各组织和服务部门中有关发展青年间交流活动的材料，各缔约国应互相交换。

第六条

缔约双方对于彼方国民应提供若干项目的津贴和奖学金。

第七条

缔约双方在一切可能范围以内，应注意使本国领土内所有大学和中等学校教授对方的语文和文学，该项课程得由学生自由选修作为第一或第二必修的现行外国语文。

缔约双方并应注意对于技术学校和中等工商业学校学生提供同样的机会。

第八条

缔约双方承允寻求方法，以便对彼方领土内所作的学术研究、所经过的考试和会考以及获得的各项学位、在此方领土内，各大学和学校中，或在若干指定情况下，执行若干职业时，部分地或全部地给予同等程度的承认。关于同等程度的承认事项应由下述十六条所指的常设联合委员会提出议定。

第九条

缔约双方应在对方组织演讲、音乐会、展览会、戏剧演出和所有各种艺术表演，并发行书籍、期刊和其他文化刊物，音乐乐谱、唱片、电影胶片，努力使对方更好地了解本国的文化。另一方面，缔约双方对于经第十六条所指的委员会核准的各种文化活动以及对来自对方的文化材料的散发应给予一切协助。

第十条

缔约双方在现行法律规章的范围内，对于另一方所发行或编制的书籍、期刊和其他刊物、艺术作品，艺术作品的复制品，音乐乐谱，电影胶片和唱片向本国输入时，应给予最大的便利，惟以具有文化性质为限。

缔约双方应注意使有关当局互相准许播送专为传播文化的无线电和电视广播，并给予为此目的所必要的一切便利。

第十一条

缔约双方应在一切可能范围内给予便利，务使另一方在本国领土内因进行文化活动而引起的财政问题获得解决。

第十二条

缔约双方对于以上各条中任何一节所指的人员，遇必要时应尽力制定优待的制度，以便各该人员得能以最低费用迅速获得前往邻国的入境签证，如果需要此项入境签证的话。

第十三条

缔约双方应通过各自掌握的方法，在国内法律范围以内，务使各级教育组织内介绍有关另一方的各项问题时必须采取最客观的态度，凡学校所用教科书，特别是历史教科书，应删去具有刺激情感的性质、足以妨害两国人民友好了解的一切评语。

缔约双方应支持朝着这一方向的一切努力。

第十四条

缔约双方应互相协商，以便维护双方对外的共同文化利益。

第十五条

缔约双方应尽力共同寻求最妥善的办法，俾对著作权、艺术家的特点以及有关无线电广播和电视权利的保护、收益和移转，给予便利。

第十六条

为了解决实施本协定时所引起的问题，并且为了建立缔约双方之间在文化关系方面直接和经常的协商起见应成立常设联合委员会。

缔约双方为此目的各任命代表六人。该机构的组织和工作制度应依据下列原则：

（一）委员会委员的任命：法国方面，由外交部长和教育部长任命之，德意志联邦共和国方面，由外交部长取得联邦主管部长和各州文化部部长的同意后任命之。双方委员的名单应通过外交途径转交另一方予以同意。

（二）遇必要时联合委员会得召开全体会议，全体会议在法国与德国轮流举行，每年至少举行一次。主席由会议所在国的委员会委员一人担任。秘书由另一方任命，具有咨询权。

（三）遇需要时，委员会得邀请专家以技术顾问名义参加。

（四）如遇议事日程中列有各项技术性问题需要详细研究时，委员会得临时成立小组委员会，由双方各自任命人数相等的代表组成。小组委员会主席的指定应按照本条（二）款规定的轮流原则办理。

第十七条

本协定自第十八条所规定的日期起，对于柏林一律适用，惟以德意志联邦联合国政府已经向法兰西共和国政府作出声明，确认柏林已具备适用本协定一切必要的法定条件为限。

第十八条

本协定应尽速予以批准。批准书应在波恩互换。本协定互换批准书之日起生效。

本协定的有效期至少为五年。

为此，双方全权代表在本协定上签字盖章以昭信守。

1954年10月23日订于巴黎

孟戴斯—弗朗斯

阿登纳

约翰·贝多文

文化协定附件

总理先生：

我谨引据本日签订的法德文化协定第七条，提请你注意：法国政府对于德国中等教育机关在与法国教授德国语文与德国文学的情况相同的条件之下教授法国语文和法国文学一节，极为关怀。

为使该项问题能获得一个与贵我两国间所签订的文化协定的精神完全符合的解决办法，我认为仍可由第十六条规定的联合委员会对此事提出愿望，再由联邦共和国提请象各州文化部长常设会议这样的机构予以有利的研究。

另一方面应采取一切措施，使有关各州政府代表以正式委员名义，或以专家名义，或以小组委员会委员名义参加上述联合委员会的工作。

总理先生，请接受我的最崇高敬意。

孟戴斯—弗朗斯

1954年10月23日于巴黎

总理先生：

承你引据本日签订的文化协定第七条提起我注意：法国政府对于德

国中等教育机关在与法国教授德国语文与德国文学的情况相同的条件之下教授法国语文和法国文学一节，极为关怀。

为使该项问题能获得一个与贵我两国间所签订的文化协定的精神完全符合的解决办法，你认为拟可由第十六条规定的联合委员会对此事提出愿望，再由联邦共和国提请象州文化部长常设会议这样的机构予以有利的研究。

另一方面，应采取一切措施有关各州政府代表以正式委员名义，或以专家名义，或以小组委员会委员名义，参加上述联合委员会的工作。

我谨通知你：我对于这些全部措施完全赞同。

总理先生，请接受我的最崇高敬意。

阿登纳

1954年10月23日于巴黎

5. 法兰西共和国政府和德意志联邦共和国政府关于处理从法国流放所产生的若干问题的专约

（1954年10月23日订于巴黎）

（略）

6. 法兰西共和国政府和德意志联邦共和国政府关于1939—1945年战争军墓的专约

（1954年10月23日订于巴黎）

（略）

（摘自世界知识出版社编：《国际条约集（1953—1955）》，北京：世界知识出版社，1960年，第275—354页）

<<

四、三人委员会关于北约非军事合作的报告

（1956年12月13日）

第一章　总论

1. 根据1956年5月的会议，北大西洋理事会设立非军事合作委员会，要求其"向理事会提出改善和拓展北约在非军事领域内的合作以及进一步加强大西洋共同体团结的途径与手段"。

2. 委员会把这种指示理解成要求其：尤其要根据目前国际局势的进展情况，检查并重新定义同盟的目标和需求；为增强内部团结统一以及凝聚力建言献策。

3. 委员会希望它所提交的报告及建议能够有助于非北约国家更好地理解北约组织纯粹的防御性、建设性目的，从而推进并鼓励缓解国际紧张局势的进程。在过去几个月内发生的各种事件使这一紧张局势进一步加深；而自斯大林去世后想寻求一个安全、体面的基础来与共产主义国家竞争乃至最终合作共存的希望也因此进一步减少。然而，我们仍须朝着这个方向继续努力。

4. 同盟内部的关系同样经受着严峻的考验。去年九月，通过召开一系列会议以及开展政府间的磋商，三人委员会起草了报告的主要内

容。后续发生的诸多事件使得委员会坚信，只有成员国对普遍关心的事宜进行充分且及时的磋商，以便达成共同的政策，才能够进一步维护大西洋共同体的统一。如果没有这种充分、及时的磋商，北约的合作框架本身也会处于危险之中，而这种框架已为和平事业作出了极大的贡献，并且对于北约未来进一步的提升也至关重要。

5. 北约的基础是成员国把集体防御作为各国的政治义务，认为对其中一个成员国的进攻就等同于对所有国家的进攻，所有国家要采取集体行动。也只有以此为基础，才能建立强有力的联盟体系。有时会出现一种忽视这种义务深远意义的倾向，尤其是在必须履行这种义务的危险情况消退之际。

6. 由于把集体防御的政治承诺当作成员国外交以及防御政策的基石，北约的存在才有了坚实的基础。当然，随着政治及战略局面的变化，随着对和平的威胁在性质和方向上的变迁，各成员国履行其职责的方式方法也会随之改变。但是任何计划和战略政策上需要作出的变更都不可削弱北约，也不可削弱其成员国对北约的信心以及成员国之间的互信，只要每个成员保持履行其签署公约时所承担的、对于任何挑衅行为采取联合行动的政治承诺的意愿和能力——这是一个关键性的前提，只要任何会影响联盟的国家战略或政治变化是在集体审议后做出的——最近发生的事情证明这一点同样非常重要。

7. 那么，保持北约健康发展的首要因素不仅在于全体成员国对于集体防御的政治义务全然接受，还在于一旦入侵发生，每一国家对其他成员国遵守共同防御义务的决心和能力的信任。

8. 这是我们目前遏制军事侵略的最佳办法，因此也是这些承诺义务在实际上不会发生的最佳保证。

9. 然而，北约这种基于团结和实力的遏制角色，只有在成员国之间就政治和经济关系进行密切协调时才能发挥作用。一个同盟如果其内部成员忽略彼此的利益，或者卷入政治、经济的冲突，或者对彼此心存猜忌，则不能有效发挥遏制或者防御的功能。最近的事件使得这一观点愈发明确。

10．要寻找加强北约团结和共识的途径与方法，就有必要回顾该组织的起源和目标。

11．1949年在华盛顿签署的条约是因担心遭到苏联及其同盟武力侵略的集体回应——我们清楚仅仅一个国家的回应不足以保障安全。苏东国家在武装力量方面具有压倒性优势。对希腊的威胁、对捷克斯洛伐克的占领、对柏林的封锁以及对南斯拉夫的压力也同样显示出它们具有的侵略性。

12．虽然恐惧曾是北约建立的主要动力，但北约得以建立不仅仅是因为各国或有意或本能地感到，在一个不断缩小的核世界里，具有同种文明的大西洋和西欧国家出于防御目的更紧密地联系起来是明智的和合乎时宜的；而且感到为了相互保护合并部分主权也可以广泛促进进步与合作。相关国家与人民都认为，这种紧密的联合既是自然的又是需要的，由于共同的文化传统、自由制度以及民主观念正在遭受挑战并遭到那些破坏它们的人显著地破坏，北约国家也要更紧密合作，不仅为了它们的防御，而且为了它们的发展。总之，大西洋共同体的观念，与对迫近的共同危险的意识是并存的。

13．这一意识当然不是创立北约的决定性动力，甚至不是主要动力。如此，它也孕育了一种希望，就是北约的发展将会超出建立之初的应急功能。

14．在条约的序言以及正文第二条、第四条当中能找到对这种希望的表述。这两条被纳入到条约中反映了人民迫切希望北约一定不能只是一个军事联盟。它们虽然在措辞上有局限，但至少许诺了一个建立大西洋共同体的宏大计划。

它们反映出的真实忧虑是，尽管对北约的需求仍一如既往，但如果它未能经受住本次考验，就会随着迫近的危机而消失。

126

15．自北约成立伊始，尽管人们认为防御合作是首要和最为迫切的要求，但这并不足够。而且自条约签署以来人们也越来越意识到今天的安全已不单是军事问题。加强政治磋商和经济合作、开发资源、推进教育进步以及增进共识，所有这些对于维护国家或同盟安全与建造战舰或者武装部队同样重要，甚至更为重要。

16．包括民用方面，还是军事方面的安全，无论是它们在一国内部，还是在国与国之间，都不能再想当然地认为处于孤立状态。或许北约成员国既没有完全意识到它们必要的相互关系，也没有在民用和军用方面充分做到紧密、持续的联系，而这对于北约未来的强大和持久必不可少。

17．然而北大西洋政治、经济的合作——且不说一体化问题——并非通过一时之功或一纸声明即可建立，而是要经年累月并且通过一系列国家行为、国家政策、习惯、传统和程序来培养此种政治、经济合作。即使在最好的情形之下，这也将会是一个缓慢渐进的过程，或许比我们希望的更加缓慢。如果此进程能够坚定不移、持续稳定地向前推进，我们会感到满意。然而，如果成员国政府——尤其是那些较为强大国家的政府——不愿意较之以往更多地与北约并肩或通过北约，为超出集团军事防御目的之外的联合工作，合作进程就不会以我们希望的方式发展。

18．虽然北约成员国已经在它们之间开展了形式多样的非军事合作，并且有些已是许多国际组织最为积极和最具建设性的参与者，北约本身却对开展非军事领域的合作有所迟疑，尤其是经济方面。北约成员国正通过其他现存的国际组织来进行非军事合作，它们已开始担心重复劳动的问题。

19．然而近一段时间，由于斯大林去世后苏联在策略和政策上的某些变动，以及由此引发的东欧国家当前的动乱，北约成员国开始检查并重新审视该组织的目的和需求。

20．这些变化并没有减少对集体军事防御的需求，但却使北约面临着额外的、很大程度上属于非军事方面的挑战。北约必须认识到重要变化确实已经发生。西方国家率先发起了一些积极的行动，旨在在自由的氛围下改善经济不发达国家的状况，营造所有国家都能够受惠的公平互利的贸易体系。苏联和平竞赛新政策的一个重要方面就是尝试对西方行动的回应。苏联目前明显正调整政策方向，通过经济途径和政治颠覆的手段诱使这些国家落入到共产主义的罗网之下，而这个罗网正是某些苏联集团的国家尽力要摆脱的。北约的成员国必须对这种形式的渗透保持警惕。

21．与此同时，对大规模全面军事入侵西欧的恐惧部分地减少了。恐惧的减少也是因为有证据表明，苏联政府意识到任何全面的入侵必然会引发快速和毁灭性的反击，意识到双方在核战争中没有胜利者。在苏联越来越强调非军事或者准军事手段的情形之下，有必要检查北约应对那种在和平共处伪装之下、强调非剧烈冲突的渗透的能力。

22．目前，某些问题非常迫切。北约的需求以及目标改变了吗，或者它们是否应该改变？这个组织面对1956年形势变化是否在行动上作出了令人满意的调整？如果没有，该对它做些什么调整？还有一个更为深远的问题："一个由主权国家所组成的松散联盟能否在没有共同恐惧约束的情况下存在下去？"

23．委员会坚信当年签约之时各国所秉持的目标依旧有效，并相信北约对各成员国的重要性一如从前，依此信念，委员会成员开始重新审视这些问题。

24．正如已经指出的，这些目标中的第一点是安全，它以拥有足够强大的武装力量的集体行动为基础，目的是既能遏制又能防御。

25．当然对于达成这个目标，北约的统一和力量仍同1949年一样重要。苏联的策略或许会变动，但是苏联的武装力量和最终目标并未改变。并且，近来在东欧发生的事件表明，苏联在某种状况下会毫不迟疑地动用武力或武力威胁。

因而，尽管北约军事力量的特点和能力应根据形势的变化而不断作出调整，但决不能被缩减。对政治和经济方面合作的强化，是北约在防御领域继续进行合作的重要补充而非替代。

26．尽管在最近发生的事件中，苏联或许更多地强调了政治、经济和宣传行动。然而并没有证据表明，苏联就会因此不把现代化的军事力量来作为它开展其他活动的基础。

27．如果苏联真心想缓解国际紧张局势，我们应当欢迎这种变化。但我们必须铭记，削弱并最终瓦解北约依旧是共产主义的一个主要目标。因而，只要苏联领导人决心维持其军事力量，以便达成其自身及其盟友的政治目标，我们就必须保持警惕。

28．这就让我们面临着北约第二个且长远的目标：大西洋共同体的发展，较之必要的共同防御，它有着更为深厚的根基。这就意味着自由的大西洋民族永久联合，以推动它们进一步的团结，保护并发展它们的共同的利益，自由民主即是其中之一。

29．若想确保这个长远目标能够实现，我们就必须防止由于联盟的削弱而出现的反对或漠视等离心力量。北约并未因其敌人的威胁或攻击而被损坏甚至是削弱，却时常因自己成员国的冷漠倦怠或自鸣得意而踌躇不前：相互之间的纷争或疏远，将狭隘的民族考虑置于集体利益之上。如果允许这些离心力继续存在，北约就可能被它们摧毁。为抵制这些趋势，成员国要远比现在那样更多地利用北约这个平台，来就普遍关心的问题进行真诚务实的磋商和合作。为达到这个目标，决心比决议更重要，意愿比言辞更有效。

30．然而问题远不止这些。北约成员国面临着来自军事和政治两方面的威胁。它来自于共产主义革命学说，此学说经过共产主义领导人的精心设计，多年来到处播撒有关我们自由民主生活方式的谎言。对这种谎言最好的回应是继续展示我们的制度比社会主义制度优越。我们能够通过言行表现我们欢迎政治进步、经济发展、有序的社会变化，证明今天真正的反动派是这些共产主义政权，它们固守僵化的经济模式和政治信条，其成就更多的是要破坏自由，而不是想促进自由。

31. 然而，我们必须认识到，有时人们会因为表面的价值接受关于我们制度的谎言，甚至是那些受共产主义系统宣传影响的非共产主义世界人民也未能接受我们对于北约目标和价值的解释。他们认为，北约或许在斯大林时代能够在防御上发挥有效的遏制作用，但如今对其成员国的安全已不再必要；北约现在正变成聚合"殖民地"国家力量和资源的机构，以便捍卫帝国特权、种族优越感以及美国领导下的大西洋霸权。我们虽知道这些观点是虚假的、毫无根据的，但并不意味着北约及其成员国政府就可以听之任之，不去做一些力所能及的事情去纠正和反击这些观点。

32. 北约不应忘记，成员国的影响和利益并不限于条约覆盖之地区，条约覆盖之外地区事态的发展能够严重影响大西洋共同体的共同利益。

因此，成员国在致力于改善彼此之间的关系、加强并深化它们的团结的同时，也应考虑协调它们关于其他地区的政策，考虑整个国际社会更广泛的利益；尤其是通过与联合国及其他维护国际和平与安全的组织合作，寻求当前导致世界分裂诸问题的解决之道。

33. 遵循此进程，北约就会显得不单是一个防御组织，只会随着苏联政策的恐惧和威胁而兴衰。它能够通过实践联合国宪章的原则，以证明它愿意与其他国际社会成员充分合作。它能够表明，它关心的不仅仅是阻止冷战变成真枪实弹的热战，或是如果这种悲剧发生时如何保卫自己，也更关心如何采取政治以及道义上的主动性，使得所有国家都能够在自由的氛围中获得发展，并且能够为所有国家带来稳固的和平。

34. 我们不能毫无质疑地认为苏联的行为具有和平性质，在国际信任没有恢复以前也拒绝解除防御，这样做的理由会为真诚友好的人们所理解，特别是在匈牙利发生的诸事件之后。如果我们不带着重建这种信任的愿望去寻求打破各种障碍的途径和方法，就不能为人所理解。

35. 大西洋国家为了善意和建设性的目的齐聚一堂，这是北约理念之下的基本原则和理想，这只能依赖更深入持久的因素而不是过去十年中存在的分歧和危险因素才能成长。北大西洋国家的联合更多是长期历史发展的结果，而不只当代的产物，要实现其真正的目的，就必须从历史长河中加以考量，从而得出必要的结论，短浅的目光则不足以达到此效果。

36. 历史发展进程孕育的智慧是，在核时代，一个民主国家，只靠它自己以及其自身的国家政策和实力，不足以取得进步甚至难以生存。正如北大西洋公约的建立者所预见的，国家间在政治、经济以及军事方面的相互依赖与日俱增，它们呼吁增进国际团结与合作。当形势良好时，某些国家也许能享有一定程度的政治和经济独立。但却没有任何国家，即便是强国，能够依靠单独一国的行动就能够确保国家的安全和繁荣。

37. 构成本报告和建议的基本因素将在后续篇章中讨论。

38. 提出这些建议并非难事。更为困难的是成员国政府将之付诸实践。这就要求它们坚信，把大西洋共同体变成一个生死攸关、充满活力的政治现实，同单纯的国家目标同等重要。最重要的一点，是要求成员国政府能够将这一信念引入可操作的政策领域。

第二章　政治合作

Ⅰ. 导言

39. 如果希望大西洋共同体的概念能够拥有活力和发展，北约成员国的关系必须建立在坚实的理解与互信基础之上。如做不到这一点，则无法开展坚实并富有建设性的政治合作。

40. 这种政治合作的深化和加强并不意味着削弱北约成员国与其他友好国家或者其他国际组织尤其是联合国的联系。对北约的忠诚并不具有排他性和约束性。也不意味着由北约发展而来的大西洋共同体会阻碍部分成员国之间更为紧密的关系，比如在欧洲国家集团内部。推进大西洋合作和欧洲联合的步骤应该并行不悖、互相补充，而不应相互竞争和互起冲突。

41．有效并富于建设性的国际合作要求一种为解决共同关心的问题而并肩工作的决心。北约成员国之间存在特殊的纽带、动机和安全利益，降低了完成这项工作预期的难度。但是圆满成功的取得很大程度上取决于成员国政府本国的政策和行动能多大限度地将同盟的利益考虑进去。这不仅需要接受在任何必要的时候进行磋商与合作的义务，也需要将履行责任纳入政府活动的通常部分。

42．在北约宣称致力于政治或经济磋商原则是容易的。如果缺乏要把这种言论付诸实践的坚定信念，实现磋商是困难的，实际上也表明了是不可能的。同盟内部的磋商不仅仅是交换情报，当然那也是必需的。它意味的不仅仅是让北约理事会得知一国已经采取的决定；或者只是为这些决定寻求支持。它意味着在政策形成的初期阶段，在国家立场最终确定之前，对问题进行集体讨论。就最乐观的一面来看，这会在影响联盟的共同利益的问题上作出集体决定。至少，也会保证一个成员采取的行动不会不为其他成员所知。

Ⅱ．就外交政策的磋商

A．政治磋商的范围以及性质

43．磋商在培育大西洋共同体政治合作方面的必要作用，已在1951年北约理事会初期工作中明确体现："……对共同关心的问题培养'习惯性磋商'，从而让北大西洋公约成员国的外交政策实现更深层次地协调，能够极大地增强北大西洋共同体的团结并且增加其成员国以及集体服务于和平目标的能力，北约成立的目的也正是为了和平……在政治领域，这意味着即使每一个北大西洋成员国政府对本国政策都保持着充分的行动和决策自由，但也要通过相互交换信息和观点，在尽可能宽的领域里就整体政策的制定达成一致。"

"对那些对北约成员国具有紧急、迫切性的重要事宜，对那种会影响全体北约成员国利益的、有必要就各国的行为密切磋商的'紧急'局面，应予特别注意，这已在条约的第四条中明确体现。然而，在现存问题的早期阶段，需要时刻保持有效磋商，以便一国制定的政策和在此基础上采取的行动能充分认识到所有北约成员国的态度与利益。尽管北约所有成员国都有责任在适当问题上与其伙伴进行磋商，但共同体当中实力更强的国家应承担更多的责任。"

44．这些言辞写于五年以前。如今看来它们比原先更为真切。即使我们能够说北约对此并未忽视，我们也必须承认，北约理事会内的磋商实践并未发展到能应对政治变化和世界潮流的地步。因此，目前所需要的不仅仅是简单拓宽磋商的范围与深化磋商的特征。对所有成员的迫切需求是，要将在北约内的磋商作为制定国家政策必不可少的部分。缺少了这个，北大西洋共同体的存在或许会遭到破坏。

45．然而，应该谨记，集体讨论本身并非目的，而是为了最终实现政策协调。当大西洋共同体的共同利益遇到危险时，就要进行磋商以便就共同的政策和目标及时达成一致。

46．即使通过尽可能紧密的合作与磋商达成了这种协议，也并非就稳固可靠。但对于大西洋联盟来说，还是有必要通过持续不懈的努力去达成这种协议。在防御方面可以不一致，但在外交政策方面必须一致。

47．当然，在此领域的磋商会存在某种实际的限制。事实上它们已非常明显，无需多言。实际上，减少或者规避这种限制，比夸大和利用它们为那些对共同利益不必要的忽略行径做辩护，更能降低危险。

48．限制之一便是决定和行动仍由民主国家政府最终负责这一铁的事实。可以理解的情况是，在极端紧急的情况下，一国可能不得不在与其他成员国磋商前采取行动。

49．另一项限制是，试图提前明确所需磋商的所有主题和情况，按区域和主题把北约事务和纯粹的国家事务区别开来，详细规定磋商的义务和责任。这样做是困难的，也是不明智的。这些都只能通过实践产生。在实践过程中，经验是比教条更好的向导。

50. 最重要的是，在任何时刻和情况下，成员国政府付诸行动甚至在宣布政策之前，都应该将同盟的利益和要求记挂在心。如果它们没有这个想法或没有如此行事的意愿，理事会或者任何委员会所提供的建议和所作的声明都将没有太大的价值。

51. 然而，假定这种意愿和想法确实存在，建议政治磋商可遵循如下原则和实践：

a. 对于会极大影响联盟的事态，成员国应该告知理事会。它们这样做并非单纯出于形式，而是进行有效政治磋商的初步措施；

b. 每一个成员国政府以及秘书长均有权要求理事会就任何关涉北约共同利益但并非纯粹国内性质的议题进行讨论；

c. 如果事先没有进行充分磋商，一个成员国政府不应对联盟或其任何成员产生重大影响的事宜采取最终立场和发表重要的政治声明，除非形势使得事先磋商明显不可能；

d. 在制定本国政策的过程中，成员国应考虑其他政府尤其是那些最直接相关国家的利益与看法——它们的看法已在北约磋商中表现出来，即便是在一些理事会并未达成一致的问题上；

e. 共识一旦达成，应在制定国家政策时有所体现。出于本国原因未遵循共识时，相关政府需向理事会做出解释。更重要的是，一旦经理事会的讨论诞生了一致同意的正式建议，成员国政府在相关主题上制定政策或采取行动时应充分重视这一建议。

B. 年度政治评估

52. 为巩固磋商程序，建议各国外长在每年春季会议上，评估同盟在政治方面取得的进展，考虑联盟进一步发展的路线。

53. 为筹备此讨论，秘书长需要提交年度报告。

a．分析联盟的主要政治问题；

b．回顾在这些问题上成员国政府磋商及合作的范围；

c．指出需要将来磋商的问题及可能的发展势头，以便解决困难，主动采取积极、建设性的行动。

54．各成员国政府应通过其常驻代表向秘书长及技术专家提供其准备报告时所需要的信息和帮助。

C．筹备政治磋商

55．无论是部长理事会还是常驻代表会议，都需周密筹划和准备日程，以便进行有效磋商。尽可能对提交理事会讨论的政治问题进行先期的审议和讨论，以便代表们能够事先对本国及他国的情况有所了解。如时机合适，应提前起草好决议草案作为讨论基础。对于上一部分提到的年度政治评估，还需做些额外的准备。

56．为协助常驻代表和秘书长履行其政治磋商的职责，需在理事会下设一由每个代表团成员组成的政治顾问委员会，必要时由来自各国首都的专家提供帮助。该委员会将在秘书长任命的一名国际组成员的主持下开展工作，其职责应包括对诸如苏联政策动向等当前问题进行研究。

Ⅲ．成员国之间争端的和平解决

57．在北约开展有效政治合作时，避免成员之间发生严重的争端，或者在争议发生之时能够迅速、令人满意地予以解决，是至关重要的。依据联合国宪章（第三十三条）[①]以及《北大西洋公约》（第一条），解决此种争端首先是相关成员国政府的直接责任。为明确北约在解决此类争端过程中的责任——这不是说让北约直接解决争端，而是让其在必要时提供帮助——委员会建议理事会依据公约第一条采纳包括如下决议：

a．再次确认成员国要通过和平手段解决彼此任何争端的义务；

[①]《联合国宪章》第六章"争端之和平解决"共6条（第33—38条），宪章节录可见世界知识出版社编：《国际条约集（1945—1947）》，北京：世界知识出版社，1959年，第208—224页。——编译者注。

b. 如果成员国政府之间无法解决争端，在诉诸任何其他国际机构前，应把争端提交给北约框架内的斡旋程序，除非这些争端的法律属性让其适合提交给司法机构，或者因其具有的经济属性而首先最好尝试在适当的专门经济组织中加以解决；

c. 承认成员国政府和秘书长有权力和义务提请北约注意那些在它们看来会威胁联盟团结或效率的事情；

d. 授权秘书长在任何时候均可向争议双方派遣非正式的斡旋人员，征得当事国同意后可提出或协助进行调查、调解、说服、仲裁的程序；

e. 授权秘书长，为执行上述d项所列目标，在其认为必要的时候，每次可由其挑选不多于三名常驻代表以协助工作。

Ⅳ. 议会组织与议会会议

58. 议会成员是北约组织及其宗旨的中坚支持者，他们能够有机会第一时间了解北约的一些活动，得知其问题所在，并且与来自其他国家议会的同僚交换意见。

尤其是，国家议会组织的组成以及北约成员国议员会议的活动有助于增加公众对北约的支持和维护成员国的团结。

59. 为使议员与北约维持紧密的关系，建议做如下安排：

a. 秘书长继续将北约总部设施供议会会议使用，并且对其会议安排给予一切必要的帮助；

b. 受邀的成员国政府代表、秘书长和北约其他高级文武官员参加部分此类会议。在此情况之下，议会可了解各同盟国的状况及其面临的问题，以使议会讨论更有价值。

第三章　经济合作

Ⅰ. 导言

60. 政治合作和经济冲突并非不可调和。因此，在经济领域同在政治领域一样，成员国之间一定存在着比肩共事的诚挚愿望，并准备好在承认共同利益的基础上就共同关心的问题进行磋商。

61．北约成员国共同的经济利益要求：

a．合作行动与单独国家行动都要促进经济的健康发展，不仅提高大西洋民族的福祉与信心，也对建设充分的国防提供必要支撑；

b．贸易、支付、人员以及长期资本流动等方面要享有最大限度的自由；

c．对欠发达地区的经济援助要以开明自利和促进民族间关系改善为动因；

d．实施那些会在竞争共存的环境中能展示出自由制度在促进人类福祉和经济进步方面优越性的政策。

62．承认北约的共同利益，以及集体的和单独的努力去促进这些利益，无需对与非北约国家间紧密经济关系抱有任何偏见。如同政治合作一样，经济合作也必须比北约宽泛。与此同时，北约国家对其欧洲成员国之间的紧密经济合作的任何协定都感兴趣。人们期望而在实践上也非常有可能的是，这些协定不会与公约第二条所规定的广泛目标相冲突，而只会促进它们。这些广泛目标不仅对稳定北约地区而且对整个非共产主义世界的稳定和福祉都非常重要。

Ⅱ．北约与其他组织

63．尽管公约第二条的目的和原则非常重要，但成员国无需仅通过北约本身来实现它们。北约照搬那些为形式多样的经济合作而设立的国际组织的运行模式，并无助于大西洋共同体的利益。北约成员国在所有这些组织中都发挥着主要的作用，它们的会员身份大体都能够很好地符合它们所服务的目标。

64．现在也并没有需要北约自身采取集体经济行动的重要新领域。事实上，持续增长的双边的及通过非北约组织的合作经常是培育成员国共同经济关注的最佳途径。然而，上述的合作只要是涉及联盟特殊利益的经济问题，尤其是那些与政治、防御有关或者影响整个大西洋共同体经济良好发展的事宜，都应该通过北约的磋商来加强。反过来，这就要求像在政治领域一样，在北约内就经济问题的信息和观点交流要有实质性扩大。此种经济磋商的目的，是在那些会明确影响联盟政治与安全利益的问题上寻求成员国政府的共同立场。各政府或直接或通过国际组织根据此立场采取正式行动。

65．北约本身不应寻求与其他组织建立正式关系，态度及行动的协调应交由参与那些组织的北约成员国政府的代表来完成。这并非希望北约成员在这些组织中形成"集团"，也没有这样做的必要。如此只会疏离同其他友邦政府的关系。然而，如果在其他组织中出现对北约具有特别的政治或战略意义的问题，尤其是在会前就出现了要分化或削弱大西洋联盟或者损害联盟利益的企图时，就应在北约内加强磋商。

Ⅲ．北约成员国经济政策的冲突

66．对一些会对联盟政治和战略造成不利影响的经济争端，北约要积极介入促其解决。这有别于一般经济政策上的分歧，后者通常可通过直接谈判或其他组织的多边讨论予以解决。在北约仅仅是重复在其他更为专业的组织内已出现的相同争论无济于事。然而，任何成员国或秘书长若认为，在别处的讨论不足以取得进展而在北约的磋商更有助实现大西洋共同体的目标，那么就可以把问题提交北约讨论。前述章节中已讨论过的和平解决政治争端的程序，也适用于可供北约讨论的主要经济争端。

Ⅳ．科技合作

67．科学和技术对大西洋共同体而言是特别重要的一个领域。上个十年所发生的事实已清晰地表明，在该领域所取得的进步对确保各国国防安全及其在世界事务中的地位具有决定性作用。如果西方世界打算在与经济欠发达地区建立联系的过程中发挥恰当作用，上述进步也是至关重要的。

68．就科学和技术这一领域的总体而言，特别迫切的需要是提高科学家、工程师以及技术员的品质并增加其数量。招募、培训以及使用科技人员主要是国家的责任，而非国际事务。但也并非全然是一国政府的责任。在联邦制成员国国家当中，州和省的政府担负了主要的职责，大西洋地区有许多独立的大学和高等教育机构不受政府的具体控制。与此同时，设计恰当的国际合作措施能够激发各成员国采取更为积极的政策，在某些情况之下还可把它们引向最具创建性的领域。

69．在这一方面，其他组织已经开展了某些活动。[①]然而，在此领域取得的进步对大西洋共同体的未来是如此关键，北约成员国应当确保对可能会富有成效的合作一一进行考察。因此，建议具体要做的第一步是，召开一次大型会议，每一成员国派出一名或至多两名最杰出的人物以个人或政府身份参加，以便：

a．就科学家、工程师以及技术员的招募、培训以及使用方面的最急迫的问题，以及就长期和短期解决这些问题的最佳办法，交换信息和观点；

b．为了在成员国之间继续交流经验并刺激建设性工作，参加者之间要建立更为紧密的关系；并且

c．为未来此领域通过北约或其他国际组织的国际合作提出具体措施。

Ⅴ．经济问题的磋商

70．全体一致赞同积极关注大西洋共同体对北约内外经济欠发达地区的良性、快速发展。然而委员会认为，北约并非管理援助经济发展计

---

① 突出的例子是经济合作与发展组织（包括所有北约国家和四个其他国家）；关贸总协定；国际货币基金组织；国际复兴开发银行；国际金融公司；其他几个包括欧洲经济委员会在内的联合国机构。几个北约成员国积极参加了促进亚洲经济发展的科伦坡计划。大部分成员在技术援助计划中扮演了积极角色，也参与讨论了创建联合国经济发展特别基金的建议。（此为报告原注，但原加在第4段后，疑有误，根据正文和注释内容，译者把注释调整到此处）——编译者注。

划的合适机构，甚至也无法系统考量成员国的相关政策。成员国能够和应做的是将此领域的计划和政策告知彼此国家和组织。如有必要，北约会检讨现在的行动对联盟的利益是否足够。

71．不能将大西洋共同体的经济利益与苏东集团的行动和政策隔绝开来考虑。苏联人最惯常使用的是利用经济措施削弱西方联盟，或者让其他地方高度依赖苏联世界。在此情形之下，北约国家积极发展它们各自富有创造力的商业和金融政策就更为重要。它们尤其应避免造成会让苏联集团国家利用来损害大西洋共同体和其他非共产主义国家的局面。在经济竞争共存的所有领域，成员国应更全面地磋商，以便在充分了解情况后再慎重决定它们的行动。

72．北约定期的经济磋商机制已取得很大进展。另外，许多特别经济事务也交付理事会讨论。在此领域无需引进额外的新机制。然而，考虑到上述日常情报交换和磋商话题的扩展，应在理事会之下设立一个经济顾问委员会。此团体受托系统地对上述事宜进行初步讨论，并且执行由理事会委派的或是由委员会提请经由理事会批准的诸多此类任务。它将取代技术顾问委员会的功能。

由于并非专任之职，通常由主要在其他国际经济组织中从事工作的官员代表成员国政府。

然而委员会的会员资格应该是灵活的，考虑一些特殊议题时，如果合适，也可以包括来自各国的专家。

第四章　文化合作

73．无论是大西洋国家的人民，还是其机构，都必须感知共同体的存在。而只有认识到他们具有共同的文化遗产，以及他们自由生活和思考方式的价值，这种感知才能发生。因此，对北约成员国而言，通过各种实践的方式来推动各民族间的文化合作，以便加强联盟的团结并为联盟寻求最大的支持，就非常重要了。尤为重要的是，这种文化合作应加以扩大，超越大陆的范围。然而，这并不是去阻止个别政府通过较为有限的多边甚或双边途径在更广阔的大西洋框架下增进它们的文化关系。委员会欢迎那些由个人或非政府团体倡导的大西洋共同体文化合作措施。应鼓励并增强这些措施。

74．为进一步增进文化合作，委员会建议成员国政府接受如下一般原则：

a．此领域的政府活动不应复制非官方组织的努力，而是为之提供支持和补充；

b．对需要北约集体参与的项目，成员国政府应优先考虑，以便对共同体意识的发展作出贡献；

c．在文化领域开展新活动时，北约要更有成效地把关注点放在鼓励并推动跨洋的接触上；

d．对这些文化方案所需要的经费给予现实支持。

75．为增进公众对北约以及大西洋共同体的认识和理解，理事会应为教师制订出北约课程以及研讨会的安排。

76．北约及其成员国应扩大对其他教育和相关活动的支持，例如北约助学金和奖学金项目；在大学设置大西洋研究教授职位；学者交流；旨在人员交流的政府赞助计划，尤其是促进大洋两岸人员的交流项目；在学校中使用北约教学资料；为学生建立特别的北约奖项。

77．政府应积极促进北约与其他青年组织建立更为紧密的联系，同时应指派一名专家参与到这一联系之中。

诸如1956年7月北约赞助的青年组织代表会议应不时召开。

78．为了使得北大西洋民族之间的交流更为易行和频繁，政府需要检视其国际交流以及其他限制交往的政策，如有需要则做出修订。

79．鉴于进一步推动北约军事服役人员之间的共识及友好的重要性，在各国军方的合作中，希望能够有超出正常的训练项目限制之外的人员交流。此种交流首先应以双边的政府关系作为基础。其次，成员国政府在未来此种交流中应寻求大西洋公约协会及其他志愿机构的协助。

80．对于会产生共同利益的文化项目应予以共同的财政支持。由一成员国政府或私人机构发起，并经各方同意的文化活动，应受到北约的财政支持，以便对各国的国家资源做必要的补充，比如最近在牛津组织的研讨会或由北大西洋公约组织发起的题为"大西洋共同体中的学校作用"的学术会议。

第五章　在信息领域的合作

81．如果要成员国人民支持北约的话，他们就必须了解北约。因此，他们不仅要被告知北约的抱负，而且要被告知其成就。必须要有关于北约信息计划的实质内容以及执行该计划的资源。对于那些通过北约磋商所取得的重要结果，应尽可能告知公众。

82．北约信息活动主要针对北约地区的公众舆论。与此同时，如果希望北约之外地区的人民对北约持同情态度而不误解其活动，对该组织目标和成就的理解就是必要的。

83．解释和报告北约活动的重要任务主要靠国家的信息部门。如果成员国政府不在其国家计划中对此给予充分支持，这些信息部门就不能完成任务。因此，有必要给予这样的支持。北约能够而且应该在此工作中协助成员国政府。相关信息的流通，以及公众对北约和大西洋共同体谅解的提高，事实上需要北约及其成员的共同努力。

84．北约的功能之一是协调各国在共同关心的领域内的信息工作。政府应在北约内分享其经验和观点，以避免在评估和重心方面出现分歧。在把北约的信息宣传到其他国家方面，这尤为重要。协调政策应强调我们联盟的防御特性及其非军事方面的重要性。它也应该包括回应那些反北约的宣传以及分析影响北约的共产主义行动和声明。

85. 反过来，各国政府也要给北约信息部以资源和支持，没有这些，后者不能完成这些新任务，也不应该要求后者去完成。

86. 为促进北约信息部和成员国信息部门之间的合作，建议采取以下具体措施：

a. 各国信息部门任命一名官员，负责维持与北约的联系，以及北约信息材料的发放；

b. 各国政府向北约提交它们打算实施的相关信息计划，以便在信息和文化关系委员会讨论。各国信息部门的代表应参与讨论之中；

c. 在北约信息部的预算内，留出资金用于翻译，以便能根据成员国政府的合理需要，把北约的信息材料翻译成联盟的非官方语言；

d. 根据请求，北约应向成员国信息部门提供对涉及共同利益的问题特别研究。

87. 北约发起的记者之旅项目应拓展到包括其他能影响公众舆论的人士，如贸易和青年领导人、教师、演说家等。应加强那些支持北约的私人组织和北约信息部之间的紧密关系。

第六章　组织和功能

88. 委员会认为，北约目前的形式可以履行对其所要求的非军事职责。不必进行结构性变化。这个机制基本上是令人满意的，只需要各国政府好好利用。

89. 然而，如果要充分执行本报告中所提建议，就需要对该组织的某些程序和功能进行改进。本章为此目的提出倡议。

A. 理事会会议

90. 应该延长部长级会议的时间。经验表明，如果不给更多时间，就无法充分考虑日程上的重要问题，也无法就其中一些问题达成决定，或者只是达成一些模棱两可的决定。

91．应该努力鼓励讨论，而不是仅仅宣告事先已定下来的政策。会议安排应根据这一目标而设定。应该极大限制大多数会议的参加人数。

为了便于自由讨论，当部长们用英语和法语以外的语言发言时，其自己代表团的翻译应把这个发言传译为这两种官方语言之一。

92．外长会议应在任何需要之时举行，会议地点可选在北约总部之外。尽管各国部长不可能同时出席所有常规会议，但也应尽可能多地参加会议。理事会常驻代表有实际的决定权，亦即，无论是由各成员国部长还是常驻代表组成，理事会的权威不变。因此，部长会议和其他理事会议之间并无正式或非正式的差别。

B．加强理事会和成员国之间的联系

93．要实现本报告中所设想的那种磋商，常设代表的发言就要具有官方性，可以反映其政府的当前考虑。地理和宪法组织的差异导致不可能对所有成员国政府做统一安排。在某些情况下，一国可以任命一名主要负责北约事务的高官。其目标有二：一是当国家政策会影响大西洋共同体的共同利益时加强与北约的磋商，二是把这种磋商结果转化成国家政府的有效行动。

94．为了确保各国政府当前的想法与理事会的磋商保持尽可能密切的关联，需要组织一些有各国特别任命的官员或外长常设代表参加的临时理事会会议。

C．理事会会议的准备

95．在部长会议召开前，常设代表需充分研究部长会议日程上的事项，并提出相关建议。为达此目标，在会议召开前，各国政府最好派遣高级专家对日程事项进行磋商。

96．在准备理事会所要讨论的问题时，理事会下属的政治委员会和经济委员会的顾问应适当加以协助。（设立这些委员会的建议见第二章第56段和第三章第72段）

97．在就一些特殊议题进行磋商时，常设代表根据特别需要，从各自国家召集高级专家，并更多地利用这些专家以协助他们做一些预备性工作。在制定政策初期阶段，负有相关责任的专家所进行的非正式讨论对了解各国政府态度非常有价值。

98．成员国政府应通过北约"基本立场材料"的形式让其他政府了解背景信息。这将有助于联盟作为一个整体来考虑共同关心的问题，也有助于各政府更加充分地了解任何其他成员国政府在某个特殊问题上采取立场的原因，这些特殊问题或许是一个成员国自身关注的焦点，但也有可能在不同程度上影响其他北约成员国。

D．秘书长和国际组

99．为了能充分发挥本组织的作用，需要提高秘书长和国际组的地位。

100．正如秘书长在其他会议中所做的一样，建议部长级理事会会议由其主持。由于本报告的建议，秘书长需要承担新的责任，自然就要对涉及理事会的事务做出此种变动。由秘书长承担该职责，得益于其熟悉整个联盟问题和活动的独特条件。

101．然而，为了与目前实施的按字母顺序轮换相配合，每年仍需选择一名部长作为委员会主席。选作主席的这个部长，在部长会议和休会期间，继续保持与秘书长密切联系，且当前仍在各种正式场合作为理事会的发言人。他也将主持部长级会议的开幕式和闭幕式。

102．此外，

a．鼓励秘书长就本报告中所涉及领域的北约磋商提出建议，并负责推动和引导磋商的进程；

b．鉴于秘书长的这些责任，成员国政府应该通过各自的常设代表让秘书长能充分、及时地了解其对联盟共同关心的问题的看法；

c．要注意本报告所建议的年度政治评估（第二章第52段）及和平解决争端（第二章第57段）这些秘书长额外的责任。

103．北约的有效运转很大程度上取决于其秘书处的效率、奉献和士气。接受本报告中所提建议将为秘书处增加新职责。各成员国政府因此要给予国际组在财政和人力上的各种必要支持。若非如此，本报告中的建议即便为各国政府所接受，也难以满意地被推行。

附录：理事会决议

1. 关于用和平方法解决北约成员国之间的争端和分歧的决议

鉴于签订了《北大西洋公约》的各方，根据该公约第一条已承诺"以不致使国际之和平与安全及公理遭受危害的和平方式，解决任何有关各该国之国际争端"；

鉴于各方已进一步承诺要消除其国际经济政策上的冲突，并将鼓励双方或各方之间的经济合作；

鉴于在追求这些目标时，北约的团结和力量对于在军事和非军事领域的继续合作仍是必要的；

北大西洋理事会：

重申其所有成员国所承担的公约第一条的义务，即以和平手段解决彼此间的任何争端；

确认，如果成员国政府之间无法解决争端，在诉诸任何其他国际机构前，应把争端提交给北约框架内的斡旋程序，除非这些争端的法律属性让其适合提交给司法机构，或者因其具有的经济属性让它们最初最好尝试在适当的专门经济组织中加以解决；

承认成员国政府和秘书长有权力和义务提请北约注意那些在它们看来会威胁联盟团结或效率的事情；

授权秘书长在任何时候均可向争议双方派遣非正式斡旋人员，征得当事国同意后可着手开启或协助进行调查、调解、说服、仲裁的程序；

授权秘书长可在其认为必要时，挑选不多于三名常驻代表，以协助其完成上文概述的目标。

2. 对《三人委员会关于北约非军事合作的报告》的决议

鉴于北大西洋理事会在5月5日的巴黎会议上决定建立包含意大利、加拿大和挪威三国外长组成的委员会，以向理事会提出改善和拓展北约在非军事领域内的合作以及进一步加强大西洋共同体团结的途径与手段；

鉴于三人委员会已完成了交付的任务，并向理事会提交许多关于改善和拓展北约在非军事领域内合作的建议；

北大西洋理事会：

注意到三人委员会报告；

赞同其建议；

要求理事会常驻代表会议根据各国政府的意见来实施报告中所陈原则和建议；

要求秘书长起草为推行这些建议所要求的更明确的方案以供理事会考虑，并根据各国政府的建议定期汇报；

授权三人委员会出版其报告。

<<

五、巴黎峰会决定

（1957年12月16—19日）

宣言

我们代表北大西洋联盟的15个国家，相信宪法、法律和习俗保障了自由国家的所有民众均享有神圣的人权，重申我们和我们的国家致力于《北大西洋公约》的原则和目标。该公约已实施了近九年的时间。它的缔结是为了保护我们的人民在他们选定的政府之下和平与自由地生活。它成功地捍卫了这项权利。源于已获得的成功经验和信心，我们一致赞同能额外增加联盟力量的措施。

二战末，西方的军队大部分被遣散，苏联的却没有。它们的扩张主义政策迫使我们缔结我们的公约，建立我们的武装。

我们是一个由自由国家构成的组织。我们的根本统一和联合力量对我们自身的安全和世界和平而言是必不可少的，我们已学会在这样的信念下共同生活和工作。

我们联盟的意义是明确的。我们相互间已作出庄严承诺，把对一国的攻击视作对所有成员国的攻击，会动用所有的力量进行抵抗。我们重申，我们忠实于联合国宪章，我们的联盟将永远不以侵略为目标。我们随时准备在虑及所有国家的合法利益的情况下通过协商解决国际问题。我们寻求结束世界的紧张局势,并打算在世界各地促进和平、经济繁荣和社会进步。

我们继续坚定地支持全面、有控制的裁军,我们认为这可以一步步地实现。尽管有诸多失望,我们仍然准备讨论可以达到这一目标并为持久和平打下坚实基础的任何建议。这是消除因军备竞赛而产生的不安的唯一途径。

自由世界面临着来自于苏联政权在背后支持的国际共产主义日益增加的挑战。就在上个月共产党的统治者在莫斯科再次明确了他们谋求统治整个世界的决心,如有可能便依靠颠覆手段,如有必要便通过暴力手段。在《北大西洋公约》的条文里,没有统治世界的概念。我们坚信通过民主手段的和平变革,维护我们人民的品格,警惕地捍卫他们的自由,绝不会屈服于这种威胁。

国际共产主义治下民众的民族独立、人的自由、生活水平以及科研技术成就已经沦为攫取世界霸权和军事力量的牺牲品,这对整个世界来说,不仅是一个悲剧也是一个巨大的威胁。这种对他们自由的压制将无法持久。已有证据表明在这些国家,对知识自由和经济自由的渴望正日益增长。如果自由国家的立场坚定,那他们现在所面临的极权主义威胁,终将退去。

我们的联盟是为了保卫和平而建立,它也能使我们达成经济与社会进步的目标。为此,我们已然决意紧密合作,以确保我们能承受必要的防务负担而不牺牲民众个体的自由或福利。只有通过承认我们之间的相互依存,通过结合我们的努力和技能以更好地利用我们的资源,我们才能达到这一目标。这样的努力尤其适用于原子能的和平利用以及促进科技合作更好地发展的组织。

许多国家自二战结束后均已获得独立,其人民同我们一样致力于和平时期的自由,我们基于完全平等的立场,本着博爱的精神,提供我们的合作。

意识到我们的智力和物质资源，深信我们原则的价值和我们的生活方式，没有挑衅但同样不会恐惧，我们已决心推动更大程度的团结、更强的力量和更好的安全，不仅是为了我们自己的国家也是为了世界上所有国家。

公报

国际局势

1. 苏联集团的目的是削弱和破坏自由世界。它通过军事、政治和经济手段在全球活动。为了迎接这样的挑战，自由世界必须整合它在道德上、军事上、政治和经济上的资源，并准备好部署在形势有需要的地带。因此我们联盟不能只关心北大西洋地区或只关心军事防御。它还必须在相互依存的原则上组织其政治和经济力量，同时考虑本区域之外的发展。

2. 因此，我们已在会晤中回顾了国际形势，特别是因苏联的行动和威胁而对世界和平造成的危害。尽管局势的危险是有目共睹的，苏联并没有对引起国际局势紧张的任何问题做出真正的贡献。我们尤为记得德国自由统一和德国首都柏林持续畸形的隔绝状态所产生的种种问题。

我们重申并再次确认我们于1954年10月23日发表的声明，其目标建立在柏林安全与自由这个坚实基础之上。对德国人存续的不公正破坏了国际信心并危及和平。在1955年6月召开的日内瓦政府首脑会议上，苏联领导人作出庄严承诺："德国依靠自由选举重新走向统一将在符合德国人民的国家利益和欧洲安全利益的条件下进行"。我们呼吁苏联政府履行这一承诺。

3. 我们已经回顾了中东的形势。本着我们联盟和平的目的，我们确认我们的政府支持该地区国家的独立和主权，并关注它们民众的经济福祉。我们相信这一重要地区的稳定对世界和平至关重要。

4. 我们表达了对非洲大陆这块极其重要的地区维持和平、稳定的发展条件以及经济、政治福祉的兴趣。我们希望，这个大陆上决意这么做的国家和人民能够与自由世界合作推进这些目标。我们确认我们的国家愿意与非洲的国民合作来促成这些目标。某些欧洲国家与非洲之间存在的历史的、经济的和其他的友好关系将使合作变得尤为可取和有效。

5. 在回顾国际局势的过程中，我们考虑了最近在印尼发生的严重事件。我们对此表示关切。

联盟的工作

6. 我们的联盟是独立国家自行结成的,其力量源自面对威胁时我们的根本团结。由于这个根本团结，我们可以克服困难，协调各自观点。相反，匈牙利事件表明，苏联集团只是依靠政治和军事高压才能保持。

7. 尽管已经取得进展，但需要进一步改善我们的政治协商。我们决心达成这一目标。我们的常驻代表将被充分告知各国政府中会对联盟及其成员构成重大影响的政策。通过这种方式，我们能充分借鉴各国的政治经验，确保政策广泛协调，这不仅是为了联盟也是为了整体自由世界的利益。

此外，为加强联盟的凝聚力，常设理事会和秘书长应确保有效地协商，包括必要时在问题初始阶段采用调解程序。

裁军

8. 我们记得今年西方国家在伦敦裁军谈判中，向苏联提出了一系列得到北约国家一致同意的具体建议，这些方案提供了以下有效控制的内容：

削减一切军备和军事力量；

停止生产用于武器的裂变材料；

削减现有的核武器储备；

暂停核武器试验；

采取措施防范突然袭击的风险。

9. 上述多种建议如获得通过，可停止军备竞赛、增加世界安全，但我们却遗憾地发现，尽管它们已为56个联合国成员国所赞同，但却全部被苏联拒绝。

10. 联合国裁军委员会经联大绝对多数同意扩大到包括了25个成员，苏联通过宣布它打算抵制该委员会从而造成了裁军谈判的僵持，对此我们表示遗憾。

11. 我们谴责苏联游刃于和平的宣传话语和意图利用核打击威胁进行恐吓的策略。

12. 我们同样谴责，苏联领导人不让苏联民众像其他成员国的民众那样客观地得知联合国提供的消息，即一旦总体战争爆发，所有民族都将面临被摧毁的危险。为此目的，联大以17票对苏联集团的9票通过了一项决议。

13. 我们强调，任何的裁军协议要想行之有效都需要足够的国际控制，接受这样的控制是对真正渴望和平的检验，而苏联拒绝把这一原则付诸实践。

14. 我们已决定成立一个技术小组就因新技术的发展而引发的军备控制问题提出建议。

15. 尽管苏联给可控裁军与和平事业造成了一连串的挫折，但北约理事会将不会忽视在安全范围内限制军备的可能性，将采取一切必要行动达成此项目标。

16. 我们愿意最好是在联合国的框架内，就可能导致上述建议推行的方案与苏联谈判。

我们还准备审查任何涉及全面或部分裁军的建议，不论它是哪一国提出的；审查能让可控制地削减各类武装的协议达成的任何建议。

17. 如果苏联政府拒绝参加新的裁军委员会的工作，那么我们将欢迎在外长级会议上打破僵局。

北约防务

18. 苏联领导人一边阻挠全面的裁军协议，一边已经清楚地说明，苏联军队正陆续装备包括各种导弹在内的最现代化和最具破坏性的武器。在苏联看来，除其本国外所有的欧洲国家都无需寄希望于全面裁军，而应放弃核武器和导弹，并依赖前原子时代的武器。

19. 如果苏联坚持这种态度，我们除了保持警惕、依赖我们的防御外别无选择。因此我们决心实现北约军事防御力量最有效的模式，将最新的武器和技术发展考虑进去。

20. 为此，北约已决定建立核弹头储备，以便在必要时随时为同盟防御所使用。针对目前苏联在新的武器领域的政策，理事会还决定，中程弹道导弹将不得不置于欧洲盟军最高司令部支配之下。

21. 这些储备和导弹的部署及使用安排一方面要与北约的防务计划一致，另一方面需要直接相关国家的同意。理事会已要求北约军事当局早日提交它们出于共同防御目的引进这些武器的建议。理事会常驻代表会议将考虑相关的各种问题。

22. 鉴于自由世界国家间相互依存关系与日俱增，为了确保每个北约成员国都能最大限度地满足联盟的需求，我们已决定通过组织我们的军队来密切协作。通过在各个领域尤其是空军和海军防御、后勤支持、部队的构成和装备等方面尽可能提高标准化和一体化的程度，联盟的资源才能更好地利用，其部队的效率也能更大地提高。我们同意在1958年头几个月开部长级的军事会议，讨论在这些领域取得的进步，尤其是根据1957年年度评估的结果。

23. 至于防御产品的生产，针对已取得的进展，我们决定在北约范围内采取进一步的措施，推动包括中程弹道导弹在内的现代化武器在研究、开发和制造上的合作。

24．如何才能最好地协同生产我们军队所需要的先进武器，应作为当务之急加以研究。为了在防御产品的生产领域的努力能真正富有成效，那些研究计划已进入相当先进阶段的北约国家，应与盟国分享它们重要的生产技术和研究工作结果。

科技合作

25．我们认识到，我们大多数国家应该在许多科技领域中提供更多训练有素的人才。我们科技的充分发展对大西洋共同体的文化、经济、政治和军事实力必不可少。

26．我们意识到，进步将取决于每个国家内部采取强有力的举措，尤其取决于投身于此的教师和科学家的贡献。我们必须增加拨款，用以在科学和技术项目上训练年轻人，还必须确保对基础研究的自由追求继续蓬勃发展。我们每个政府将因此重新评估对科技教育和基础研究的支持。

27．我们寻求通过汇集科研设施和信息以及任务共享的方式来增加各国努力的有效性。我们必须以真正科学的普遍性传统确立为基础。我们的政府将支持国际组织在这一领域开展工作。

28．我们已经决定立即建立一个科学委员会，所有北约国家将由其科技政策方面的高素质权威人物出任代表。此外，一位杰出的科学家将被任命为北约秘书长的科学顾问。

29．科学委员会尤其针对法国政府关于西方科学研究基金的提议，以及由北约科技合作特别小组和北约议员会议提出的其他众多有价值的提议，向理事会提出明确的行动建议。

经济合作

30．我们团结在我们共同的目标——促进我们民众的经济和社会发展，并协助其他国家的人民来达到同样的目标——之下。我们认为，在一个自由的社会，政府的目标是扩大个人的机会，而非令他服从国家。

31．我们将在我们自己当中以及与其他自由政府合作，以通过进一步减少汇兑和贸易壁垒促进经济稳定发展、扩大国际贸易。

32．我们重申，希望西欧国家加强密切的经济联合，我们认为这样能惠及所有的国家；我们也相应地鼓励欧洲经济共同体和欧洲自由贸易区的成功发展，并在其中充分考虑欠发达成员国的利益。对于那些不仅会加强大西洋共同体内部的联系而且会加强整个自由世界关系的举措，我们会对其制定予以特别的重视。我们认识到，北约成员国和自由世界其他国家的经济是相互依存的。

33．我们确认我们的政府关注于国家和私人用于促进自由世界欠发达地区的经济发展的资源的扩大。

34．在不重复其他机构工作的情况下，我们决定，北大西洋理事会将一直本着公约第二条的精神，审查经济趋势，评估经济进步,并通过现有的组织或个别国家的努力提出改进建议或针对特殊情况提出新措施。

35．在当前的情况下，我们这个防御性的联盟有了新的意义。只有加强集体努力才能保护我们的人民及其自由。我们的结合会有足够自由的能力来捍卫自由。

36．我们已经作出了一系列决定，它们不仅会给我们自己而且也会给整个世界带来更强的力量与更高程度的安全。

<<

六、雅典方针

（1962年5月）

1. 1962年5月4—6日，北约理事会春季部长级正式会议在希腊首都雅典举行。北约各成员国的外交部长、国防部长参加本次会议，后者已在本月3日举行了单独会晤。

2. 依据当前国际形势，各位部长讨论了裁军问题和德国与柏林问题。同时，各国部长就本国特别关心的议题分别发表了声明。

3. 当谈及日内瓦会议的进展时，理事会重申，国际社会有效监控下的普遍、全面裁军是维持整个世界永久和平与安全的最佳方式。理事会对西方大国在日内瓦会议上为达成目标所持之立场深表满意，同时强调达成协议的重要性与紧迫性。

4. 依据北约的基本义务，理事会探讨了柏林问题。他们提到了柏林局势的最新进展，包括与苏联举行预备性谈判的事实。理事会借会议召开之机重申，将坚决遵守1958年12月16日柏林宣言的原则。

5. 理事会注意到，各成员国为促进联盟的防卫政策进行了密切的合作。在此方面，部长们乐于接受美国的保证，即它将继续向联盟提供北约防御所必要的核武器，并就这些武器的基本计划与安排同联盟协商。此外，联合王国和美国政府均坚决保证，一旦威胁超过了北约现在的部分所能应对的水平，它们的战略力量也将贡献出来。

6. 为了促使各成员国在核防御政策方面进行全面充分的磋商，决定建立特别程序，以便让联盟所有成员国能就核武器在北约防御中的作用交换意见。

7. 北约成立的宗旨是防御，但必须说明的是，一旦联盟受到攻击，它将采取一切必要的措施保卫其成员国。理事会探讨了联盟在被迫诉诸核武器保护的各种环境下，各成员国所应采取的集体的和单独的行动。

8. 理事会注意到，在过去12个月中，联盟在防务方面的努力，尤其是成员国指派给北约的部队在数量上和质量的改善。各国部长对美国承诺把北极星核潜艇交付北约的行为非常满意。

9. 理事会坚信，联盟如想应对对其安全的全方位威胁，就需要对常规力量与核力量的均衡发展持续不断地进行审查。在未来数年中，成员国对北约防卫均衡力量的贡献将会在已经着手展开的"三年审查"框架下进行检验。理事会希望在12月份举行下次会议时就该问题提交报告。

10. 在5月3日进行的单独会晤中，各国国防部长讨论并通过了军备委员会提交的一份报告。报告回顾了自1960年4月国防部长们会议之后成员国在分担军事装备的科研、开发和生产成本方面的成就，并对增强该领域的合作提出了许多建议。尽管最初遇到某些困难，但是各国部长一致认为当时提出的合作项目计划有了成功的开始。

现在，在此基础上需要作出进一步的努力。为了尽快获得此项合作的成果，各国部长决定成立高层领导小组，以评估现存的机制，向1962年12月举行的部长级会议就如何才能对联盟将来的军事需求和资源协调取得一致提供改进建议。同时，要采取特殊行动，以对联合开发时机已经成熟的项目做最终决定。

11. 理事会回顾了联盟内部政治磋商的进展，并指出过去12个月中，深化和拓展政治磋商进程已经取得了坚实的令人振奋的进步。

12. 理事会详尽分析了联盟在科学技术领域的合作。他们讨论了促进国际科学合作的建议，这些建议是由北约秘书长任命的众多杰出科学家提出的。各国部长要求在理事会常驻代表会议上进一步考虑这些建议，以便向成员国政府推荐。

13. 各国部长注意到，理事会常驻代表会议已经讨论了"国际组"提交的关于共产党集团在欠发达国家经济领域活动的报告。在这份报告中可以清楚地看到，到目前为止，这些国家收到的援助中，来自自由世界经济最发达国家的比例仍然最大，共产党集团扩大后的援助不仅在本质上要比自由世界提供的援助少得多，而且还与政治目的紧密相连。自由世界在帮助发展中国家提高生活标准的同时充分尊重受援国的国家独立与自由，部长们对这些努力感到满意，并强调继续加强这项工作的重要性。

14. 各国部长特别关注希腊和土耳其的经济发展要求。考虑到希腊和土耳其为保卫联盟所做的贡献，以及它们不断努力加速发展经济以提高人民的生活水平，部长们承认仍需要对这两国进行外部援助。为了在援助问题上达到一般性目标，他们一致同意，有能力援助希土两国的成员国政府应立刻考虑，通过适当的形式，有可能的话与其他国家和国际组织，建立财团以协调能保证希腊和土耳其两国经济以令人满意的增长率发展的必需资源。部长们还赞成建立一个研究小组以进一步研究希腊的具体防务问题。

15. 下次北大西洋理事会部长级会议按计划将于1962年12月在巴黎召开。

<<

七、法兰西共和国和德意志联邦共和国关于法德合作的条约①

（1963年1月22日订于巴黎）

法兰西共和国总统和德意志联邦共和国总理的共同宣言

法兰西共和国总统夏尔·戴高乐将军和德意志联邦共和国总理康拉德·阿登纳博士，于1963年1月21日到22日在巴黎举行会议，参加会议的，法国方面有总理、外交部部长、武装部队部部长、教育部部长，德国方面有外交部部长、家庭和青年部部长；在会议结束时，深信，德国人民和法国人民的结束世仇的和解是一个深刻地改变了两国人民之间关系的有历史意义的事件。

从两国人民安全的观点以及从他们的经济和文化发展的观点体会到两国人民之间的团结，特别注意到青年已认识到这种团结，要求他们在巩固法德友谊方面发挥决定性的作用，认识到两国合作的加强是欧洲统一道路上不可缺少的阶段，而欧洲统一是两国人民的目的。

同意今天签署的条约中所规定的两国合作的组织和原则。

---

① 条约于1963年7月2日生效。——编译者注。

159

1963年1月22日于巴黎，用法文和德文写成，共两份。

法兰西共和国总统夏尔·戴高乐

德意志联邦共和国联邦总理康拉德·阿登纳

法兰西共和国和德意志联邦共和国关于法德合作的条约

继法兰西共和国总统和德意志联邦共和国总理1963年1月22日就两国合作的组织和原则发表共同宣言以后，同意下列规定：

组织

一、国家元首和政府首脑将根据需要给予必要的指示，并定期地注意下述计划的实施。他们为此目的将在必要时举行会晤，原则上每年至少会晤两次。

二、两国外交部部长将全面监督计划的实施。他们至少每三个月会晤一次。在不妨碍通过大使馆途径所建立的正常接触外，两国外交部各自负责政治、经济和文化事务的高级官员将每月轮流在巴黎和波恩会晤一次，以检查当前存在的问题并为部长的会晤进行准备。此外，两国的外交使团和领事馆以及驻国际组织的常设代表团将就共同关心的问题进行一切必要的接触。

三、两国在国防、教育和青年各方面的负责当局将举行定期会议。这些会议不仅不影响已经存在的机构如法德文化委员会常设参谋小组的职能，相反地将促进它们的活动。两国外交部长将派代表参加这些会议，以保证使合作得到全面协调。

（一）两国武装部队部部长或国防部部长至少每三个月会晤一次。同样，法国教育部部长也将根据同样的时限同德国指派的人员会晤，以便执行文化方面的合作计划。

（二）两国参谋长至少每两个月会晤一次；如果他们不能出席，将由他们的负责代表来代替。

（三）法国负责青年工作和体育的高级专员至少每两个月与联邦共和国的家庭和青年事务部部长或其代表会晤一次。

四、两国将各设部际委员会，负责处理下述合作的问题。委员会将由一位外交部高级官员主持并包括所有有关行政部门的代表。它的任务是协调有关各部的行动并向本国政府定期报告法德合作的情况。它还负有提出一切有益建议的任务，以便执行合作计划并将此项合作计划扩大适用于新的领域。

计划

一、对外事务

（一）两国政府在对一切重要的外交政策问题，首先是有关共同利益的问题作出任何决定以前，应进行协商，以期尽可能采取相似的立场。此项协商将主要包括下列几点：

——有关欧洲共同体和欧洲政治合作的问题；

——东西方在政治和经济方面的关系；

——关于北大西洋公约组织以及同两国政府有关的各国际组织，特别是欧洲委员会、西欧联盟、经济合作与发展组织、联合国及其专门机构内部处理的事务。

（二）在情报方面已经建立起来的协作将在巴黎和波恩有关部门之间和两国驻其他国家的使团之间继续进行和开展。

（三）关于援助发展中国家的问题，两国政府将有系统地对照彼此的计划，以便维持密切的合作。它们将研究从事联合项目的可能。由于法国方面和德国方面都有一些负责这些事务的部门，两国外交部有责任共同确定此项协作的实际可行的基础。

（四）两国政府将共同研究在涉及经济政策的其他重要部门，例如在共同市场范围内的农林政策、能源政策、交通运输和工业发展问题，以及出口信贷政策方面加强合作的办法。

二、防务

（一）在这方面所遵循的目标如下：

甲、在战略和战术方面，两国主管当局将努力促使双方的主张接近，以期达成共同的概念。将成立法德作战研究所。

乙、两国军队间将增加人员的交流，特别是参谋学院的教官和学员的交流；此种交流可以包括整个部队的临时分遣队。为了便利这种交流，双方均将努力为实习人员进行实用语文的教育。

丙、在军备方面，两国政府在拟出有关军备计划和制定经费方案后即应编制一项联合计划。

为此目的，各联合委员会将研究两国目前对这些计划的研究成果并进行比较研究。它们将向两国部长提出建议，两国的部长则在每季度的会晤中审查这些建议并作出有关实施的必要指示。

（二）两国政府将研究法德在民防方面建立合作的条件。

三、教育和青年工作

关于教育和青年工作，将按照上述程序研究法德在1962年9月19日和11月8日的备忘录中所提出的建议。

（一）在教育方面，力量将主要集中在以下几点：

甲、语文教学：

两国政府认识到彼此掌握对方语文对于法德合作具有极为重要的意义。为此目的它们将尽力采取具体措施，以期增加学习法语的德国学生人数和学习德语的法国学生人数。

联邦政府将与主管的州政府研究，如何才有可能采取一项能够达到这一目的的规章制度。

在所有高等教育机构中，德国将开办法语实用课，法国将开办德语实用课，向全体学员开放。

乙、对等的问题：

要求两国主管当局对大学学年、考试、学位和文凭的对等问题迅速作出规定。

丙、科学研究的合作问题：

两国的研究组织和科学机构首先应较广泛地交换情报来扩大它们的接触；在可能进行共同研究的领域内将制定共同的研究计划。

（二）将向两国青年提供一切机会以便密切他们的联系并增强他们的相互了解。特别应增加集体交往。

两国将建立一个扩大这种活动机会并促进交流的机构，上设一独立的行政性理事会。这个机构应掌握一项法德共同基金，作为两国学生、大学生、青年技工和工人交流之用。

最后条款

一、两国都将发出必要的指示以立即实施上述规定。两国外交部部长将于他们每次会晤中审查所取得的进展。

二、两国政府将随时把法德合作的发展情况通知欧洲共同体的其他成员国政府。

三、本条约除涉及防务的条款以外，也适用于柏林地区，除非在本条约生效后三个月内，德意志联邦共和国政府向法兰西共和国政府发出相反的声明。

四、两国政府可以根据实施本条约的需要，作出适当的安排。

五、一俟两国政府各向对方通知本国内实施本条约的必要条件已经具备时，本条约即生效。

1963年1月22日订于巴黎，共两份，用法文和德文写成，两种文本具有同等效力。

法兰西共和国总统夏尔·戴高乐

法国总理乔治·蓬皮杜

法国外交部部长莫里斯·顾夫·德姆维尔

德意志联邦共和国联邦总理康拉德·阿登纳

德意志联邦共和国联邦外交部部长葛·施罗德

（摘自商务印书馆编：《国际条约集（1963—1965）》，北京：商务印书馆，
1976年，第8—13页）

<<

八、北大西洋理事会巴黎会议最终公报

（1966年12月15—16日）

1. 大西洋联盟成员国部长们已在巴黎会晤。

2. 12月15—16日，北大西洋理事会重申了联盟的目标和原则，它们致力于确保北大西洋地区的稳定与福祉，团结一致保卫其人民的和平与安全。

3. 联盟已经通过成功地防范威胁和平的因素和保卫大西洋地区的安全证明其价值。依靠包括有效威慑手段在内的防御力量，维持团结，联盟已经奠定了当前欧洲地区紧张局势明显缓和的基础。该基础对于联盟的安全，对于和平解决包括德国问题在内的突出问题的进程，都至关重要。

4. 理事会的观点在此公报的附件也即由法国、联邦德国、英国和美国政府发表的宣言中传达出来（附件一）。关于柏林问题，理事会坚持其在1958年12月16日声明中的立场。

5. 部长们一致赞成需继续努力达成一个和平解决德国问题的方案以期满足德国人民实现重新统一的基本权利。只要德国继续处于分裂状态，就不可能有真正稳定的欧洲解决方案。欧洲和平进程必须建立在相互信任和依赖的基础上，从双方合作努力和深化理解的持久政策直至形成这种信任和依赖需要时间。这就意味着尤其要排除促进不同社会和经济制度的国家间更加自由和友好交流的障碍。

6. 对成员国来说，它们已经确信，要继续努力寻求与苏联和东欧国家在政治、经济、社会、科技与文化领域发展更好的关系。部长们审查了依据1966年6月上届部长级会议的指示所准备的关于东西方关系的报告。他们欢迎报告中提出的各个方面建议，强调他们愿意为了各方利益寻求与苏联和东欧国家发展合作的途径。此外，他们指出，最近接触、对话和协议已经增加了。在处理东西方关系方面，无论是在两个国家间的双边框架内还是一个更广泛的国际框架内，明显都有很多方式可供采纳。

7. 部长们欢迎联合国外层空间委员会批准的关于和平利用外层空间的草约。受此鼓励，他们决心继续积极商讨裁军问题、审查关于防止核武器扩散措施的国际讨论进程以及寻求达成令人满意的军备控制措施协议，这将有利于改善欧洲安全、缓和紧张局势。在这个过程中，他们希望能为双方军力逐步、适度的调整提供条件。与此同时，他们重申，如果在最关键的政治问题上没有达成一致，那么欧洲安全问题就不可能有可接受的彻底解决方案。

8. 谈及经济问题时，部长们指出最发达国家和欠发达国家之间的差距更大了。他们再次声明，所有发达国家，不管它们的经济体制如何，都有责任向发展中国家提供援助。

9. 部长们表示，希望当前的多边关税谈判（肯尼迪回合）能顺利达成协议，从而促进贸易增长，以进一步提升各方利益。他们也重视旨在克服西欧两个贸易区的存在、促进欧洲相关国家之间技术合作的方案。

10. 根据意大利政府的提议，部长们就不同国家之间技术发展不均衡所产生的问题交换了意见。在强调了这个问题的重要性和复杂性之后，部长们邀请理事会常驻代表研究进一步审查和落实意大利建议可能要采用的程序，并在春季部长级会议上报告他们的研究结果。关于这个议题的决议被采纳，附在公报之后（附件二）。

11．为了有效维持希腊和土耳其在共同防御方面的积极作用，理事会重申在联盟框架内继续援助它们的重要性。理事会提议成员国广泛参与援助计划，并认为该计划应该延续到1966—1970年。

12．部长们注意到秘书长受托调查希腊—土耳其关系的报告，再次声明支持秘书长继续此项工作。他们坚信土耳其和希腊继续就塞浦路斯问题和希腊—土耳其关系交换意见将有利于产生积极的结果。他们再次感谢联合国（维和）部队进驻塞浦路斯，希望塞岛形势能得以改善。他们强调不应该采取任何可能恶化塞岛形势和增加局势紧张的行动。

13．应比利时政府的提议以及回溯1964年12月加拿大政府的倡议，理事会决定对《北大西洋公约》签订后国际局势的发展进行全面的分析，其目的是要确定这些发展对联盟的影响和认清联盟面临的问题，以增强联盟对维持世界持久和平的作用。关于这个议题的决议被联盟采纳，附在公报之后（附件三）。

14．部长们批准了一项公民紧急计划的报告。他们指出，北约内部对这些活动的重新评估已经完成，重申该计划对保护公民和支持整体防御的重要性。

15．部长们在1966年12月4日的防务计划委员会①上会晤。作为1962年雅典会议倡议的进一步行动，他们批准了国防部长特别委员会提交的关于核计划和咨询的建议。他们同意在北约内建立两个永久性的核计划组织——一个是名为"核防御事务委员会"的政策机构，对所有北约国家开放；另一个是从属于它的由七个成员国组成并负责具体事务的"核计划小组"。

16．为了提高北约应对危机事件时及时磋商的能力，部长们批准了新的旨在实现相关情报和信息快速交换和更有效使用的安排。为促进此

① 防务计划委员会于1963年建立，从1966年开始，在秘书长的主持下召开常驻代表级会议和部长级会议。该机构的职责是处理关于由十四个国家参加的防务一体化的所有问题。——原注。

种信息交流，部长们原则上同意依据特别委员会的建议建立一个新的北约范围内的通信方案。他们还研究了特别委员会提交的关于可能改善咨询过程的报告。他们赞成应该在这个重要领域做进一步的研究和计划，并要求秘书长和常驻代表考虑如何最有效地推进这项工作。1965年6月成立的特别委员会现已完成这项工作。

17．部长们评估了关于北约军事行动现状的报告，强调依据1966年7月国防部长们采纳的北约军事计划，各成员国政府要承担的1967年度的军事义务。

18．全面审查战略问题、军事需求和资源之后，在讨论苏联军事能力和意图的过程中，部长们认为应给予北约军事当局政治、战略和经济指导，以便他们评估到1975年前（包括1975年）会影响北约的军事局势。根据这个讨论，他们指示在这些领域做进一步的研究。

19．基于1966年7月以来众多的研究成果，部长们指示在新防务计划审核程序的框架内开展更深入的工作，此审核程序将在1967年启动，以为未来五年的北约军事计划提供常规项目。这项工作的主要目的将是维持最佳军事力量平衡和最有效地利用北约成员国政府用于防务的资源。

20．部长们强调北大西洋公约侧翼地区防御的重要性，并就防务紧急情况下提供外部援助事宜做出了进一步的指示。他们也指示要提高东南欧地区军事力量。关于共同资助欧洲盟军司令部机动部队演习的协议已经取得实质性进展。

21．部长们一致同意研究是否应当建立北约通信卫星计划，该计划将为成员国在新兴空间技术领域及其应用于北约关键通讯需求方面提供合作努力的机会。与此同时，他们同意一个将在欧洲盟军最高司令部新总部和那不勒斯南欧盟军司令部之间建立联系的实验项目。

22．法国没有参加上述第15至21段的讨论，不受相关决定约束。

23．理事会决定分别在布鲁塞尔的海瑟尔和埃韦勒建立一个新的永久总部和一个临时总部。理事会对比利时政府为这两个机构提供的各种便利表示感谢。

24. 常设春季部长级会议将于1967年在卢森堡举行。

附件一：关于德国问题的宣言

法国、德国、英国、美国四国外长在北大西洋理事会巴黎部长级会议召开时于1966年12月14日会晤，以讨论德国的局势。

8年前，也就是1958年12月14日，当柏林市市长勃兰特汇报柏林局势时，他们曾经会晤。外长们重申，他们的政府将继续为自由柏林的安全和生存负责。

法国、英国、美国外长注意到了联邦德国要发展两德人道的、经济的和文化的联系的意图。这些联系的目标尤其是要缓解由于德国人民的分裂所造成的人道的痛苦。三位部长赞成联邦德国政府的观点，其政府继续义不容辞地支持这些努力。

部长们再次强调，德国问题是东西方关系中的重要问题之一，只能通过和平的手段，在民族自决的基础上，在保障所有国家安全的条件下，通过在欧洲大陆创造缓和的气氛来加以解决。

附件二：关于国际技术合作的决议

北大西洋理事会：

承认有必要根据《北大西洋公约》第二条之精神继续推进经济合作；

注意到了意大利政府于1966年10月5日和12月7日提交的建议、意大利外长的补充说明以及其他部长在辩论中的声明；

相信考虑意大利的建议是重要的，要尽早采取能为在技术领域的国际合作提供新动力的措施；诸如此类的其他措施有助于提高科技成就的总体水平；

建议理事会常设代表会议研究能进一步审查和推行意大利建议的程序，并在春季部长级会议上汇报其研究结果；

指示秘书长尽快向理事会常设代表会议提交关于北约正在开展的科技计划的报告，北约的这些活动能够为降低技术差异做出贡献。

附件三：北大西洋理事会决议

基于《北大西洋公约》签字国之间凝聚力与团结，理事会想要达到公约的基本目的：

考虑到，分析自从公约签订以来发生的政治事件，确定它们对国际关系和联盟本身的影响，是必要的；

相应地，理事会承担着研究联盟将来任务和履行这些任务的程序的责任，以便加强联盟作为持久和平的因素。它审查了在联盟内（包括其欧洲成员国）加强磋商的途径。

为了在高层政治层面执行研究计划，理事会将利用最适当可能的程序来完成这一委托任务。

1967年春季部长级会议将审查一个初步报告，在1967年12月的部长级会议上会根据调查得出适当的结论。

<<

九、"哈默尔报告"：联盟的未来任务

（1967年12月）

1．一年前，根据比利时外长的提议，联盟的15个成员国政府决定"研究联盟未来的任务及完成该任务的步骤，以把联盟巩固成为维护持久和平的因素"。基于对联盟未来任务的分析，本报告阐述了总体基调和主要原则。

2．研究由舒兹先生、瓦特森先生、斯巴克先生、科勒先生和帕特基先生负责。理事会希望表达对这些杰出人物的赞赏和感谢，感谢他们的努力和所作的分析。

3．实践表明，联盟是一个生机勃勃的组织，常能随机应变。这也表明，联盟未来的任务可在公约的条款下操作，而这些条款所依赖的方法和步骤，已在岁月中彰显出价值。

4．自1949年《北大西洋公约》签订以来，国际局势发生重大变化，给联盟的政治任务赋予了新的含义。在其他成就中，联盟对阻止共产主义在欧洲的扩张起了重要作用；苏联已经成为两个世界超级大国之一，然而共产主义世界不再是铁板一块；苏联的"和平共处"方针已然改变了其与西方对抗的性质，但基本问题仍然存在。尽管美国与欧洲国家间的实力对比依然悬殊，但欧洲经济已经恢复并走上联合发展的道路。非殖民化进程已改变了欧洲与世界其他部分的关系；同时，发达国家与发

171

展中国家的关系上也出现一些主要问题。

5．大西洋联盟有两大职能。其一是保持足够的军事力量，维持政治团结，以便抵御侵略和其他形式的压力，并在这种侵略实际发生时能捍卫成员国的领土。自成立以来，联盟已圆满地完成了这个任务。但只要在欧洲居于中心的政治问题——首先的也是最重要的是德国问题——仍未解决，那么就不能排除危机发生的可能性。局势的不稳定和不确定还妨碍了均衡裁军。在这些情况下，联盟必须维持适当的军事力量，以保证军力的平衡，从而创建一种稳定、安全和自信的氛围。

在这样的氛围下，联盟可以执行它的第二个职能，以建立一种更加稳定的关系，在这个关系下，潜在的政治问题可以解决。军事安全与政治缓和的政策，并非矛盾而是互补的。集体防御是稳定世界政治的一个因素。它是能在更大程度上缓和紧张局势的行之有效的政策的必要条件。欧洲的和平与稳定特别依赖联盟建设性地实行缓和政策。美苏双方的参与对于解决欧洲的政治问题将是必需的。

6．大西洋联盟从成立之初就是一个有着相同理念和在很大程度有共同利益的合作共同体。其成员国的凝聚力和向心力成为大西洋地区稳定的一个因素。

7．作为主权国家，联盟并不强迫成员国服从集体决定的政策。联盟是交流信息、交换观点的有效舞台，因此，每个成员国可根据自己对伙伴国的目标和问题的深入了解来决定本国的政策。为此，需要深化和完善坦率、及时的磋商。每个成员国应充分参与促进改善与苏东国家的关系，记住追求缓和绝不允许分裂联盟。如果联盟能保持相同的路线，尤其是那些成员国都密切关注的问题上保持相同的路线，那么显而易见，成功的机会将是最大的，成员国的行动将因此变得更加有效。

8．所有相关国家如不做出重大努力，欧洲就不会有和平的秩序。苏东的演变政策使人们相信，这些国家的政府最终会认识到合作寻求和平的解决方案对它们的益处。但若不解决目前居于欧洲紧张局势核心的德国问题，就不可能在欧洲达成最终且稳定的解决方案。任何此类解决方案必须结束东西欧之间的非自然藩篱——德国的分裂是其最明显也是最残酷的体现。

9. 因此，联盟决心将精力投放在促进东西方关系进一步缓和的现实措施上。缓和紧张局势不是最终目标，而只是建立更好的东西方关系、促进欧洲问题解决的长期进程中的一个步骤。联盟最终的政治目标是通过适当的安全保证在欧洲建立公正、持久的和平秩序。

10. 目前，主要是在双边基础上发展东西欧国家间的联系。当然某些问题由于其性质需要多边的解决方案。

11. 德国统一以及德国与欧洲解决方案的关系问题，通常是由苏联和西方三个对此负有特殊责任的国家交换意见。在准备这种交换意见时，联邦德国一直加入到三个西方国家的阵营中，以达成共同的立场。在盟国适时讨论西方国家对这个问题的政策时，盟国中的其他成员的意见也将被考虑，但并不影响原先三国的特殊责任。

12. 北约将检查和复审旨在实现欧洲公正和稳定的秩序、克服德国的分裂和促进欧洲安全的适当政策。当苏东和西方国家之间围绕这些复杂问题可以进行卓有成效的双边和多边的讨论之时，这将成为其积极、持续不断地准备的一部分。

13. 联盟正在研究裁军和实际的武器控制措施，包括均衡裁军的可能性。这些研究将加强。联盟这些积极行动反映出它们致力于与苏东国家展开有效的缓和。

14. 联盟将特别注意审查防御安全暴露地区如东南翼防线的防务问题。在该地区，当前的地中海局势引发了特殊问题，记住中东地区目前发生的危机属于联合国的责任范围。

15. 《北大西洋公约》所覆盖的地区不应与世界其他地区隔绝。北约以外地区所发生的危机和冲突可能会或直接或通过影响全球均衡而危害其安全。北约成员国将在联合国与其他国际组织的框架下，致力于维护国际和平与安全，致力于重大国际问题的解决。按照既定惯例，联盟或某些想这样做的成员国也会根据事态发展的需要，毫不拘束地展开磋商。

16. 鉴于这些研究结果，外长们指示理事会常驻代表会议执行因这项研究而产生的详细的后续行动。这将通过加强已在进行的工作或由从各国首都派出的专家和官员更系统地开展高度专业化的研究来进行。

17. 外长们发现，特别小组的研究肯定了联盟未来角色的重要意义，人们期盼联盟能在促进缓和、巩固和平中发挥作用。由于一些重大的问题尚未得到全面研究，而最新的政治和战略发展中衍生而来的其他并非不重要的问题也仍需检讨，部长们指示理事会常驻代表会议，依据其认为最适当的程序立即就这些问题展开研究，以便能向随后的理事会部长级会议提交进一步的报告。

<<

十、防止核武器扩散条约①

（1968年7月1日订于伦敦、莫斯科和华盛顿）

缔结本条约之国家，以下简称"缔约国"，

鉴于核战争足使全体人类沦于浩劫，是以务须竭力防避此种战争之危机，采取措施，以保障各国人民安全，

认为核武器之扩散，足使核战争爆发危机大增，

为符合联合国大会历次要求缔结防止核武器扩大散布协定之各项决议案，

担允通力合作，以利国际原子能总署和平核工作各项保防之适用。

表示关于在若干重要地点，以仪器及其他技术，有效保防源料及特种对裂质料之流通之原则，凡为促进在国际原子能总署保防制度范围内实行此项原则而作之研究、发展及其他努力，概予支持，

确认一项原则，即核技术和平应用之惠益，包括核武器国家发展核爆炸器械而可能获得之任何技术上副产品在内，应供全体缔约国和平使用，不问其为核武器国家抑系非核武器国家，

深信为推进此项原则，本条约全体缔约国有权参加尽量充分交换科学情报，俾进一步扩展原子能之和平使用，并独自或会同其他国家促成

---

① 1970年3月5日生效。——编译者注。

此种使用之进一步扩展。

声明欲尽早达成停止核武器竞赛并担允采取趋向于核裁军之有效措施，

促请所有国家通力合作，达到此项目标，

查1963年禁止在大气层、外空及水中实验核武器条约缔约国在该条约前文表示决心谋求永远停止一切核武器爆炸试验，并为达到此目的继续谈判，

亟欲进一步缓和国际紧张局势，巩固国与国间之互信，以利依据一项在严格有效国际管制下普遍彻底裁军之条约，停止制造核武器，清除一切现有囤积，并废除国内兵工厂之核武器及其投送工具，

复查依照联合国宪章，各国在其国际关系上不得作武力之威胁或使用武力侵害任何国家之领土完整或政治独立，亦不得以任何其他与联合国宗旨相悖之方式作武力之威胁或使用武力，且须尽量减少世界人力与经济资源之消耗于军备，以促进国际和平及安全之建立及维持，

爰议定条款如下：

第一条

本条约各核武器缔约国担允不将核武器或其他核爆炸器械或此种武器或爆炸器械之控制，直接或间接让与任何领受者，亦绝不协助、鼓励或诱导任何非核武器国家制造或以其他方法取得核武器或其他核爆炸器械，或此种武器或爆炸器械之控制。

第二条

本条约各非核武器缔约国担允不自任何让与者，直接或间接接受核武器或其他核爆炸器械或此种武器或爆炸器械之控制之让与；不制造或以其他方法取得核武器或其他核爆炸器械；亦不索取或接受制造核武器或其他核爆炸器械之任何协助。

第三条

一、各非核武器缔约国担允接受依国际原子能总署规约及该总署保防制度，而与该总署将来商订之协定所列保防事项，专为查核本国已否履行依本条约所负义务，以期防止核能自和平用途移作核武器或其他核爆炸器械之用。凡源料或特种对裂质料，不论正在任何主要核设施内生产、处理或使用，抑在任何此种设施之外，概应遵循本条所定必需之保防程序，本条所定必需之保防，对于在此种国家领域内或在共管辖范围内或在其控制下任何地方实行之一切和平核工作所用一切源料或特种对裂质料，一律适用。

二、各缔约国担允不将（甲）源料或特种对裂质料，或（乙）特别为特种对裂质料之处理、使用或生产而设计或预备之设备或材料，供给任何非核武器国家作和平用途，但该源料或特种对裂质料受本条所定必需之保防支配者不在此限。

三、本条所定必需之保防，其实施应遵依本条约第四条，不妨害缔约国经济或技术发展或和平核工作方面之国际合作，包括依照本条规定及本条约前文所载保防原则在国际上交换核质料及和平用途核质料之处理、使用或生产之设备在内。

四、本条约非核武器缔约国应单独或会同其他国家依照国际原子能总署规约与该总署缔结协定，以应本条所定之需求。商订此项协定应于本条约最初生效之日起一百八十日内开始。于一百八十日后交存批准书或加入书之国家，至迟应于交存时开始商订此项协定。此项协定至迟应于开始商订之日后十八个月生效。

第四条

一、本条约不得解释为影响本条约全体缔约国无分轩轾，并遵照本条约第一条及第二条之规定，为和平用途而推进核能之研究、生产与使用之不可割让之权利。

二、本条约全体缔约国担允利便并有权参加尽量充分交换有关核能和平使用之设备、材料及科学与技术情报。凡能参加此项交换之缔约国亦应合作无间，独自或会同其他国家或国际组织促成核能和平使用之进一步发展，尤应在非核武器缔约国领域内促成此项发展，并适当顾及世界各发展中区域之需要。

第五条

本条约各缔约国担允采取适当措施保证核爆炸任何和平使用之潜在惠益将依据本条约，在适当国际观察之下及经由适当国际程序提供本条约非核武器缔约国一体享用，无分轩轾，对此等缔约国收取所用爆炸器械之费用，将尽量低廉，且不收研究及发展之任何费用、本条约非核武器缔约国依据一项或多项特种国际协定，经由非核武器国家有充足代表参加之适当国际机关，应能获得此种惠益。关于此项问题之谈判，一俟本条约发生效力即应尽早开始。本条约非核武器缔约国倘愿意时亦得依据双边协定获得此种惠益。

第六条

本条约各缔约国担允诚意谈判，订定关于早日停止核武器竞赛与关于核裁军之有效措施，以及在严格有效国际管制下普遍彻底裁军之条约。

第七条

本条约并不影响任何国家集团为确保各该集团领域内根绝核武器而缔结区域条约之权利。

第八条

一、本条约任何缔约国得对本条约提出修正案、任何修正案全文应送由保管国政府分发全体缔约国，嗣后保管国政府经三分之一以上缔约国之请求应召开会议，邀请全体缔约国审议此项修正案。

二、通过本条约任何修正案必须有全体缔约国过半数之可决票，包括本条约所有核武器缔约国及于分发修正案时为国际原子能总署理事会理事国之所有其他缔约国之可决票在内。修正案应于过半数缔约国之修正案批准书，包括本条约所有核武器缔约国及于分发修正案时为国际原子能总署理事会理事国之所有其他缔约国之批准书在内，交存之时起，对已交存此项批准书之每一缔约国发生效力。嗣后，对其余每一缔约国与其交存修正案批准书之时发生效力。

三、本条约生效后五年，应于瑞士日内瓦召开缔约国会议，检讨本条约之运用施行，以确保前文宗旨及条约规定均在实现中。嗣后每隔五年，经过半数缔约国向保管国政府提出请求，得再召开会议，其目标同前，仍为检讨本条约之运用施行。

第九条

一、本条约听由各国签署，凡在本条约依本条第二项发生效力前尚未签署本条约之国家，得随时加入本条约。

二、本条约应由签署国批准。批准书与加入书应交存兹经指定为保管国政府之大不列颠及北爱尔兰联合王国、苏维埃社会主义共和国联盟及美利坚合众国政府。

三、本条约应于经指定为保管国政府之国家及本条约其他签署国四十国批准并交存批准书后发生效力，本条约称核武器国，谓于1967年1月1日截止前制造并爆炸核武器或其他核爆炸器械之国家。

四、对于在本条约生效后交存批准书或加入书之国家，本条约应于其交存批准书或加入书之日发生效力。

五、保管国政府应将每一签署之日期，每一批准书或加入书交存之日期，本条约发生效力日期及收到召开会议之任何请求或其他通知之日期，迅速通知所有签署及加入国家。

六、本条约应由保管国政府依联合国宪章第一百零二条登记。

第十条

一、每一缔约国倘断定与本条约事项有关之非常事件危害其本国最高权益，为行使国家主权起见，有权退出本条约。该国应于退约三个月前将此事通知本条约所有其他缔约国及联合国安全理事会。此项通知应叙明该国认为危害其最高权益之非常事件。

二、本条约发生效力二十五年后应召开会议，决定本条约应否无限期继续有效，抑应延长一个或多个一定时期。此项决定应以缔约国过半数之可决票为之。

第十一条

本条约之英文、俄文、法文、西班牙文及中文各本同一作准，一并留存保管国政府档案库。保管国政府应将本条约正式副本分送各签署国及加入国政府。

为此，下列代表，各秉正式授予之权，谨签字于本条约，以昭信守。

本条约共缮三份，于公历1968年7月1日订于伦敦、莫斯科及华盛顿。

（摘自世界知识出版社编：《国际条约集（1966—1968）》，第622—628页）

十一、东西方关系未来发展的宣言

（1969 年 12 月）

1. 1969 年 12 月 4—5 日北大西洋理事会在布鲁塞尔举行了部长级会议。各成员国的外交部长、国防部长和财政部长出席了会议。

2.《北大西洋公约》签订二十年来，联盟成员国致力于保护自身的自由与安全，改善东西方关系以最终和平地解决欧洲的突出问题。今后，它们仍将一如既往。

3. 通过批准 1967 年 12 月《联盟的未来任务》的报告，成员国政府决定，维持充足的军事力量和政治团结以遏制侵略和其他形式的压力，一旦遭受侵略时捍卫成员国的领土；决定研究适当的政策以建立欧洲公正和稳定的秩序、结束德国分裂状态与促进欧洲安全。

4. 基于防卫和缓和紧张关系的两个构想，部长们发表了公报的这份附属声明，阐明他们关于东西方关系未来发展的观点。

5. 部长们对限制战略性武器谈判的召开表示欢迎。他们认可正在进行的有关限制在海底、海床安置核武器及大规模杀伤性武器的工作进展，对裁军委员会会议和联合国处理生物战与化学战的举措表示了兴趣。对于所有这些问题，理事会进行了密切的磋商，实践表明这些磋商对发生在其他地方的谈判同样是极为有用的。部长们请求理事会常驻代表会议继续研究这些问题，重申任何符合所有国家安全利益且获得足够

181

国际监管的真正裁军措施，对于在欧洲和全世界降低紧张氛围和巩固和平都是很重要的。

6. 部长们还研究了秘书长就地中海形势提交的报告。他们回顾了1968年6月27日和11月16日公报的内容，表达了本国政府对该地区局势的关心，重申了盟国之间就此问题充分磋商的重要意义。因此，部长们要求理事会常驻代表会议继续密切关注地中海局势，并在春季部长会议上向他们提交报告。

7. 1969年4月，部长们要求注意联盟在处理危及现代社会福利与进步的共同环境问题中可能扮演的角色。因此，理事会常驻代表会议决定成立应对现代社会挑战委员会。这个新的委员会将在12月8日召开的首次会议中强调，鼓励联盟成员国采取行动——单独的、共同的或者在国际组织框架内——解决这些紧急问题。部长们将在春季会议上收到该委员会第一份关于联盟最新任务的报告。

8. 1969年12月3日，参加北约防务一体化的成员国国防部长在防务计划委员会上会面。秘书长和军事委员会主席介绍了他们讨论的内容，并全面评估了联盟防御计划的现状。之后部长们回顾了1969年5月28日会议以来的工作，并对未来的工作作了指示。

9. 他们一致认为，北约有效的防御仍是达成有意义的缓和必要稳定因素。因此，在东西方之间达成相互裁军其均衡程度可以在时空上维持目前的安全程度之前，北约不会整体上削减其军力。

10. 评估1970年军事计划时，部长们意识到，有必要依据北约制定的战略维持充足的和随时可用的常规力量和核力量，以防卫欧洲大陆和整个北约地区。他们注意到与加拿大政府就交付北约的部队进行磋商所取得的积极结果，这次磋商是防务计划委员会1969年5月28日会议之后发起的。部长们承诺了1970年北约义务的部队，赞成采取一系列的补救措施以保证在中欧部署充足的军事力量；此外，他们也在考虑进一步的补救措施。

11．他们讨论了落实基于灵活反应战略制定的北约前沿防御战略所需要的措施，以及在局势紧张时期加强北约快速部队的安排。对于一份关于北约与华约军事力量相对能力的综合研究，他们也注意到了其初步的报告，并对后续研究提出了指导意见。此外，他们评估了其他防御计划，包括那些改善侧翼地区防御能力的计划。

12．部长会议还向组成核防御事务委员会的各国国防部长（比利时、加拿大、丹麦、德国、希腊、意大利、荷兰、挪威、葡萄牙、土耳其、英国和美国）提供了一个评估核计划小组过去一年来的工作进展和将来工作安排的机会。核防御事务委员会一致同意1970年1月1日以后核计划小组由加拿大、德国、意大利、荷兰、挪威、土耳其、英国和美国组成。

13．根据核防御事务委员会的建议，防务计划委员会采纳了由核计划小组在去年11月美国召开会议时提出的两份政策文件，其内容是关于核武器磋商程序和为保卫公约地区可能在战术上使用核武器的总体指导方针。这两份文件的基础是北约的灵活反应战略，此战略是在1967年12月制定并采用的，至今未曾变化。

14．下次防务计划委员会部长级会议将于1970年春季举行。

15．北约理事会春季部长级会议将于1970年5月26—27日在意大利召开。

军事战略

<<

十二、北大西洋地区防御战略概念

1949年12月1日

┃ 前言

1. 北大西洋公约各项目标的实现需要整合缔约国的政治、经济、心理及纯粹的军事手段,这对于北大西洋地区的防务至关重要。尤为重要的是,北约目标的实现需要与联合国的宗旨与原则保持一致。北约的成员国宣称:

"它们决心捍卫其建立在民主、个人自由、法治原则基础上的自由、共同的传统与文明。

它们谋求促进北大西洋地区的稳定与福祉。

它们决心团结起来,共同努力捍卫集体防务,维护和平与安全。"

2. 其目的,第一,防止战争,第二,一旦发生战事,确保北约成员国的军事与工业力量更加有效地运用于共同防务,以及成员国的现有军事手段必须有效地加以协调。作为这种协调的基础,一项共同的北大西洋地区防务的战略概念必须成为军事委员会和地区规划组制订计划的基石。本文件的目的是为了概述广义的北大西洋地区全面防务概念。

3．本概念建立在对于成员国的地理位置、工业能力、人口以及军事能力等因素的考虑，并承认各成员国的贡献应该与上述各项要素成比例。其目标是与经济上的努力、资源与人力相伴随的充足的军事实力。为了加强其自身的防务并参与共同防务，各成员国在与其总体战略计划保持一致的情况下最大程度上发展军事力量是可取的。

4．本概念是开启制订旨在维护和平并减少侵略的可能性的现实、重要而富有成效的防务计划的第一步。它旨在提供为地区计划小组所需的基本战略指导，以便确保与下面的第二部分提出的原则相一致的协调规划。实施本战略所需的各项措施将需要不断地加以评估。

II　北约防御原则

5．某些总的原则被视为北约的基础。这些原则也是北约成功运作与制订共同防务计划的基础。因此，那些可用于防务规划的原则将作为地区规划小组基本指南的有机组成部分在如下各段中提出。

（a）主要原则是通过自助和互助共同抵御武装进攻。直接目的是在北约成员国内部达成各项集体自卫的安排。

（b）依照北约第3款所规定的总目标，各成员国将以最有效并与其所处的地位、所肩负的责任和所拥有的资源相一致的方式作出其有理由预期的贡献。

（c）在加强其与总战略计划一致的军事力量的过程中，各参与国应该牢记，经济复兴与实现经济稳定是其安全的重要构成要素。

（d）为了便于在万一遭受侵略的情况下可以相互支持而部署的成员国的武装部队应该在协调的基础上得到加强，以便于其能以与一项共同的战略计划保持一致的方式更经济而有效地发挥作用。

（e）以最低必要的人力、财力和物资支出而又最高效的武装部队实现北约的成功防御是防务计划的目标。

（f）北约防务计划的基本原则应该是，各成员国应该承担它最适合的一项或几项任务。某些国家由于它们所处的地理位置或它们所具有的能力将被安排承担某些具体任务。

III　北约防御概念的目标

6. 北约防御性组织的目的是为了团结北约国家的力量，以便促进和平并为北大西洋地区提供安全。北约防御概念的总目标是：

（a）在和平时期，为了创造一种针对任何威胁北约大家庭的和平、独立与稳定的国家或国家集团的强有力的威慑力量，协调我们的军事与经济力量。

（b）制订计划，以备万一发生战事之所需，它将联合部署北约国家的军事力量以对抗敌人的威胁，保卫北约国家的人员与领土，以及北约地区的安全。

IV　实施防御概念的军事措施

基本保障

7. 总体防御计划必须在战争危机出现之前制订，尤其是下述促进北约地区共同防御目标的基本保障计划。这些保障计划的成功实施必须由总体计划提出的密切的军事行动协调来得到保证。

（a）无一例外地，尽可能确保以各类武器实施战略轰炸。这主要是美国的责任，其他国家也对此提供切实可行的协助。

（b）利用各种手段尽可能快地俘获、抵御攻击北约国家的敌人，这些手段包括采取陆、海、空及心理战行动。起初，地面部队的主力将来自欧洲国家。其他国家将以最快的速度并以与总计划一致的方式提供帮助。

（c）尽可能使敌方的针对北约国家的空中行动无效。在此保障阶段，欧洲国家在初始阶段应该提供大量的战术性空中支持和防空；其他国家以与总体计划一致的方式提供迅速的支援。

（d）保护并控制对实施共同防御计划至关重要的海上与空中交通线、港口和海港。海上与空中交通线的保护与控制将通过成员国彼此合作来进行，这种合作是建立在各国能力与协商一致的责任基础之上的。在这点上，成员国承认，美国和英国将对海上交通线的组织和控制承担主要责任。其他国家将承担其本国港口和海上交通线的防御，并参与或许在总体计划中标明的通往其领土的那些至关重要的海上交通线的组织和控制。

（e）保护、维持并防御这些主要的支撑地区、航空基地、海上基地和其他设施对于成功地完成这些基本的保障计划至关重要。实施这些保障计划是那些对这些重要基地、地区和设施拥有主权的国家的责任，它们可以在一定程度上得到集体防御计划所规定的必要的协助。

（f）按照成员国所计划的对于后期进攻性军事行动的贡献动员并扩展它们的总体能力，以维持北大西洋地区的安全。

合作性措施

8．我们的总战略概念的本质是通过集体防御计划最大限度地发展力量。作为成功实施共同计划的一个前提条件，成员国认识到，某些合作性措施必须提前实行。这些措施包括：

（a）以尽可能切实可行的方式使军事原则和程序标准化。

（b）需要时，举行联合军事演习。

（c）汇编并交流由此产生的实施预期的北约防御计划和军事行动的情报信息和数据。

（d）按照相关国家间的协议，加强在共同军事设施的建设、维持与运作方面的合作。

（e）在制订周密的防御计划过程中，成员国共同的军事与服务设施的维修应该标准化。

（f）共同防御计划中各项军事行动所需要的军事物资与设备应切实可行地标准化。

（g）在和平时期促进各国共同的防务需求，加强成员国之间在制订共同军事行动计划中的集体合作。

（h）在研究、开发新式武器和发展新式战法的过程中，在各成员国的法律与行政限度内加强合作。

（i）在制订心理与其他特殊军事行动计划的过程中进行切实可行地合作。

<<

十三、北大西洋区域计划战略指南

（1950 年 3 月 28 日）

I 引言

1. 北约防御战略观念（D.C.6/1）概述了由北大西洋区域计划小组制定军事计划的基本原则、目标和军事措施。因为 D.C.6/1 的广泛宣传，出于安全考虑，有必要仅笼统地概述北约的总体防御概念。这里提供的机密的附加战略指南，使区域计划小组能够继续形成详细的区域防御计划，在被常设小组整合之后，这将确保北约国家防御的一致性。

2. 被批准的防御概念是灵活的，因为它适于作为短期、中期或长期计划的基础。因为北约国家迫切需要协调的防御计划和一个将产生平衡的军事力量的计划，此处提供的战略指南目的在于应对中期目标的意外事件。

3. 为中期计划所选择的计划日期是 1954 年 7 月 1 日。这个日子被选择作为计划日期，它应该为启动和实施一个合理的提高北约国家整体军力的计划提供时间，以建立起北约国家整体的军事能力。除了设立最初的军力发展目标之外，它没有其他意义。进一步的计划时间表必要时将会发布。那时中期计划应该明确陈述必要的要求。

4. 另外，区域计划小组应该准备一个短期计划以应对北约定义的任何侵略行动。这个计划应该每年都进行修改。

II 突发情况

5. 为了一旦发生战争而制订计划的目的，提供以下主要假设：

a. 苏联试图击败北约国家的军队，并且到达大西洋海岸、地中海以及中东。

b. 苏联将对欧洲和西半球的北约国家发动空中攻击。

c. 苏联将发动海上和空中行动以切断盟国重要的海上交通线；对重要盟国港口建立潜艇和水雷封锁；控制它自己的沿海水域。

d. 苏联将采取颠覆活动并且在全世界破坏盟国的利益。

e. 所有类型的武器，没有例外，可能被任何一方使用。

f. 以下国家将与苏联结盟：波兰、东德、捷克斯洛伐克、匈牙利、罗马尼亚、保加利亚、阿尔巴尼亚、朝鲜、外蒙古。

g. 中国。共产党中国不会拒绝苏联的设施和资源要求，它自己将追求进一步扩张的机会主义政策。

h. 南斯拉夫。目前不可能预见一旦战争爆发南斯拉夫的结盟情况。如果不推翻现政权，为了利用南斯拉夫领土，苏联领导人将可能得动用武力。

i. 以下国家与它们的海外领地一起，将在战争一爆发就结盟对抗苏联：

美国、英国、加拿大、法国、比利时、荷兰、卢森堡、意大利、挪威、丹麦、冰岛、葡萄牙（在北约框架下的同盟国）与澳大利亚、新西兰、南非、锡兰①和约旦。

——————

① 斯里兰卡的旧称。

j. 印度和巴基斯坦可能会支持盟国反抗苏联的事业。

k. 希腊、土耳其、伊朗、美洲国家组织、日本、菲律宾都将会支持盟国，这些国家中的一些国家（尤其是那些已经批准《美洲国家间互助条约》的国家）将会积极与其结盟。

l. 以下这些国家很可能，在不同程度上，与盟国联合或赞同盟国，但是它们的战略或政治形势将是不确定的，盟国也不可能利用它们的资源：

西德、奥地利、伊拉克、南韩和法属印度支那联邦。

m. 阿拉伯国家大体上有望倾向于盟国，并且使其利用它们的经济资源和领土，尽管它们中的一些国家可能不情愿在任何积极的合作中提供帮助。

n. 以下国家，可能最初是中立的，但至少前5个国家，尤其是瑞典和瑞士，如果被苏联攻击，很可能会抵抗：

瑞士、瑞典、西班牙、爱尔兰共和国、阿富汗、芬兰、缅甸、暹罗①、印度尼西亚。

o. 以色列将致力于保持中立。如果受到苏联的攻击，它们就会抵抗，并且可能在压力下同意帮助盟国。

III 防御政策

6. 和平时期，北约国家防御政策的目标是使苏联确信战争是不划算的事情，及万一战争发生，确保对北约地区的成功防御。此政策需要发展足够的军事力量和密切协调成员国政治、经济和心理上的努力。实现这一政策的计划需要遵循以下原则：

a. 用所有除战争以外的措施，以对抗任何在和平时期苏联及其卫星

---

① 泰国的旧称。

国增加其对北约国家威胁的尝试，同时制定利用苏联弱点的措施。

b. 发展一个平衡的军事力量，考虑每一个国家的经济形势。

c. 通过使装备现代化和联合训练，使军队持续保持其最高效率。

d. 通过建立和保持技术优势，发展和使用现代作战方法，提供能够扩展的训练设施，以及实现努力的密切协调来弥补北约国家武装力量数量上的劣势。

e. 通过装备的标准化，协调使用生产能力，交换计划、情报和技术信息以提供互助。

7. 一旦发生战争，北约国家将通过联合协调行动，保护它们的人民、领土和作战能力免遭敌人各种形式的攻击。必须把特别的重点放在欧洲的防御上，因为欧洲的沦陷对于作为一个整体的北大西洋地区的防御将是致命的。与此同时，北约国家将发展和动员它们的联合力量以实现最早击败苏联的目标并达到盟国的战争目标，后一个目标是由北约国家政府决定的。

8. 以下几个要点不应忽视：

a. 三个欧洲地区必须被当成一个整体考虑，并基于它们的地理位置构成了北约面朝东方的"巧克力层"。

b. 加拿大—美国小组拥有进攻、增援、生产潜力的主要手段。

c. 北大西洋小组拥有控制、保卫海上交通线的主要手段。

IV 区域完成基本承诺的任务和合作措施

9. 区域计划的执行应当遵照北约防御战略概念所包含的指导，并按照在此添加的情报附件。某些基本任务是所有区域小组所共有的；其他任务为特定的区域小组所特有的。

10. 为所有区域小组所共有的任务是（没有按优先次序排列）：

a. 防御北约区域小组的领土。

b．安全地守住那些基地区域，控制那些对反攻行动至关重要的海域，包括那些发动和支援空袭行动所需的海域。

c．与邻近地区协调，控制区域的海上和空中交通线。

d．安排护送控制和规定路线。

e．建立运输要求以支持由常设小组与适当的机构相协调的区域防御计划。

f．防御沿海水域（包括支持反潜战、布雷以及防空行动）。

g．为战略空袭提供适当支持的计划。

h．为后续这样可能为实现北约国家的目标所必需的行动而开始发展武装力量。

i．对北大西洋其他地区提供最大程度的可行的必要援助，以支持直接促进北约国家实现共同目标的努力。

j．制定计划，以确保这样的游击行动在敌后的战争中是可行的。

k．通过协调的心理战利用苏联及其卫星国的弱点。

l．与其他区域计划小组协调计划。

11．为每个区域小组所特有或者为几个区域小组所共有的任务，是由它们的地理位置和/或它们的最初能力所产生的。分配给特定区域小组的任务与如北约地区防御战略概念（D.C. 6/1）第Ⅳ部分基本承诺所示的主要责任相一致。这些任务是：

a．西欧区域计划小组

（1）尽可能将敌人控制在远离德国东部的地方。

（2）与南欧—西地中海区域计划小组合作，组织大陆和北非之间的西地中海交通线，以支持其所计划的陆地作战行动。

b．南欧—西地中海区域计划小组

（1）尽可能远地将敌人控制在东部和北部。

（2）组织西地中海交通线：

（a）在北非和法国之间支持西欧的作战行动，考虑到西方联盟已经为了这一目标准备了计划。

（b）支持意大利的战役。

c. 北欧区域计划小组

（1）将敌人控制在防御区之外。

（2）计划在波罗的海的作战行动

d. 加拿大—美国区域计划小组

（1）制定对可能遭受袭击的区域进行迅速增援的计划。

（2）在其他国家的帮助下，尽可能合适地支持并准备执行战略空袭行动。

e. 北大西洋区域计划小组

（1）通过必要的反攻和防御措施控制跨大西洋交通线。

（2）为防御葡萄牙大陆和马德拉群岛、亚速尔群岛以及防御格陵兰岛、冰岛、法罗群岛以及其他这样的在北约之内决定的区域准备计划。

Ⅴ　区域界线

12. 区域小组将通过相互协商决定小组间详细定义的界线。认识到这些区域可能在功能上重叠。如果区域小组不能达成协议，将被作为紧急事件，提交给常设小组，供军事委员会参考。提供以下主要指南以帮助区域小组详细定义边界：

a. "北大西洋"和"北欧"小组之间的界线：从设德兰群岛（the Shetland Islands）到北角一线。

b. "北欧"和"西欧"小组之间的界线：在北海上的约北纬55°线。

c. "西欧"和"南欧—西地中海"小组之间的界线：从日内瓦到维也纳一线。

d. "南欧—西地中海"和"北大西洋"小组之间的界线：最东到达直布罗陀一线。

必须认识到，以上的区域界线仅仅适用于计划责任，决不破坏任何有关界线的决定或在任何必要的时候决定的战区的建立。

VI 计划准备的时间表

13．以当前北约国家的能力状况，其最初的计划目标之一必须是发展足够的兵力以确保共同防御。与此同时，必须制定计划，在紧急的情况下，有效使用现有的兵力。这些目标的实现需要仔细研究现在的能力，提高这些能力的措施，和建立分阶段发展军力的计划。每一个区域计划小组需要根据时间表的指示将以下计划文件提交常设小组。

a．中期计划

（1）一份为了区域防御而制定的以1954年7月1日为计划日期的战略概念和防御计划，它基于正确评估苏联对该地区的威胁。在计划中将包含对该区域防御的军事需要的合理评估。（1950年2月15日前提交）

（2）一份从1950年7月1日开始的分阶段计划，每年增加，旨在增加每个区域的军事力量以满足那些需要。这一计划必须充分认定自助以及在每一区域小组内和区域小组之间互助的效果。此计划第一阶段结束时所显示的最终欠缺的那些需求要在1950年2月15日前提交给常设小组。

b．短期计划

一份基于1950年9月1日可用的军力而制定的区域防御计划。（1950年9月1日提交）。

附件 北大西洋区域计划的情报指南

问题

1．准备一份适合北约区域计划小组在其准备对苏战争情况下的防御计划中使用的情报指南。

战争爆发

2．如果战争爆发，几乎没有收到预警，因此，出于盟国计划的目的，战争动员日和作战开始日应该被认为是同一天。

政治考虑

3．参见附件第5段

经济考虑

4．苏联的经济地位将在一些方面保持微妙的平衡，但是单独的经济因素使苏联不能发动一场大规模的战争。不能准确地预测苏联经济可能维持一场大规模战争的时间，单纯的根据经济因素指望苏联的战争努力迅速消减是很危险的。

军事考虑

5．第二次世界大战结束的时候，苏联部队的复员没有达到西方国家那种程度。取而代之的是，它启动了相当大的重新组织和训练计划。结果是，苏联现在拥有一个强大的军事机器。这些军事力量，与欧洲国家联合力量截然不同，它们被统一的指挥和单一的人员系统所控制。工业支援足够维持这些军事力量，继续进行它们的重新装备，并增大军事装备物品的储备库存。苏联战斗力的主要来源，在今后的一段时间，将是陆军，它为数量上强大的技术空军所支持。潜艇舰队，尽管其训练和物资装备不如西方国家一样好，但将是世界上最大的国家舰队。稳定改善的远程空军将会是其战斗力的另外来源。

6．苏联主要的军事缺陷是水面舰艇相对较弱以及缺乏战略机动性，并且事实上远程空军几乎没有战斗经验。此外，苏联将持续缺乏高辛烷燃料、电子设备、现代火力控制装备。最后，苏联军事力量的机动性几乎完全依赖于铁路运输，但是其容量有限，因而是脆弱的。道德缺失，万一继续发展，将会变成另外一个军事缺陷，但是，为了此文件的目的，在目前苏联的控制下，在最初阶段，它只能被看作一种遥远的可能性。

可能的战略企图

7. 苏联准确的战略企图不为人知，且不能可靠、准确地加以预测。为了军事计划的目标，无论如何，都有必要考虑最大意图和能力。苏联政策的终极目标就是在全世界建立由莫斯科指挥的共产党政权。苏联领导人将意识到，这一目标只有通过民主国家的主要堡垒解体才能实现。苏联领导人可能意识到，直到他们确信他们聚集了决定性的大规模杀伤性武器库存，否则对美国大陆发动大规模军事行动将是不可能。因此，他们将可能意识到，直到那时达到他们的目标只可能分阶段实现。苏联将首先寻求完成对欧洲和亚洲的控制，击败英国，然后，整合欧亚大陆的经济和工业资源，以使苏联处于坚不可摧的地位，从此，北美将最终受到军事力量的攻击。

8. 苏联第一阶段的战略将受到以下主要因素的影响：

a. 最初它们自己地面和支援空军压倒性的力量。

b. 盟国的战略空军力量

c. 盟国依赖战略轰炸作为它们最初的主要进攻。

d. 不让盟国从西欧利用西方势力卓越的长期战争潜力的重要性。

e. 西欧势力的海军力量。

f. 西方势力对海上交通的依赖。

9. 对这些因素的研究将会促使苏联对那些由此可能采取有效的对抗它们的行动的领土和基地，迅速加以控制或使其中立化。这可能以政治行动或实际战争的形式。盟国的战略空中威胁将是它们当前的主要的担忧。无论如何，他们将意识到西方势力将不会允许重要的区域被一个一个侵袭，而是将冲突看作是世界性的，将可能从任何地方对苏联进行袭击。因此，苏联领导人将可能决定同时在许多地方发起全面的进攻。

10. 在这样的时间里，当苏联人已经积累了在他们看来是足够的核武器贮存时，他们可能决定直接袭击美国，以期削弱它的进攻能力，破坏其对欧洲的增援，使美国军队不能部署。

11. 鉴于上述因素，一旦他们决定发动战争，苏联的计划将可能包括以下行动：

a.（1）在世界各地进行颠覆性行动以及破坏盟国的利益。

（2）对盟国的海上交通线发动海上和空中攻击。

（3）对西欧作战，这看起来是最容易实现的目标。

（4）对不列颠群岛的空袭行动。

（5）对近东和中东作战。

（6）对南斯拉夫和意大利作战。

（7）袭击加拿大、美国和阿拉斯加的主要设施。

（8）在远东地区进行有限目标的作战行动。

b. 如果对苏联的计划是必要的，则对斯堪的纳维亚作战。

c. 如果有可能，则发动侵占伊比利亚半岛并获得直布罗陀海峡的战役。

d. 空袭盟国的基地。

12. 据认为，受其经济估算和各种限制以及人口士气的影响，苏联会有足够的武装力量承担以上列出的所有战役，并且依然有充足的储备。很有可能，不管怎样，迅速可用的大量苏联地面部队将向西欧发起进攻。

13. 中国共产党的军队可能会承担对东南亚邻国的作战任务。

14. 以上提及的各种考虑除提供区域计划小组以广泛的框架以使它们能够准备它们自己的情报评估外没有其他目的。如果某个小组感到提供给它们的信息缺少重要的因素，则它们应向常设小组提出要求。

<<

十四、北约中期计划

（1950年3月28日及1950年4月1日决定）

1. 根据防务委员会D.C. 3和D.C. 6/1文件的指示，军事委员会指示准备北约总体防御计划。这一计划由区域计划组依照常设小组传达给各区域的战略指南进行准备。常设小组已设定1954年7月1日为计划期限。这一日期的选定应当能提供足够的时间落实提高北约国家总体军事能力的合理计划。

2. 区域计划小组将它们的计划提交给常设小组，常设小组转而将计划整合为一份全面的计划，以作为北约发展军事准备的基础。军事委员会已批准1954年防御计划（附件A），将其作为先期工作基础，并表达了各参谋总长对于尽快建立军事力量的共识。常设小组考虑到未来将继续对计划的需求进行现实分析，为了节约使用武力，特别是在对一些前线地区的各项威胁进行评估之后，可能需要对计划做一些修正。很明显，必须协调各种防御性努力以便获得最高效率，必须赋予兵力使用的考虑以最大的灵活性。而且，关于几个国家提供和支持这些兵力的潜力或能力，可能所表明的兵力需要尚未相互协调。对于计划和部队的规模、构成和使用的评估必须不时进行，但最初增加我方联合军事能力不能也不应该等待这一评估行动。

3. 为了评估武装力量为达到计划中所规定的1954年目标所需的增

长，要求区域计划小组提交关于在1951年7月1日以前所能利用的主要军力的评估报告。这些所宣称的可动用的部队，在大多数情况下，是各国为1951年计划的部队。尽管这些安排并非直接来自1954年的目标，但它们被视为为达到这些目标而迈出的关键的第一步。它们同时也对同盟的能力提供了一个标准评估，这些能力将被北约整合成一支有效的——虽然数量上不足的——防御力量。

4. 所需的扩大程度可被各区域基于1951年计划的可用的兵力与1954年所需求的兵力之间的差值而很容易地计算出来，如上第2段所述，这种需求处于不断的修订之中。然而，军事委员会认为如下事实需要被北约各国接受，即：各国独立和联合的军事力量的重要增长将是达到合理程度安全的重要先决条件。因此军事委员会建议这一事实应引起北大西洋理事会的注意。

5. 军事委员会认为现在必须将特别重点放在北约国家必须借以扩大其武装力量的手段、速度及范围的决定上。为了达到共同防御所必需的军事要求，需要制定长期计划，以与国家和地区的防御协调财政、经济和工业方面的各种考虑。为此，建议在北约负责此类事务的各常设机构之间建立更紧密的联系。无论如何，军事委员会认为，关于北约各国用以增加其现有的军事承诺的经济和财政能力问题，作为当务之急，应该立即作出决定。

建议

6. 军事委员会因此建议防务委员会：

a. 批准北约中期防御计划。

b. 批准对计划所需的部队所作的初步估算（在计划的附件"A"中详述）并将此作为逐步建立北大西洋防御部队的基础。

c. 当务之急是，在常设小组的指导下，军事委员会应邀请各区域共同努力，对它们构思的计划进行研究，为了强调它们的防御意愿，而增加其兵力，以达到上述b段中所提出的与它们的能力和需求相一致的目标。

d. 要求北大西洋理事会同意当前对国家和同盟行动的紧迫需求，以确保根据上述段落6b中的要求逐步建立军事力量，当务之急应是迅速确定北约各国的财政和经济潜力，以增加其现有军事承诺的价值，并考虑新的经济与财政的恰当安排，特别是为了一体化军备计划的实施。

e. 要求北大西洋理事会作出指示，以在北约各常设机构之间建立更紧密的联系，因为这些机构之间的协调行动是组织效率的重要前提。

北约中期防御计划

（1954年7月1日）

第一部分　防御政策与行动概念

第一节　引言

1. 以北约国家当前的能力状况，其首要的目标之一必须是发展足够的军事力量以确保共同防御侵略。因而，以所准备的概要计划为基础，确定所需要的最低限度的军事力量。为了通过渐进的扩编计划给军事力量的发展提供时间，选定1954年7月1日作为计划日期。

第二节　防御政策

2. 和平时期，北约国家防御政策的目标是使苏联确信战争是不划算的事情，及万一战争发生，确保对北约地区的成功防御。此政策需要发展足够的军事力量和密切协调成员国政治、经济和心理上的努力。实现这一政策的计划需要遵循以下原则：

a. 用所有除战争以外的措施，以对抗任何在和平时期苏联及其卫星国增加其对北约国家威胁的尝试，同时制定利用苏联弱点的措施。

b. 发展一个平衡的军事力量，考虑每一个国家的经济形势。

c. 通过使装备现代化和联合训练，使军队持续保持其最高效率。

d. 通过建立和保持技术优势，发展和使用现代作战方法，提供能够扩展的训练设施，以及实现努力的密切协调以弥补北约国家武装力量数量上的劣势。

e. 通过装备的标准化，协调使用生产能力，交换计划、情报和技术信息以提供互助。

3. 一旦发生战争，北约国家将通过联合协调行动，保护它们的人民、领土和作战能力免遭敌人各种形式的攻击。必须把特别的重点放在欧洲的防御上，因为欧洲的沦陷对于作为一个整体的北大西洋地区的防御将是致命的。与此同时，北约国家将发展和动员它们的联合力量以实现最早击败苏联的目标并达到盟国的战争目标，后一个目标是由北约国家政府决定的。

第三节 假设

4. 为了制订计划的目的，提出如下主要假设：

a. 苏联试图击败北约国家的军队，并且到达大西洋海岸、地中海以及中东。

b. 苏联将对欧洲和西半球的北约国家发动空中攻击。

c. 苏联将发动海上和空中行动以切断盟国重要的海上交通线；对重要盟国港口建立潜艇和水雷封锁；控制它自己的沿海水域。

d. 苏联将采取颠覆活动并且在全世界破坏盟国的利益。

e. 所有类型的武器，没有例外，可能被任何一方使用。

f. 以下国家将与苏联结盟：波兰、东德、捷克斯洛伐克、匈牙利、罗马尼亚、保加利亚、阿尔巴尼亚、朝鲜、外蒙古。

g. 共产党中国不会拒绝苏联的设施和资源要求，它自己将追求进一步扩张的机会主义政策。

h. 目前不可能预见一旦战争爆发南斯拉夫的结盟情况。如果不推翻现政权，为了利用南斯拉夫领土，苏联领导人将可能得动用武力。

i. 以下国家与它们的海外领地一起，将在战争一爆发就结盟对抗苏联：美国、英国、加拿大、法国、比利时、荷兰、卢森堡、意大利、挪威、丹麦、冰岛、葡萄牙（在北约框架下的盟国）与澳大利亚、新西兰、南非、锡兰[①]和约旦。

j. 印度和巴基斯坦可能会支持盟国反抗苏联的事业，但它们可能会更喜欢保持非交战状态。

k. 希腊、土耳其、伊朗、美洲国家组织、日本、菲律宾都将会支持盟国，这些国家中的一些国家（尤其是那些已经批准《美洲国家间互助条约》的国家）将会积极与其结盟。

l. 以下这些国家很可能，在不同程度上，与盟国联合或赞同盟国，但是它们的战略或政治形势将是不确定的，盟国也不可能利用它们的资源：西德、奥地利、伊拉克、南韩和法属印度支那联邦。

m. 阿拉伯国家大体上有望倾向于盟国，并且使其利用它们的经济资源和领土，尽管它们中的一些国家可能不情愿在任何积极的合作中提供帮助。

n. 以下国家，可能最初是中立的，但至少前5个国家，尤其是瑞典和瑞士，如果被苏联攻击，很可能会抵抗：瑞士、瑞典、西班牙、爱尔兰共和国、阿富汗、芬兰、缅甸、暹罗[②]、印度尼西亚。

o. 以色列将致力于保持中立。如果受到苏联的攻击，它们就会抵

---

① 斯里兰卡的旧称。

② 泰国的旧称。

抗，并且可能在压力下同意帮助盟国。

第四节　总体战略概念

5. 如果卷入战争，北约国家的总体战略目标是，与盟友合作，通过在欧亚大陆西部的战略进攻以摧毁苏联及其卫星国发动战争的意志和能力。在远东，战略目标则是防御性的。

第五节　行动阶段概念

6. 在敌对状态爆发后，作战行动将分为四个主要阶段。这些阶段的划分不会十分明显，并可能因地区的不同而不同。这些阶段如下：

阶段1　从发起进攻开始，到遏制住苏联初期的进攻，包括盟军空中进攻的开始；

阶段2　从遏制住苏联的初期进攻，到盟军发起主要进攻行动；

阶段3　从盟军发起主要进攻行动直到苏联投降；

阶段4　盟国的战争目标最终实现。

7. 本计划所提出的行动概念只包括阶段1的行动。后续更详细的计划可能会包括阶段2、3、4的必要行动。

第六节　基本承诺

8. 基于总体战略概念，基本承诺如下：

a. 运用任何可能手段、任何武器，无一例外，确保迅速展开战略轰炸的能力。

b. 动用一切手段，包括空中、海上、陆地以及心理战行动，在可行的情况下尽快阻止和反击敌方对北约国家的进攻。

c. 在可行的情况下尽快压制敌方对北约国家的空中作战行动。

d. 获取并控制对于实施共同防御计划至关重要的海上和空中交通线以及机场和港口。

e. 获取、维持和防御对于成功履行这些基本承诺至关重要的主要支持区域、空军基地、海军基地及其他设施。

f. 依照北约国家所计划的对于旨在维持北约地区安全的后续进攻行动的贡献，动员和扩大其全部实力。

第七节　任务

9. 为各区域所共有且在推动基本承诺中必须完成的一般任务如下：（未按优先次序排列）

a. 防御北约区域小组的领土，将特别重点放在第一阶段对欧洲大陆的防御上。

b. 安全地守住那些基地区域，控制那些对反攻行动至关重要的海域，包括那些为发动和支援空袭的行动所需的海域。

c. 与邻近地区协调，控制区域的海上和空中交通线。

d. 安排护航控制和规定路线。

e. 建立运输要求以支持由常设小组与适当的机构相协调的区域防御计划。

f. 防御沿海水域（包括支持反潜战、布雷以及防空行动）。

g. 为战略空袭提供适当支持的计划。

h. 为后续这种可能为实现北约国家的目标所必需的行动而开始发展武装力量。

i. 对北大西洋其他地区提供最大程度的可行的必要援助，以支持直接促进北约国家实现共同目标的努力。

j. 制定计划，以确保这种游击行动在敌后的战争中是可行的。

k. 通过协调的心理战利用苏联及其卫星国的弱点。

l. 与其他区域计划小组协调计划。

10. 分配给各区域小组的具体任务如下：

a. 西欧区域

（1）尽可能将敌人控制在远离德国东部的地方。

（2）与南欧—西地中海区域计划小组合作，组织大陆和北非之间的西地中海交通线，以支持其所计划的陆地作战行动。

b.南欧—西地中海区域

（1）尽可能远地将敌人控制在东部和北部。

（2）组织西地中海交通线：

（a）在北非和法国之间支持西欧的作战行动，考虑到西方联盟已经为了这一目标准备了计划。

（b）支持意大利的战役。

c.北欧区域

（1）将敌人控制在防御区之外。

（2）计划在波罗的海的作战行动。

d.加拿大—美国区域

（1）制定对可能遭受袭击的区域进行迅速增援的计划。

（2）在其他国家的帮助下，尽可能合适地支持并准备执行战略空袭行动。

e.北大西洋区域

（1）通过必要的反攻和防御措施控制跨大西洋交通线。

（2）为防御葡萄牙大陆和马德拉群岛、亚速尔群岛以及防御格陵兰岛、冰岛、斯匹次卑尔根群岛（在条约限制下的可行的程度上）、法罗群岛以及其他这样的在北约之内决定的区域准备计划。

第二部分　敌方能力和可能的行动方案评估

第一节　战争爆发

1.如果战争于1954年7月1日爆发，很少或没有收到预警，因此，出于盟国计划的目的，战争动员日和作战开始日应该被认为是同一天。

第二节　政治因素

政治结盟（也包括在了第一部分中的段落4f到4o中）。

苏联集团

2．下列国家将会站在苏联一方：波兰、东德、捷克斯洛伐克、匈牙利、罗马尼亚、保加利亚、阿尔巴尼亚、北朝鲜和外蒙古。

3．中国。在1950年底之前，中国共产党的军事控制将扩展至整个中国——除了香港，很可能还有澳门、台湾和内地一些偏远地区。共产党中国将不会拒绝向苏联提供设施或资源，并会追求进一步扩张的政策。

4．南斯拉夫。目前不可能预见一旦战争爆发南斯拉夫的结盟情况。如果不推翻现政权，为了利用南斯拉夫领土，苏联领导人将可能得动用武力。

西方集团

5．以下国家与它们的海外领地一起，将在战争一爆发就结盟对抗苏联：美国、英国、法国、比荷卢三国、丹麦、挪威、冰岛、加拿大、意大利和葡萄牙（在北约框架下的盟国）与澳大利亚、新西兰、南非、锡兰和约旦。

6．印度和巴基斯坦可能会支持盟国反抗苏联的事业，但它们可能会更喜欢保持非交战状态。

7．希腊、土耳其、伊朗、美洲国家组织、日本、菲律宾都将会支持盟国，这些国家中的一些国家（尤其是那些已经批准《美洲国家间互助条约》的国家）将会积极与某些北约盟国结盟。

8．以下这些国家很可能，在不同程度上，与盟国联合或赞同盟国，但是它们的战略或政治形势将是不确定的，盟国也不可能利用它们的资源：西德、奥地利、伊拉克、南韩和法属印度支那联邦。

9．阿拉伯国家很可能有望倾向于盟国，并且使其利用它们的经济资源和领土，尽管它们中的一些国家可能不情愿在任何积极的合作中提供帮助。

最初中立的国家

10. 以下国家，可能最初是中立的，但至少前5个国家，尤其是瑞典和瑞士，如果被苏联攻击，很可能会抵抗：瑞士、瑞典、西班牙、爱尔兰共和国、阿富汗、芬兰、缅甸、暹罗[①]、印度尼西亚。

以色列将致力于保持中立。如果受到苏联的攻击，它就会抵抗，并且在压力下可能同意帮助盟国。

政治目的和目标

11. 苏联。苏联统治者将建立由其主导下的共产主义秩序作为其终极目标。苏联在达到这一目标中的作用是为国际共产主义运动提供安全的基地和强大的支持。在苏联政权认为与北约盟国相比它已掌握了足够的军事实力（核武器以及常规武器）之前，它不太可能蓄意冒险采取任何使其卷入一场公开战争的行动。然而，如果苏联领导人决定诉诸战争，这将是因为他们已经确定对盟国发起军事行动对他们有利。

12. 因而，在诉诸战争中，苏联直接的政治目标将是摧毁西方的联盟并将欧洲和近东及中东置于苏联统治之下。一个必然的目标将是侵占被征服地区的资源而由苏联使用，进而极大地提升苏联相对于幸存的非共产主义国家的潜在实力。苏联可能也希望战争的紧张和战败的冲击将会加速预期的反共主义在全球的崩溃。

13. 卫星国。总体上，完全被苏联支配和控制的卫星国的政府不会有任何区别于苏联的目的或目标。

推动政治目的实现的手段

14. 苏联。苏联可以预料会通过任何隐含于"冷战"这一术语中的手段来推动实现其政治目的，即，军事侵略的威胁、政治和经济战、宣

---

① 现称泰国。

传战、颠覆、破坏及其他秘密活动。可以预料，这些手段将会被发展到史无前例的程度。特别是这些手段属于一场冲突，苏联将这场冲突设想为一场革命，其中共产主义运动——该运动拥有悠久的颠覆和秘密抵抗现政权的传统——是从根本上卷入的。

15．卫星国。在大多数情况下，卫星国在追求共产主义目标的过程中所采用的手段和趋向与苏联是一致的。然而，此外，预计卫星国可能谋求通过爱国主义、宗教和文化的诉求来利用居住在海外特别是西半球的卫星国的侨民，目的是进行破坏、间谍和宣传活动。

态度和士气

16．苏联。一个重要的一般因素就是苏联在未来战争中的国民士气，而这是最难预先评估的。在某种程度上这取决于与西方势力爆发战争的环境。一方面，如果这场战争可以成功地被苏联领导人向俄国人民解释成另一场对"苏维埃祖国"的帝国主义侵略，那么据认为，苏联人的士气和战斗意志力将会像在1941—1945年的战争和从前俄国遭受侵略之际一样高。另一方面，如果在战争爆发前的几年中西方势力能够做到不给苏联领导人以诉诸俄国爱国主义的机会，并设法让俄国人民相信西方的武装行动只针对共产党的极权主义，而非俄国民众本身，据认为，苏联武装部队的士气就可能会有所下降。虽然某部分苏联人口，特别是波罗的海国家、乌克兰、高加索和中亚的族群对苏联的统治感到不满并且对大俄罗斯主义的支配充满敌意，但是，苏联政府通过其有效的安全警察网络，在战争早期阶段能将这些群体置于有效的控制之下。战争拖延越久，这些早已在苏联存在的颠覆性影响就越有机会显露自身的存在并积极地干扰苏联的战争努力。只有当西方盟国能给予物质支持和领导，并确保持异议者的自由时，预计苏联才会出现有效的抵抗或起义。

17．尽管苏联人民仍未从上一场战争所造成的贫困中恢复过来，但预计他们应该能够忍受新一场战争初期额外的艰辛。苏联爱国主义尽管对支持对外战争并不如对保卫家园那么热诚，但只要军事胜利和战利品即将到来，这种爱国主义就不会被强烈动摇。然而，随着战争的进展，如果苏联的军事失利在苏联传开，不断增长的艰辛与痛苦将会放大民众现存的对苏联政权的不满。

18. 卫星国。卫星国的大部分人都是强烈的民族主义者，并且厌恶克里姆林宫的控制和他们目前执政的共产党政府。这一态度，尽管若被西方势力善加利用将是苏联集团潜在的弱点，但在战争早期不会对苏联的战争努力产生有效的抵抗。卫星国民众对于他们共产党主子的普遍态度是不合作和消极抵抗。他们的经济和军事贡献也会随之减少。以破坏和游击队活动为形式的抵抗可能会自发形成，但只有在北约盟国的指导和支持下，才可能具有军事意义。

第三节　经济因素

苏联和卫星国

19. 工业潜力。苏联宣称，到1950年现行计划结束时，将使工业恢复至战前水平并在某些方面超越这一水平。即便苏联和卫星国所计划的工业生产进展一直持续到1954年，其仍将远远落后于西方势力的。然而，与西方势力相比，苏联正在并将会继续能够将相对更大份额的工业产能投入军事生产项目。苏联与卫星国的工业发展受制于机械工具、精密仪器、特定型号的滚珠轴承和滚柱轴承、特定的铁合金和黑色金属及工业钻石的短缺。另外，专业人员，包括技术人员和管理人员，都存在短缺。高辛烷值战机燃油、润滑油和特定种类的成品钢的生产潜能也存在不足。尽管战争爆发时苏联武装力量普遍将会有良好的标准装备供应，但是很难准确预料苏联和卫星国的工业可以在一场全面战争中满足多久的需求。

20. 战略物资。苏联控制的广袤大陆可以相对不受封锁的损害，但是一些天然橡胶、工业钻石、钨、锡钴钼都必须进口。这些缺陷可以通过囤积物资得到一定弥补。在一场长期战争中，这些缺陷很可能会变得严重。

21．农业生产。假设家庭和牲畜的消费处于低水平而农业收成处于正常水平，苏联的势力范围作为一个整体来看在食物上将是自给自足的。

运输

22．铁路。在未来数年内苏联将主要依靠铁路，它目前承担了绝大部分内陆货运。铁路的运力目前只是勉强满足工业的需求，而且其增长速度很可能赶不上工业扩张的需求。在支持大规模部队进行长期的远离战争生产中心的作战中，储备能力的缺乏将会是一个不利条件。苏联为了更安全而将其工业东移事实上加剧了这一问题。苏联和卫星国的铁路规格不同也会妨碍转运需要。

23．汽车运输。汽车运输主要用于从农场和工厂到火车站、港口和机场的短途货运。据认为，公路系统和汽车运输的整体水平将会持续得到改善。然而，在未来的几年，倘若发生战争，公路运输系统将不会帮助已经超负荷运转的铁路系统减轻多少负担。

24．民用航空运输。尽管所承担的货运量相对很小，但民用航线对苏联的经济仍有一定重要性，特别是在西部和西南部。苏联正致力于进一步增加本已相当大的空运量。西伯利亚和中亚的大片地区几乎完全没有发达的陆路交通，使得航空运输变得尤为必要。

25．内陆水运。据估计，目前内陆水运只占内陆货运总量的很小一部分。预计内陆水运的货运量不会有很大增长，原因在于对于其状况的改善不受重视及战时对内河船舶和港口设施所造成的损害。

26．沿海航运。随着苏联国土的开发，沿海航线作为内陆航道、铁路和空运的必要辅助的重要性正在增加。苏联在很大程度上依赖黑海油轮船队将原油从高加索运往巴尔干国家和黑海北岸的苏联港口。苏联商船队则主要在沿海和内海的运输中发挥重要作用。苏联商船队并不像其他沿海国家那样从事海外运输。

27．苏联经济地位的重要性。到1951年苏联的工业和农业能力将会显著地超过二战前所达到的水平，但是即便到了1954年苏联在某些商品上仍然是较弱的，而其运输系统也不足以满足其经济的需要。苏联经济的弱点在其自己境内而非其对外部资源的依赖，因为即便完全切断外部供应，其战争能力也不会被立即或严重地受到影响。如果苏联希望在1951年到1954年间开战，如果它感到可以在短时间内实现其主要目标，则经济考虑将不足以阻止他们这么做。

第四节　军事因素

苏联和卫星国的武装力量

28．概况。据估计，苏联的武装力量共有400万人，在接下来几年内这一总数不太可能有太大变动。1954年苏联的主要战斗力来源将是：一支重要的地面部队、辅以数量众多的空中战术支援、小规模的水面舰队和强大的潜艇部队，以及，在那时还会有一支能够运载大规模杀伤性武器的远程空军。

地面部队

29．苏联。苏联陆军是一支强大而有效的军事力量。在未来几年内预计其总体规模和组成将会大体保持不变，尽管现有武器的改进和可能添加的新式武器可能增加其战斗效率。

30．卫星国。过去两年间保加利亚军队有了一些改进，但仍不能被视为一支强大的战争力量。罗马尼亚和匈牙利的军队得到了扩大和加强，但在未来几年内二者都不能有效作战。在捷克斯洛伐克和波兰军队内部持续的清洗活动加剧了整体的组织混乱、士气低迷和效率低下的状况。然而，有证据显示这一趋势目前可能正在自行扭转，预计到1954年他们将拥有足够的战斗部队以贡献于苏联的进攻力量。

海军部队

31．据认为，任何新的建造方面的努力将主要转向如下类型：重型巡洋舰、驱逐舰、护航舰和潜艇。此后每年的产量无法准确预测，但目前的趋势是在持续增长的。远洋潜艇将会提升水下性能。另外，苏联有能力增加大量的近岸潜艇、小型战船和小型辅助船只。

32．预计苏联海军的总体人数将会大致维持目前的状况。

33．预计苏联将以区域为基础进行持续部署，在兵力上与各区域的预期需求相当。苏联特殊的地理位置使得海军从一个海域向另一个海域的转移尤为困难和危险，因此，预计在战时其部署不会有大范围的变化。

34．苏联对水面舰艇和海军航空兵的运用概念主要是保卫苏联陆军的海边侧翼。其次是让舰队获得对肯定有限的海域的当地控制。考虑到苏联舰队的整体弱点：缺乏航空母舰、活动区域过于分散，这一概念是基于现实的。苏联数量众多的潜艇及其布雷能力确实对同盟的海上交通构成威胁。

35．海军航空兵部队。苏联海军航空兵部队被编入了不同舰队的航空部队。然而，除了利用两到三艘装备弹射器的舰艇外，苏联海军航空兵部队完全是陆基的。它是苏联空军在近岸的有效辅助，并且可以直接支援地面部队。在和平时期的训练行动中已经显示出海军航空兵部队与潜艇和水面舰艇部队之间有着相当好的配合。海军航空兵部队拥有一定的运输团，在需要时可能用于空运。

36．作战效率。苏联海军的物资维护和作战效率被认为相对较低。主要由于训练和经验都很有限，造成了战术上的缺陷。这些是苏联海军认识到并将努力去克服的障碍。

37．卫星国。这些部队可以忽略不计并且不被认为是一个相关因素。卫星国海军的主要贡献将是其基地。

空军部队

38．苏联。估计未来几年空军的整体规模将保持不变，但其构成可能会有些许变化，而其作战效率和航程将会因现代化而得到改善。

39. 空军。空军的主要任务是近距离支援地面部队。据估计到1954年喷气式飞机的比例将会显著提高。空军被划分成了战术空中部队。它拥有许多运输团，其主要任务是确保快速的交通和调动。这些部队可能会被集中起来以扩大特别重要的空降行动的空运规模。据认为，苏联人将具有计划和实施大规模空降行动的能力。这些部队很可能会得到良好的训练、装备和领导。

40. 战斗机防御部队是防空部队（PVO）的空中力量，防空部队同样包括了防空小队和早期预警系统。估计到1954年所有的战机将会是喷气式的。

41. 远程空军。目前，远程空军的组织被置于集中控制之下，到1954年，预计其将有更多现有的远程机型，并可能获得一些性能更佳的新机型。预计其具有足以运载核武器的性能。另外，估计到1954年作战小队会掌握重型轰炸机。

42. 民用航空队。除了上述讨论的空军之外，还有一个准军事航空组织——民用航空队。民用航空队使用中程运输机执行定期和不定期的任务。其中大量的飞机都可用于军事目的。现有的双引擎中程运输机可能会逐渐被四引擎运输机取代。机场、导航及其他航空设施都会逐渐得到改善。

43. 趋势。据认为，苏联空军未来的发展将会紧密适应苏联整体的军事和经济计划。苏联大部分空军力量可能仍会致力于与苏联地面部队的密切配合；然而，目前有迹象表明，苏联正在强调发展一支更为均衡的现代空军。特别地，苏联正在强调喷气式飞机和远程轰炸机的生产和运用、电子领域的研究和开发及旨在提升苏联空军和航空业人员的技能和效率的训练计划。

44. 作战效率。据认为，目前有效的作战力量一定程度上会受到了合格人员，特别是技术人员短缺的影响。可以预计，到1954年这些状况将会逐渐改善，人员不足的问题大部分将会得到解决。机组人员的熟练程度和维修与训练标准都将稳步提升。

45．卫星国。卫星国改善其目前低下的空军潜力的能力完全依赖于苏联提供的装备数量。在接下来几年中苏联对自己部队进行的更新计划可能会阻碍卫星国的空军潜力有任何显著增长。

新式武器的开发

46．原子弹。据估计，未来几年内苏联将会积累起数量可观的原子弹库存。

47．生物战（Biological Warfare）。据估计，苏联现在能生产足够的生物武器制剂用于隐秘行动及可能公开的战争。据认为，未来两到三年内，苏联所能开发出生物武器制剂最高产的方法及其传播的手段，足以支持大规模的公开生物战。

48．化学战（Chemical Warfare）。据认为，苏联能够大规模生产并使用已知的化学制剂。合适的传播手段能很容易开发出来。

49．制导导弹。其他更优先项目的需求可能会限制诸如陀螺仪、伺服系统、电子设备等项目及技术人员在不久的未来被分配用于制导导弹的研发和生产。

苏联军事实力和弱点的总结

50．实力。在第二次世界大战结束时，苏联武装力量复员的程度没有西方势力那么大。相反，苏联启动了一个庞大的重组和训练计划。结果是，苏联现在拥有一个强大的军事机器。这些军事力量，与欧洲国家联合力量截然不同，它们被统一的指挥和单一的人员系统所控制。工业支援足够维持这些军事力量，继续进行它们的重新装备，并增大军事装备物品的储备库存。到1954年，苏联的主要战斗力来源将是：一支重要的地面部队，支持它的将是数量众多的战术空军、小规模的水面舰队和强大的潜艇部队，以及，到那时还会有一支能够运载大规模杀伤性武器的远程空军。无论战争以何种方式爆发，各西方国家的共产党将会声称这一冲突是帝国主义对以苏联为首的进步国家的侵略。这些党派的核心

（尽管承受对国家的忠诚和爱国主义动机引起的冲突，这些党派成员和同情者仍对苏联政权保持坚定的支持）将会成立一支第五纵队，其任务就是破坏其所在国家的战争努力。他们将会通过如下任何或全部手段来达成其目的：拒绝动员；唤起全世界工人联盟的反战宣传、罢工、暴动和游行；恐吓和暗杀国家领导人；煽动叛乱和开小差；间谍、破坏和准军事活动；武力占领一些薄弱据点。只要可能，第五纵队的特别行动就会提前与苏联部队特别是空降部队所计划的行动相配合。

51. 弱点。苏联主要的军事缺陷是水面舰艇相对较弱以及缺乏战略机动性，并且事实上远程空军几乎没有战斗经验。此外，苏联将持续缺乏电子设备、现代火力控制装备。苏联军队的机动特别依赖于铁路运输。在已被苏联控制的国家和任何被苏联军队侵占的西欧地区，苏联领导人将会意识到对西方势力有价值的抵抗运动。他们也会知道这些运动的发展需要时间，而他们的军事行动在早期不会受到任何严重的阻碍。因此，至少在战役开始的几个月中，他们不太可能被迫转移野战部队去对付这些颠覆性进攻威胁，尽管他们可能预料到这些威胁在随后会不断增长。然而，很多问题都取决于目前与南斯拉夫的裂痕的后果，但只要这一问题没有得到解决，则苏联就将会对战争给其他卫星国人民带来的影响极为忧虑。

第五节　苏联的战略意图

52. 苏联政策的终极目标是在全球建立由莫斯科指导的共产主义。苏联领导人将意识到只有民主势力的主要堡垒被摧毁，这一目标才能实现。当进攻北约国家显得对苏联领导人有利时，他们就会毫不犹豫地这么做。然而，他们也会意识到，尽管他们的军事实力有了显著提升，但在1954年对北约国家发起大规模军事行动仍会招致很大风险。通过军事行动来达到他们的目的，则意味着他们考虑完全占领欧洲和亚洲，击败英国，并对北美发动大规模空袭。随后将是对欧亚大陆的经济和工业资源的整合，使苏联由此可以通过共产主义渗透和经济消耗来削弱北美。

53．在确定最初的策略的过程中，苏联领导人将会受到如下主要因素的影响：

a．他们自己的地面部队的初始优势和空军的初始实力。

b．盟国的战略空军实力。

c．当盟国最初发动主要进攻时，其对使用大规模杀伤性武器的战略轰炸的依赖。

d．阻止盟国在西欧占有基地的重要性，如果能保留住西欧，则将使苏联可以最终利用西方势力卓越的长期战争潜力。

e．西方势力的海军实力。

f．西方势力对海上交通的依赖。

54．从这些因素推知，苏联必然要试图阻止西方势力获得任何可以威胁到苏联的基地区。为了实现这一企图，主要手段将是让苏联陆军占领这些地区。还可以推知，苏联得启动战略防御以使盟国战略轰炸的强度和烈度最小化。苏联领导人不会希望发动比为实现其目标所必要的那种进攻规模更大的进攻。然而，他们将意识到，西方势力不会容许这些地区被单独侵占，而是会将冲突看作全球范围的，并从任何一个可能的角落进攻苏联。因而，苏联领导人可能会决定从许多地区同时发起大规模的进攻。

55．苏联从拥有原子弹上所立即获得的最大战略优势就是可以将这一武器作为对付盟国运用原子战争的报复手段。当苏联认为已经积累了足够的核武器时，他们会认为自己能够直接进攻美国。在决定这种进攻的战略时，苏联将会受到上述53段的因素和削弱美国进攻能力的意愿的影响。他们将会进一步受到这一认识的影响，即这种进攻可以破坏美国对欧洲的必要军事支援并干扰美国防御力量的部署。

56．到1954年苏联针对北约地区的远程空军实力的增长既不会减少西欧对苏联目标的重要性,也不会减少对这一地区的进攻威胁。

各大战役的相对重要性

57. 苏联领导人将会希望尽早结束对西欧的战役。然而，苏联人可能会首先尝试通过原子进攻的威胁在心理上击败西欧。他们将以其对不列颠群岛发动重型空中轰炸，包括原子攻击、布雷和潜艇作战，配合其在西欧的推进。

58. 苏联领导人将意识到，近东和中东的石油资源是盟国的战争潜力中极有价值的一部分。而且，他们将意识到，他们自己在高加索和罗马尼亚的产油区以及大部分工业会很容易受到来自近东和中东的空军基地的打击。他们因而会得出结论，在近东和中东，在阿拉伯国家缺乏有效抵抗而盟国军力也不足的情况下，在那里进行的战役，如果成功的话，与所付出的努力相比，其所获得的战略收益将会更大。对土耳其和希腊的进攻将是近东和中东战役的一部分。

59. 在意大利、西西里和南斯拉夫的成功战役将会保护在西欧和巴尔干作战的部队的侧翼，并且为攻击盟国在地中海的交通线提供重要的海、空基地。

60. 对斯堪的纳维亚战役的目标将是完全控制波罗的海以便为对北大西洋的航路和盟国基地作战提供海、空基地，增加苏联的防空纵深，并阻止盟军使用这些海、空基地。

61. 对西欧的战役，如果成功，将会允许苏联进攻西班牙。对伊比利亚半岛的控制将为切断盟国进入地中海的航线提供最为确切的手段。此外，在苏联获得一个基地的同时也意味着盟国丧失了一个基地。另一方面，完全占领西班牙和葡萄牙将会是一个困难的任务，而西班牙沿比利牛斯山部署的部队将会形成一定的威慑，特别是对在一条漫长交通线的末端作战的一支军队而言。只有在不损害对不列颠群岛的进攻的成功情况下，苏联才会发起对伊比利亚的战役。

62. 苏联在初期可能会尊重瑞士的中立，然而，这一尊重是缺乏保障的。进一步推测，如果遭受攻击并且拥有在战争初期稳住苏联军队的能力，瑞士人会抵抗。

63．对巴基斯坦和印度的进攻将完全是防御型的，而且很不可能发生，除非苏联确信盟国有使用那些国家的基地的意图。由于地面进攻所面临的后勤方面的困难，军事措施可能仅限于对盟国所用的基地的空袭。这些空袭只可能由远程空军承担，且会损害在其他地区的优先作战行动。

64．苏联很可能会动用在远东的部队以尝试使美国的前沿基地失去作用，并将尽可能多的盟军牵制在远东战区。然而，苏联不太可能向远东增派兵力，尽管这一战区的基地有时可能为远程空军所使用。

65．在欧洲进行军事行动的同时或就在这一行动之前，苏联会对北美的关键目标发起打击以破坏美国和加拿大的战争努力，使美国军队在早期的动员阶段无法进行部署。

66．基于盟国对海上交通线的依赖，苏联会尽可能在全世界袭击盟国的航运和港口。

67．全世界的共产主义者及其同情者会对盟国的利益进行破坏和颠覆活动。

68．倘若苏联作出在1954年发动战争的决定，苏联的计划很可能会包含如下行动：

a．（1）在全世界针对盟国利益的颠覆行动和破坏。

（2）对盟国的海上交通线发动海上和空中打击。

（3）对西欧的战役，这仍将是其主要的陆地作战目标。

（4）对不列颠群岛的空中轰炸。

（5）对近东和中东的战役。

（6）对南斯拉夫和意大利的战役。

（7）对加拿大、美国和阿拉斯加的关键目标的进攻。

（8）在远东的具有有限目标的战役。

b．对斯堪的纳维亚的战役。

c. 如果可能，会有一场席卷伊比利亚半岛并夺得直布罗陀海峡的战役。

d. 对盟国基地的空袭。

69. 据认为，苏联将会有足够的武装力量进行上述所列举的所有战役并仍有适当的后备力量。

70. 中国共产党的军队可能会承担对东南亚邻国的战役。

第六节　苏联的战役

这是对苏联在1954年进行可能的战役的能力评估，它并不考虑任何待命或作战军队的对抗情况

对北约地区

71. 西欧区域

a. 比利时、卢森堡、丹麦、西德、荷兰、法国

（1）苏联对西欧的作战行动将包括几乎同时对西德、卢森堡、比利时、荷兰、法国和丹麦发动进攻，同时还对英国及其海上通道发动空战。因此，据认为，关于苏联的进攻方向，只有一条路线是对其敞开的：向海岸与瑞士前线之间的莱茵河区域前进，随后强行通过后继续向英吉利海峡、大西洋沿岸及比利牛斯山进军。这将与入侵丹麦相配合。

（2）苏联对西欧进攻的主要攻势很可能是从北德平原展开，夺得英吉利海峡港口地区，进而沿法国西海岸直逼比利牛斯山。次要的攻势可能是由穿过德国南部展开，进而经由洛林和贝福特隘口（Belfort Gaps）进入法国中部和南部。同时会发起对丹麦的进攻。

b. 英国。在战争的初期，苏联将会发起一场对英国的空中进攻。这一进攻的目标将是摧毁不列颠的战争潜力并且阻止盟国将不列颠群岛作为基地。如果使用了原子弹，并且数量有限，那么将会主要用于打击政府、工业和人口中心和主要港口。

72. 南欧—西地中海区域

　　a．意大利　苏联将无法有效的进攻意大利，直到或者除非南斯拉夫的北部地区可以对其开放，使得苏联的交通线得以形成，或者直到奥地利被占领。据认为，主要的攻势很可能将从南斯拉夫北部发起，目标是尽快占领波河流域（Po Valley）。占领波河之后，苏联纵队预计会沿着半岛两侧的海岸线南进。随着夺取意大利半岛，西西里可能面临着小股苏联两栖部队的威胁。

　　b．地中海航路

　　（1）对南欧和西地中海地区的威胁取决于陆地战事的进展。就空袭而言，其威胁的强度取决于有多少空军基地可供使用，尽管远程空军编队可以在开战日就从苏联控制的基地展开行动。至于潜艇袭击，关键的因素将是：

　　（a）达达尼尔海峡是否对苏联开放。

　　（b）所采取的反潜措施以阻止潜艇通过西西里海峡和墨西拿海峡。

　　（c）对爱琴海的合适基地的占领。

　　（2）水面船只的威胁在任何情况下都是可以被忽略的，这是由于盟国舰队在所有级别的水面舰艇上都占有极大优势。

　　c．西北非。苏联可能使用远程飞机对西北非（洲）展开进攻。在初始阶段其他苏联威胁都是可以被忽略的。

　　73．北欧区域

　　a．斯堪的纳维亚

　　（1）据认为，主要有两个苏联可用的进攻斯堪的纳维亚的方案，二者都假设西欧战役也同时打响：

　　（a）通过突袭进攻丹麦和挪威，但是要绕过瑞典以试图确保瑞典在最初保持中立。

　　（b）对斯堪的纳维亚发动全面进攻，其中包括瑞典。

　　（2）目前很难估计在1954年苏联会采取何种行动方案。据认为，如果苏联可以像德国在1940年那样通过席卷丹麦和挪威来迅速包围瑞典，那么苏联可以获得相当大的优势。然而，由于丹麦和挪威军事准备的增强，一场成功突袭的可能性将会减少。同时应该记住，苏联在计划中必须考虑到瑞典在受到包围时不会坐以待毙的可能性。对于瑞典来说，这一包围将产生严重的影响。

因此，如果丹麦和挪威的军事实力如现在所预期的那样增长，苏联人可能考虑到他们不太可能成功地将瑞典引诱进包围圈，并可能认为谨慎的方案还是应在进攻丹麦和挪威的同时进攻瑞典。

（a）丹麦和挪威

（i）对丹麦的进攻将会由穿过德国北部对日德兰半岛（Jutland）的陆地作战行动来进行，并与对西欧的进攻相配合，同时伴以对丹麦群岛，特别是西兰岛的空中和海上作战行动。基于这一估计：苏联有能力在斯卡格拉克海峡（the Skagerrak）和卡特加特海峡（Kattegat）布雷，且瑞典仍将保持中立，则预计苏联会在进攻丹麦的同时进攻挪威。主要的进攻起初可能会是对挪威斯卡格拉克沿岸和奥斯陆地区开展一次两栖和空降袭击，并主要沿着铁路和公路对特隆赫姆（Trondheim）、卑尔根（Bergen）和斯塔万格（Stavanger）展开进一步军事行动。

（ii）一个次要并可能同步进行的行动可能会从摩尔曼斯克发起，从海上向纳尔维克（Narvik）发起攻击，同时通过公路横穿北部边界。在纳尔维克登陆的部队将会在该国自然状况和后勤条件允许的情况下尽可能向南进攻。

（b）丹麦、挪威和瑞典

如果苏联决定全面进攻斯堪的纳维亚，苏联的主攻将仍是从南部发起，配合在北部如（a）（ii）所述的次要攻势，并穿过芬兰。然而，敌人很可能在对丹麦进攻的同时，尝试采取突袭，发起一组对瑞典和挪威南部关键据点和设施的小规模进攻，以扰乱挪威和瑞典的军队。

b. 英国

（见段落71b）

74. 加拿大—美国区域

苏联在世界其他地区发起主要军事行动之前或同时，可能会使用原子弹和常规炸弹对美国和加拿大发起空袭，目的是摧毁美国的战斗意志，挫伤美国的报复能力，损害其总体的战争潜力，并且危害其部队的适当部署。到1954年，苏联远程飞机将会有足够的航程抵达加拿大和美国境内任何重要目标。

苏联可能会通过空降行动，袭击处于西伯利亚东北部基地覆盖范围内的阿拉斯加和阿留申群岛的美国设施。他们可以运用占领的设施对加拿大和美国展开有限的军事行动。战斗机和轻型、中型轰炸机可能会袭击在阿拉斯加的目标。小规模的海军袭扰部队可能会对孤立或防御薄弱的地区展开行动。

75. 北大西洋地区

a. 将作战区与基地区的盟军与海外支援隔绝，可能是苏联试图阻断北大西洋地区的海上交通线的主要目标。另外的目标可能是降低盟军的作战潜力并减少重要物资，包括食物、石油，抵达主要援助区的数量，并降低作战区以外国家的生活水平。

b. 冰岛。苏联将会意识到冰岛对盟国势力的重要性，并可能会尽巨大努力，使用任何可行的手段，包括政治颠覆和破坏，以夺取冰岛或阻止西方势力使用它。很有可能对冰岛地区的我方海上交通线发动潜艇袭击，并在冰岛港口布雷。苏联有能力对冰岛发起空降和海上行动，同时/或者在开战日通过冰岛水域的货轮将小股进攻或破坏部队运送上岸，不过这些部队的后勤补给将会很困难。

c. 斯匹次卑尔根。似乎苏联会试图在战争爆发时就占领斯匹次卑尔根，将其用于空军基地、雷达站和气象站。一旦其被苏联占领，夺回它的军事行动将会是很困难的。

d. 葡萄牙大陆。对伊比利亚半岛的控制将提供最为确切的切断盟国进入地中海的海上交通线的手段。而且，在向苏联提供了一个基地的同时，它也拒绝了向盟国提供一个基地。然而，对于苏联来说，发动对伊比利亚半岛的战役，它们必须首先征服和占领法国全境。因此，据认为，苏联无法在初期就对葡萄牙发动地面进攻，而会将对这个国家的打击限制在零星的空袭、轰炸潜艇、港口布雷以及用潜艇运送的担负破坏和间谍任务的小队登陆。

e. 法罗群岛、扬马延岛、亚速尔群岛、马德拉群岛、百慕大群岛和格陵兰岛。苏联对这些地区的作战能力将主要由对海上交通线进行的潜艇袭击、有限的空袭和颠覆破坏活动组成。

对北约之外的地区

76. 希腊。在发动对西欧及近东和中东的进攻的同时，苏联会对希腊采取行动。清除南斯拉夫东南部的正规军和游击队的任务将卷入一场漫长而艰难的战役。这将会花费比在希腊北部集结部队以进攻迈塔克萨斯防线（the Metaxus line）所需的时间更长的时间。据认为，除非苏联在战争之前就控制了南斯拉夫，否则对希腊的战役将会从阿尔巴尼亚和保加利亚发动。苏联也可能对克里特（Crete）采取行动，这取决于其战术局势以及空运和海运的可利用性。

77. 土耳其。为了控制进入近东和中东地区的海峡和交通线，苏联会认为在进攻西欧及近东和中东的同时进攻土耳其是必要的。

78. 近东和中东（除土耳其之外）。对近东和中东的主要攻势将会针对伊朗、伊拉克、沙特阿拉伯以及近东和中东的基地区域以及到达苏伊士运河地区的交通线。然而，后一个攻势将取决于冬季来临前经由土耳其的全天候补给线的开通情况。这些军事行动将会与西欧、希腊和土耳其的行动同时进行。

79. 伊比利亚半岛。苏联对伊比利亚半岛的行动将包括跨越比利牛斯山的一次进攻以夺取直布罗陀地区。据估计，如果西欧的战役取得成功，并且抵达了比利牛斯山，在这次战役发动之前，储备弹药和重新集结部队需要至少40天。

80. 远东。在发动远东的进攻行动时，苏联将会试图摧毁那些盟国的海、空力量借以对苏联的重要地区进行打击的基地区；摧毁或者压制住对苏联构成威胁的部队；牵制大批盟国军队；袭扰盟国在太平洋的交通线。这些军事行动的规模将不会大到妨碍苏联的主要战役的程度。

第三部分　总体区域评估

第一节　区域局势评估

1. 每个区域的防御概念和目标必须考虑到该区域及其组成部分的战略重要性，以及影响该区域战略的各项因素。这些考虑如下：

西欧区域

西欧区域的战略重要性

2. 由于其物质资源、人口稠密、高工业潜力及核心地理位置的战略价值，敌人对西欧的征服将意味着一个重大的或许是决定性的胜利。敌人为进一步进行这场战争所累积的这一战略优势将几乎是压倒性的。

3. 反过来，北约势力守住西欧就获得了最好的可用于攻击敌人的设施，包括港口、交通线、机场、熟练的人力等。因此，它的防御是重中之重，并要时刻牢记，对其防御的成本要远低于将其夺回的。

影响战略的因素

4. 西欧区域的战略必须建立在从上述考虑中引出的下列因素上：

a. 西欧区域对于苏联如此重要，以至于这将是其在战争中的主要目标。

b. 该区域的防御将得益于对挪威、丹麦，特别是意大利的成功防御。不过，这些国家的陷落也不会使西欧的防御毫无可能。

c. 倘若西欧被侵占，挪威、丹麦和意大利的成功防御将会受到严重危害。

d. 西欧区域极大地依赖于海外资源及其海上交通线。

e. 西欧区域必须守住，不仅是为了保护其自身领土免受侵略，同时也为了使北约战略中所规划的反击行动得以展开。

5. 地面部队进军西欧唯一的主要自然障碍只有源自波希米亚（Bohemian）边境的易北河以及由瑞士流向北海的莱茵河。在这两条河流之间有一些较小的障碍可以用于拖延敌方的前进。建立起一条穿越德国的人工防线被认为既不可行也不可取，但是，通过人工手段加强自然障碍被认为是可能获益的。

西欧区域的战略概念和目标

6. 战略概念是以一切可用的进攻与防御手段，使敌人尽可能远离德国东部，阻止敌军自由行动，以便为加强防御和承担进攻任务所需的区域和盟国的军事潜力动员与集结提供掩护。

7. 很明显，将防线尽可能向东推进在战略上是可取的。

a. 防御荷兰、意大利和丹麦全境，并支援其他有需要的欧洲区域。

b. 应保存住西德的可观潜力。

c. 阻止敌方使用北海沿岸的基地并赋予我方在波罗的海采取进攻行动的机会。

d. 赋予西欧所需的陆地和空中防御纵深。

8. 在战争爆发时，很可能可利用的最有效的进攻手段就是使用空军，包括战术和战略的，如果对敌方的地面部队、交通线和后方展开猛攻，则这些空军除了摧毁敌方战争潜力之外，能够延缓并有助于遏制敌方的攻势。

南欧—西地中海区域

南欧—西地中海区域的战略重要性

9. 南欧—西地中海区域由数个被西地中海紧密相连的国家、海域和岛屿组成。除了阿尔卑斯山脉，这些地区都拥有某种共同的地理特征，使得其可以被作为一个整体来考虑。这一地区的重要性在于其拥有：

a. 欧洲防御区阵地的南部，即阿尔卑斯山壁垒。

b. 作为重要支援基地的北非。

c. 西地中海的交通线对支持南欧—西地中海和西欧的军事行动至关重要。

d. 从直布罗陀通往近东的部分交通线。

e. 意大利半岛及岛屿，如果这些地区被敌方占领，将会暴露西欧的右翼并且损害上述的b、c和d项。

影响战略的因素

10. 当考虑南欧—西地中海区域的战略时，要考虑下列因素：

a. 南欧—西地中海区域与中立国瑞士接壤，后者如果遭到攻击将会抵抗敌人，由此，它覆盖了从日内瓦湖到奥地利—瑞士边界的地区。

b. 奥地利的局势无法预料，但是其防御能力无论如何都是十分微小的。

c. 如果南斯拉夫的现政权依然存续，它应该会进行抵抗，但似乎不能对苏联经由加瓦—威尼西亚朱利亚走廊（the Jave-Venezia Julia corridor）向意大利发动的强大进攻形成有效的反击。

d. 的里雅斯特自由区位于该区域的东北边境。

e. 苏联将会努力从南斯拉夫和希腊进入阿尔巴尼亚以使用阿尔巴尼亚在亚得里亚的基地。

f. 希腊的现政权是反对苏联的，它很有可能遭受苏联进攻，苏联的目标将是夺取亚得里亚海和爱琴海沿岸的海军和空军基地。

11. 朱利安阿尔卑斯山、波河平原以及法国南部的部分地区很适宜大规模地面行动以及部署机械化部队。然而，这一地区的其余部分，并不适合大规模地面行动，而是适合一系列运用山地部队的行动。

南欧—西地中海区域的战略概念和目标

12. 南欧—西地中海区域的战略概念和目标是：

a. 与西欧小组紧密合作并依靠瑞士的支援以确保南欧—西地中海欧洲地区的完整，至少控制意大利—奥地利的阿尔卑斯山地区，并随后与驻德国的西欧部队协调，将防线推进至巴伐利亚阿尔卑斯山和厚陶恩山脉（the Haue Tauern mountains），从而确保未来可以对在中欧行动的苏联军队的左翼发起进攻。

b. 支持南斯拉夫可能采取的对苏抵抗行动，从而尽可能远地将苏联军队阻挡在东边。

c. 部署预备部队以防止敌军可能击败阿尔卑斯的主力军团。

d. 以我方掌握的空军部队发起一场空中反攻行动以阻止苏联军队最初的进军。

e. 以足够的海军和空军来支援地面部队的行动。

f. 整体保卫该区域小组所覆盖的领土，抵御海上登陆和空降行动，特别要注意亚得里亚海沿岸。

g. 通过在关键据点，特别是在法国南部、意大利和北非的关键港口和空军基地部署足够的空中和地面防卫，将该小组的领土作为一个整体来加以保卫，以抵御空中轰炸、颠覆行动以及来自海上或空降的突击队。

h. 时刻确保北非、法国和意大利之间空中和海上的交通线的安全，并且防御西地中海由东至西的航线。

i. 通过政治、心理和经济手段，最大限度地利用苏联及其卫星国的内在弱点。

北欧区域

北欧区域的战略重要性

13. 在评估整个欧洲的防务时，防御北欧区域的重要性绝对不可被低估。

14. 丹麦不止占据着从波罗的海前往挪威南部、北海和大西洋的通道，同时也是苏联进攻瑞典的重要桥梁，是在波罗的海军事行动的基石，是西欧大陆的一部分。挪威和英国控制着北海和进入北大西洋的航道，这些航道不只是对北方区域的国家至关重要，同时也是维持和支援西欧区域国家所必需的。

15．除了其对于整个北约国家借以发动反攻行动的价值之外，对斯堪的纳维亚的占领将极大地帮助苏联以潜艇、水面舰艇和空中打击对北大西洋航路展开的军事行动，及其对盟国——特别是英国的战略空军基地的空中行动。通过在这些地区建立空中预警机构，苏联领土及基地对盟国空中进攻的防空能力将得到极大增强。

16．瑞典，由于其经济、工业及军事实力，是任何区域防御计划中极为重要的因素，但目前其并非北约成员国。在日后瑞典的全面合作，将极大地加强北欧区域的防御实力。

影响战略的因素。

17．对于获得来自北约其他部分的支援且对于展开总攻行动至关重要的地区，必须牢牢守住。在战争中该区域的战略将会受到其他区域，特别是西欧区域和大西洋区域所采取的战略及借此所取得的成功的极大影响。在此方面，德国西北部的军事局势尤为重要。

18．丹麦和挪威在和平时期维持的军队很少。而且，由于地形的原因，实现军事小队和编队的跨国或跨海的快速转移十分困难。因此，任何可能向这两个国家传递的以加强其备战程度的预警，都具有决定性的意义。

19．在强调获得早期预警的极大重要性时，但另一方面必须预计苏联意在发动突然袭击。因此一开始部署部队的时候就需要考虑这一点。同时，这些部队必须能够重新部署以集中应对敌方进攻，从而避免被各个击破。

20．因此，最关键的就是，制定计划应基于必要的最大程度的灵活性，以便来自俄国的任何突袭都可以在得到增援前被有效应对。因此，区域的防务必须以一个整体来考虑，以实现一个综合而协调的计划。

21．挪威和丹麦的防御必须考虑到瑞典的局势，它位于来自东方的任何对斯堪的纳维亚的进攻的通道上。考虑到瑞典的经济、工业和军事实力，如果其在战争中与我方结盟，我方将得到可观的利益。

22．对瑞典的进攻，除了从陆地上进入其北部之外，必须采取海上或空降袭击的方式。只有在南部的进攻才可能得到陆基的空中掩护。在其内陆，交通线是很有限的，对挪威的军事行动将被限制在通往奥斯陆和特隆赫姆的道路上。

23．另外，苏联不可能忽略当挪威受到进攻时瑞典加入北方盟国的可能性。

北欧区域的战略概念和目标

24．战略目标将包括：

a．区域领土的防御。

b．在总防御区内，牢牢守住每个国家的重点地区。

25．在北欧地区，包括波罗的海，所采取的进攻行动将主要以干扰苏联的空中行动和海上交通为目标，采用的手段包括使用潜艇和其他海军舰艇，空中轰炸苏联的基地、机场、船只和运输工具，以及从海上和空中布雷。

北大西洋区域

北大西洋区域的战略重要性

26．北约势力的目标的实现，很大程度上将取决于盟国能否成功保护该区域的海上及空中航路。

对领土的防御

27．除了作为本土这一主要原因之外，防卫葡萄牙大陆的重要性还在于其作为保卫海上航路的部队的基地及跨洋空中航线的大陆终端站。

28．亚速尔群岛的重要性在于这一事实上，即它们提供了：

a．关键的空军基地，用于保卫航线，以及跨越大西洋的飞机的中间集结。

b．次要的海军基地。

29．格陵兰岛的重要性在于：

a．它构成了一个通往西欧的北方空中航线的基地。

b．格陵兰岛的雷达站和气象站提供了重要的早期预警设施、导航帮助及气象资料。

c．冰晶石的开采有一定的重要性。

d．其空军基地适于用作支持战略空中进攻行动的备用基地和保护北大西洋航路的基地。

30．冰岛作为北大西洋地区一个关键的基地，它可用于：

a．空中行动，包括飞往欧洲的飞机的中间集结和支援战略空中行动。

b．海上军事行动，对于保护海上航线至关重要。

影响战略的因素

31．苏联在很大程度上是独立和自给自足的，然而，北大西洋区域的海、空航线对北约势力极为重要。

32．敌方的潜艇基地最初将限制在俄国北方，包括白海以及波罗的海。

33．冰岛没有自己的有组织的军事力量。

34．根据1920年的条约规定，不可能在斯匹次卑尔根建造任何可能用于战争目的的防御工事。

北大西洋区域的战略概念和目标

35．北大西洋区域的战略概念是，建立和维持对北大西洋的海上控制，并且保护本土和对支持总体战略至关重要的基地区域。

36．在海上航线的控制方面，盟国的海上目标将是确保：

a．盟国的船舶可以按照盟国总体战略的需要，安全、定期地在这些港口和基地之间行驶并经过这些水域。

b．只要可行，阻止敌人安全地使用其战略所必需的海上通道和港口。

c．只有确保了走私货物不会到达敌方，才允许中立船只航行。

231

37. 空中航线所必需的基地，将与海上航线所需要的基地在同一地区，将需要空中防御和用于大规模空中交通的操纵、控制和后勤支持的特殊设施。

38. 防御该区域领土的计划基于如下战略考虑：

a. 本土的防御，包括：

葡萄牙大陆地区

亚速尔群岛和马德拉群岛

冰岛

b. 防御作为基地的关键地区，这些基地用于：

（1）控制海上和空中航线

格陵兰岛

冰岛

亚速尔群岛

葡萄牙大陆地区

百慕大

（2）支持战略空中进攻

格陵兰岛

冰岛

亚速尔群岛

c. 防御某些地区，这些地区如果无法阻止敌军利用，可能对盟国极为不利：

法罗群岛

斯匹次卑尔根

扬马延岛

加拿大—美国区域

加拿大—美国区域的战略重要性

39. 北美区域的重要性在于其拥有盟国主要的生产和进攻能力，并且其地理位置可以提供一些基地，这些基地是控制主要援助区域和西欧之间的关键航线所必需的。另外，它提供了战略空中进攻的主要基地。

加拿大—美国区域的战略概念和目标

40．加拿大—美国区域的防御概念基于这一原则：一旦战事爆发，盟国战争目标只能通过将主要的盟国战争努力用于发动对敌进攻来获得。为了提供最多的用于进攻的部队，我们仅仅将我们的全部军事力量中为了对北美的战争能力的重要组成部分提供合理保护所必需的那部分投入防御性目的。

41．与上述概念相一致，这一概念意在，为了使可利用的最多的部队用于进攻行动和增援其他地区，加拿大—美国区域将只会运用一些部队防御该地区，提供必要的最低限度的可接受的保护，以抵御估计中的各种形式、规模的进攻。

42．由于加拿大—美国区域拥有盟国主要的生产和进攻能力，对该地区防务部队的第一次征召必须用于保护那种战争能力。在对现在和未来的敌方能力的最好估计的基础上，该区域将会接受对于不能从实质上损害该地区战争能力的那类形式和规模的进攻不专门提供防御所蕴含的风险。

结论

43．考虑到前述的区域评估，很显然：

a．三个欧洲区域必须被当成一个整体考虑，并基于它们的地理位置构成了北约面朝东方的"巧克力层"。因此，这些区域的早期支援将有特殊的重要性。

b．加拿大—美国小组拥有进攻、增援、生产潜力的主要手段；并且

c．北大西洋小组拥有控制、保卫大洋航线的主要手段。

第二节　北约地区防御计划概述

概述

44. 只考虑阶段 1 的行动，主要的盟国努力将用于阻止苏联的进军并同时尽可能采取进攻行动。总体上，如上所述，考虑将这一行动阶段的计划大致分为三个类别。

欧洲的防御

45. 由于三个欧洲区域构成了北约地区面对东方的"巧克力层"，它们被作为一个整体考虑。这些区域的主要任务如它们的详细计划所述，是延缓和阻止敌方的进军。盟国为此目的而采取的军事行动将取决于战争开始时的局势。苏联的实力在一开始会使欧洲区域普遍处于守势，以保护其领土、保卫其战争潜力、并集结足够的部队以遏制苏联的攻势。

46. 欧洲区域必须将敌人的进军尽可能远地阻止在东边。它们应该充分利用机动性，进行积极防御，并且只要有机会就采取进攻行动。由于北部和南部的防线处于海上侧翼，保护这些侧翼需要准备合适的海军部队。假定已经完成了合适的预先计划以保证所有这些特殊手段能够取得最大的效果，则通过破坏和颠覆行动可能会进一步拖延敌军，另外必须对可能施加给敌方的心理措施给予最大支持。这样，构成了北约地区"巧克力层"主要部分的部队将获得了等待增援到达和战略空袭累积的效果被感知的时间。

47. 用于该区域防务的部队将以最有效率的方式来部署，并将尽可能防御重要地区。在这一行动阶段，苏联的实力最初会使该区域陷入空袭、制导导弹袭击及或许还有空降袭击的严重危险之中。因此，必须做好准备以保护主要的工业和人口中心以及交通线，因为这些要素如果落入敌手，不仅是对该地区防御的严重打击，也将随之增加苏联应对北约地区其余部分的能力。

48．欧洲区域的详细计划已经准备：

a．防御该区域以防被苏联的武装部队侵占。

b．保护该区域抵御空袭和空降打击。

c．保护该区域内部的空中、海上和地面交通。

陆地行动

49．北约地区沿其东线的防御将通过从每个区域那些将吸引最多敌军实力并削弱其最初攻势的据点对敌人展开积极的防御—进攻行动来完成。这种防御将需要使用各种形式的障碍，并应考虑到任何现有的固定防御位置，这将在最初帮助盟国军队抵消苏联人在数量上的优势。在这一点上，现代反坦克装备的发展应当置于优先地位，因为这种装备很可能极大地改变防御战的性质。

空中行动

50．动用空军部队以支援欧洲区域目标的总体计划将着眼于：

a．空中优势的确立。这方面的主要任务将是在这一区域上空获得空中优势以确保对友军、重要中心和交通线的防御。空中优势意味着对敌方空军的有效控制以使得盟国军队、舰队、工厂和平民人口可以完成自己的任务而不受敌方空袭的过多干扰。

b．夺取空中优势的战斗将不可避免是长期的、持续的。如果我方要想赢得这场战斗，最关键的是我方的战略在一开始就应当是进攻性的。空战必须通过如下手段引入敌方领土：

（1）袭击敌方的机场和地面的飞机。

（2）袭击燃料设施、飞机、仓库以及任何射程内的目标，对那些有助于减少敌方的空中力量的目标展开袭击。

（3）入侵行动。

c．需要有效的空中行动以确保地面部队的行动和保卫交通线和重要的行政中心、人口中心。这将由一支与支援前线的战术空军部队紧密结合的昼夜拦截战斗机部队提供，且其装备必要的防空力量和雷达预警以及控制设施，从而保证用最少的部队实现最大的效果。在任何情况下，在使用空军部队时，包括战略空军资源，必须适当地考虑对地面战提供帮助。

海上行动

51. 欧洲区域的侧翼是海洋地区，确保其安全需要海军部队的直接支援。为了完成这一任务，海军部队将以如下方式使用：

a. 防御性的

（1）保护该区域内航线上的船舶，包括该区域内重要的港口和基地。就这一点而言，主要由法国负责控制的连接宗主国与法国北非领土的航线，对西欧和南欧区域所进行的军事行动至关重要。

（2）防御沿岸水域、海峡和沿欧洲的大洋边界从斯堪的纳维亚进入西西里的海、空航路。

（3）扫雷、防御海上进攻以及防御性布雷。

（4）采取必要的行动，以封锁敌方潜艇或水面部队可能由此采取行动的地区。

b. 进攻性的

（1）摧毁敌人的船舶、海军部队、设施以及交通线。

（2）通过海军、空军和水面部队支持地面部队在东部前线沿岸地区的防御。

（3）在适当地点实施有限的突击队性质的行动，打击敌方的潜艇基地、设施或者威胁北约地区的沿岸设施。

c. 护航

在各区域水域建立护航体系的计划，如上面的a段所指出的，对西地中海的航线特别重视。在这一关键地区，为确保对区域内和通过本区域的船只的保护将需要作出大量努力，这需要分配陆基和舰载的空军部队去掩护在敌方空军射程内行动的护航舰队。

d. 除了直接的护航编队护送外，也将需要提供反潜部队和打击关键地区的部队。欧洲区域的反潜部队的全部努力将与北大西洋区域所计划的行动密切协调，后者与摧毁苏联潜艇的全面威胁有关。要重点防御布雷，特别是沿重要海岸线进入港口的通道。另外，要对敌人在各区域海、空打击部队范围内的各大基地和港口进行进攻性的布雷。

北非的行动

52．对北非地区、法国南部港口和科西嘉的保护已经包括在了宗主国法国的全部防御计划中。

总结

53．总而言之，三个欧洲区域将在行动的第一阶段付出其主要的努力，通过利用任何可能的地理因素，以及其他可能抵消预计于开战日苏联部队数量上的优势的有利条件，来阻止敌方的前进。在追求这一目标时，他们将最大程度上动员起来，并保卫重要的地区和那些对于部署及支持来自其他区域的援军和支持他们自己的部队都至关重要的交通线。

54．为了防御西欧，特别是欧洲大陆，假如，这样做将可能拖延出足够的时间以等待增援，并等待战略空中打击奏效，则有必要在最初阶段就利用一切可用的资源作出最大的努力，即便这种努力不可能一直维持。

北美地区

55．加拿大—美国区域的概要计划包含三个主要活动：（1）防务安全，（2）支持战略空中进攻，以及（3）对其他区域的增援。正如段落43所述，这一区域拥有提供进攻性增援和生产潜力的主要手段；考虑到这一事实，区域计划强调了这些活动。

56．这一计划意在解决保护工业、政府和武装力量以抵御以任何方式运载——但预计主要是空运——的大规模杀伤性武器的袭击问题，其手段是要建立一个由一切可行的被动防御手段支持的系统，其中战斗机、防空力量、制导导弹部队、早期预警和控制设施要相互配合。对于公开由海路或颠覆性活动运载的大规模杀伤性武器将在随后段落中所述的任务中论及。

57．对港口及其通道的防御，以及对沿岸海上航线的防御，是这个区域的一个重要承诺，因为某些港口和港湾对于所有区域都至关重要，它们是以海外为目的地的大部分增援和战争物资的出发点。保护往来于美国和加拿大沿岸水域各港口之间的船只所需的海军力量正由加拿大—美国区域计划小组作评估，对所有海上力量的行动控制和部署制定计划是北大西洋区域计划小组的责任。防御力量应包括扫雷部队、巡逻艇、港口防护网、遥控雷区、水下探测系统、雷达和岸基武器。

58．任何意图摧毁或占领基地，或对基地设施进行突击队式袭击的敌方空降或两栖行动，总体上将由有限的驻地守备部队防御。这些守备部队将得到所需的一支小型高机动部队的支持，这些部队将从主要驻扎在北美的所有战略预备役部队中抽调，或在一些情况下从正常执行其他任务的部队抽调。

59．最初，一个基本任务就是在战争一爆发就对敌方发起战略空中进攻。源自加拿大—美国区域的这一部分空中进攻将需要该区域和其他区域的良好支持。在可能的情况下，现有的设施和设备都将被利用。其中的大部分设施和设备必要时必须在战争爆发时已经到位，各区域的防御计划也必须提供相应安排。

60．这一区域的目标将是对其他区域提供尽可能多的增援。除战略空军之外，将有一些海军部队可以立即用于向东部署，以及尽可能多的战术空军和防空小队。

重要的海、空航线的防御

61．本计划规定对主要支持地区和作战地区之间的航线的保护，这主要是北大西洋区域计划小组的责任。

大洋航线

62．就保护大洋航线而言，将采取下列方法：

a. 攻击源头。

b. 进攻性控制。

c. 防御性控制。

攻击源头

63. 对源头的攻击将针对敌方的潜艇、基地、潜艇制造厂和产业支持中心，采取的手段如下：

a. 潜艇行动。

b. 布雷。

c. 两栖袭击。

d. 轰炸水面舰艇。

e. 空袭。

进攻性控制

64. 进攻性控制将由潜艇行动、布雷进行，由水面部队以及岸基或舰载飞机执行的军事行动针对敌方水面部队和船舶。针对潜艇的进攻性行动将由岸基飞机和猎杀小组执行。

防御性控制

65. 将采取以下防御性措施以反击敌方对海上航线的威胁：

a. 海军控制航运

在战争爆发时，所有盟国商船的移动将受海军控制。

b. 大洋护航

假设敌方潜艇的威胁将如预想的那样发展，必须在北大西洋执行一套大洋护航体系。

这些护航编队的直接保护将来自：

（1）与预计的潜艇和/或空中威胁相匹配的水面舰艇护航，这一措施将在所有护航路线上提供，必要时在受到特别威胁的地区可以加强这一措施。

（2）来自岸基和舰载机的空中掩护，用于反潜战和抵御空袭。

239

（3）水面舰艇保护以抵御来自水面的打击。

c．支线护航

对于来自西欧区域、葡萄牙和西北非的船舶加入或从主线大洋护航系统分离已经做出安排。

d．终端港口位于北欧或西欧的大洋航运。

驶离或驶向北欧或西欧港口的船舶将由沿岸或当地进行护航。

对领土的防御

66．计划对下列领土和岛屿进行防御：

a．葡萄牙大陆地区。

b．马德拉和亚速尔群岛。

c．格陵兰岛。

d．冰岛。

e．法罗群岛。

f．扬马延岛。

g．斯匹次卑尔根（在条约限制下的可行的范围内）。

部队需求

67．各区域对认为实施其计划所需的主要部队的评估已经被整合并为附录"A"附加。

附录"A"
1954年防御计划的需要

主要项目	总量
海军部队	
战列舰	2
巡洋舰	29
舰队级航母	12

护航航母	19
驱逐舰及大型护航舰	920
潜艇	107
快速布雷艇	8
小型军舰	471
扫雷艇	756
两栖运输舰	用于1个步兵师
海上飞机：舰载飞机	2382
岸基飞机	882
海岸炮：炮组	－
地面部队	
野战部队：装甲师	18–2/3
步兵师	71–1/2
空降师	1/3
空军部队	
截击机及昼间战斗机	
夜间战斗机	7084
轻型轰炸机	556
战术及远程侦察机	364
运输机	672

注：1. 总数不包括需要用于内陆地区防御的地面部队。

2. 出于安全考虑，部队总数只在这一表格中显示。各区域分解的详细数据将在军事委员会会议上分发，届时委员会将需要决定是否应当用一张详细表格来取代此表。

<<

十五、北大西洋地区防御战略概念

（1952年12月3日）

前言

1. 北大西洋公约各项目标的实现需要整合缔约国的政治、经济、心理及纯粹的军事手段，这对于北大西洋地区的防务至关重要。尤为重要的是，北约目标的实现需要与联合国的宗旨与原则保持一致。北约的成员国宣称："它们决心捍卫其建立在民主、个人自由、法治原则基础上的自由、共同的传统与文明。它们谋求促进北大西洋地区的稳定与福祉。它们决心团结起来，共同努力捍卫集体防务，维护和平与安全。"

2. 其目的，第一，防止战争，第二，一旦发生战事，确保北约成员国的军事与工业力量更有效地用于共同防务，以及成员国的现有军事手段必须有效地加以协调。作为这种协调的基础，一项共同的北大西洋地区防务的战略概念必须成为北约军事委员会、主要的北约指挥官以及美加地区规划小组制订计划的基石。本文件的目的是为了概述北大西洋地区全面防御的广泛概念。

3. 本概念建立在对于成员国的地理位置、工业能力、人口以及军事能力等因素的考虑之上,并承认各成员国的贡献应该与上述各项因素成比例。其目标是与经济上的努力、资源与人力相伴随的充足的军事实力。为了加强其自身的防务并参与共同防务，各成员国在与其总体战略计划保持一致的情况下最大程度上发展军事力量是可取的。

4. 本概念是开启制订旨在维护和平并减少侵略的可能性的现实、重要而富有成效的防务计划的第一步。它旨在提供为北约军事委员会、主要的北约指挥官以及美加地区规划小组所需的基本战略指导，以便确保与下面的第二部分提出的原则相一致的协调规划。实施本战略所需的各项措施将需要不断地审查。

北约防务原则

5. 某些总则被视为北约的基础。这些原则也是北约的成功运作与制订共同防务计划的基础。因此，那些可用于防务规划的原则将作为北约军事委员会、主要的北约指挥官以及美加地区规划小组基本指导的有机组成部分而在下面各段中提出。

a. 主要原则是通过自助和互助共同抵御武装进攻。直接的目的是在北约成员国内部达成足够的集体自卫安排。

b. 依照北约第3款所规定的总目标，各成员国将以最有效并与其所处的地位、所肩负的责任和所拥有的资源相一致的方式作出其有理由预期的贡献。

c. 在加强其与总战略计划一致的军事力量的过程中，各参与国应该牢记，经济复兴与实现经济稳定是其安全的重要构成要素。

d. 为了便于在万一遭受侵略的情况下可以相互支持而部署的成员国的武装部队应该在协调的基础上得到加强，以便于其能以与一项共同的战略计划保持一致的方式更经济而有效地发挥作用。

e. 以最低必要的人力、财力和物资支出而又最高效的武装部队实现北约的成功防御是防务计划的目标。

f. 北约防务计划的基本原则应该是，各成员国应该承担它最适合的一项或几项任务。某些国家由于它们所处的地理位置或它们所具有的能力将准备承担其所适合的某些具体任务。

北约防御概念的目标

6. 北约防御性组织的目的是为了团结北约国家的力量，以便促进和平并为北大西洋地区提供安全。北约防御概念的总目标是：

a. 在和平时期，为了创造一种针对任何威胁北约大家庭的和平、独立与稳定的国家或国家集团的强有力的威慑力量，协调我们的军事与经济力量。

b. 制订计划，以备万一发生战事之所需，它将联合部署北约国家的军事力量以对抗敌人的威胁，保卫北约国家的人员与领土，以及北约地区的安全。

实施防御概念的军事措施

基本保障

7. 总体防御计划必须在战争危机出现之前制订，尤其是下述促进北约地区共同防御目标的基本保障计划。这些保障计划的成功实施必须由总体计划提出的密切的军事行动协调来得到保证。

a. 无一例外地，尽可能确保以各类武器实施战略轰炸。这主要是美国的责任，其他国家也对此提供切实可行的协助。

b. 利用各种手段尽可能快地捕获、抵御攻击北约国家的敌人，这些手段包括采取陆、海、空及心理战行动。起初，地面部队的主力将来自欧洲国家。其他国家将以最快的速度并与总计划一致的方式提供援助。

c. 尽可能使敌方的针对北约国家的空中行动无效。在此保障阶段，欧洲国家在初始阶段应该提供大量的战术性空中支持和防空；其他国家以与总体计划一致的方式提供迅速的支援。

d. 保护并控制对实施共同防御计划至关重要的海上、空中交通线、港口和海港。海上与空中交通线的保护与控制将通过成员国彼此合作来进行,这种合作是建立在各国能力与协商一致的责任基础之上的。在这一点上，成员国承认，美国和英国将对海上交通线的组织和控制承担主要责任。其他国家将承担其本国港口和海上交通线的防御，并参与或许在总计划中表明的通往其领土的那些至关重要的海上交通线的组织和控制。

e. 保护、维持并防御这些主要的支撑地区、航空基地、海上基地和其他设施对于成功地完成这些基本的保障计划至关重要。实施这些保障计划是那些对这些重要基地、地区和设施拥有主权的国家的责任，它们可以在一定程度上得到集体防御计划所规定的必要的协助。

f. 按照成员国所计划的对于后期进攻性军事行动的贡献动员并扩展它们的总体能力，以维持北大西洋地区的安全。

合作性措施

8. 我们的总战略概念的本质是通过集体防御计划最大限度地发展力量。作为成功实施共同计划的一个前提条件，成员国认识到，某些合作性措施必须提前实施。这些措施包括：

a. 以尽可能切实可行的方式使军事原则和程序标准化。

b. 需要时，举行联合军事演习。

c. 汇编并交流由此产生的实施预期的北约防御计划和军事行动的情报信息和数据。

d. 按照相关国家间的协议，加强在共同军事设施的建设、维持与运作方面的合作。

e. 在制订周密的防务计划过程中，成员国共同的军事与服务设施的维修应该标准化。

f. 共同防御计划中各项军事行动所需要的军事物资与设备应切实可行的标准化。

g. 集体合作掌控共同防御所必需的各种军事准备措施的做法始于和平时期，假使相关国家不希望或不能依靠自身的力量将这些措施付诸实施，则这些措施的落实将在北约的框架内进行。在每一种情形下，相关安排将由与之直接相关的各国之间达成的共同协定来加以规范。

h. 在研究、开发新式武器和发展新式战法的过程中，在各成员国的法律与行政限度内加强合作。

i. 在制订心理与其他特殊军事行动计划的过程中进行切实可行的合作。

<<

十六、北约战略指南

（1952 年 12 月 9 日）

第一部分　防御政策以及作战的一般概念

信息

1. 本文件所有情报类信息以及所有关于潜在敌人和中立国的评估均来源于 S.G.176\2 "提交常设小组的情报和提交主要北约指挥官和与北约有关的指挥官的情报指南。" 以下提供的指南考虑到万一从现在到 1956 年期间发生战争的情势，它应该与不时修改的情报研究报告一同研读。

防御政策

2. 在和平时期，北约的防御政策就是使苏联确信战争不划算，并确保一旦发生战争，能够成功地防御北约地区。此政策需要发展和维持足够的军事力量以及密切协调成员国在政治、经济和心理上的努力。执行此政策的计划应坚持以下原则：

a. 以采取战争以外的任何措施对抗由苏联及其卫星国在和平时期增加其对北约国家威胁的企图；同时，采取措施以利用苏联的弱点。

b. 发展所需的军事力量，牢记每一个国家的经济和人力情况，实现并维持其在武器上的技术优势。

c. 通过训练和发展战斗技术，使装备现代化，持续保持最高效的军队，并确保其在战争中有能力进行所需的扩充。

d. 在供应方面，通过装备标准化，协调生产，交换计划、情报和技术信息，提供互助。

3. 万一发生侵略，北约国家将采取联合协调的行动保卫它们的人民、领土以及作战能力以抵抗各种形式的袭击，将防御欧洲放在特别重要的位置，因为欧洲的丧失对于北大西洋地区的整体防御来说是致命的损失。与此同时，北约国家将发展和动员它们的联合力量以实现最早击败苏联的目标并达到盟国的战争目标，后一个目标是由北约国家政府决定的。

假设

政治结盟

4. 政治结盟假设如下：

a. 将形成如下苏联集团：

苏联	阿尔巴尼亚	保加利亚
共产党中国	捷克斯洛伐克	东德
匈牙利	朝鲜	外蒙古
波兰	罗马尼亚	越盟军队

b. 苏联可能会占领或拥有设立基地的权力的地区：

奥地利东部	波卡拉（芬兰）	旅顺港（中国）

c. 以下国家，与它们的附属领土一起，将会组成西方势力：

北约：

比利时	加拿大	丹麦
法国	希腊	冰岛

意大利	卢森堡	挪威
葡萄牙	荷兰	土耳其
英国	美国	

其他国家：

澳大利亚	斯里兰卡	日本
拉丁美洲	新西兰	南非
国民党中国	西德	

d. 西方势力至少在最初，可以使用盟国占领区的领土和资源，及在某些其他国家建立的基地，情况如下：

占领区：

的里雅斯特	西奥地利

基地权力：

埃及	伊拉克
约旦	利比里亚
利比亚	琉球群岛
沙特阿拉伯	菲律宾

e. 芬兰最初可能会尝试保持中立。它不会愿意给予苏联任何军事援助，并且尝试避免允许苏联军队进入芬兰。如果苏联军队未获明确许可就进入芬兰领土，预计芬兰可能会与之作战，是否会发生战争将取决于前期的事态发展。

f. 西班牙将会抵抗苏联的侵略，但是最初它将向西方势力提供多大程度的支援将取决于战争爆发前的事态发展。

g. 南斯拉夫，即使它不是最先受到袭击，一旦苏联及卫星国入侵欧洲，它也很可能参加到抵抗苏联集团的战争中。如果受到袭击，它将会用它控制下的所有军事力量进行猛烈的反抗。

h. 瑞典、瑞士以及伊朗将会力图保持中立，除非其受到攻击。

i. 其他国家的结盟与态度假定是在S.G.176\2中所估计的情况。

所估计的敌人威胁

5. 苏联及其卫星国组成了幅员辽阔的力量复合体。此力量复合体的经济和军事力量并非显著依赖海上交通线。它的军事力量可能会被投射到邻近区域并且得到内陆交通线的支撑。苏联的力量复合体，依靠当地人民和社会组织，能提供超过西方势力所能提供的用于军事目的的人力资源库。这些事实表明：

a. 苏联对海上行动并非十分脆弱；

b. 敌人可能在地面战争上有压倒性的优势。

6. 意识到这样的事实，所有的北约国家将会在军事进攻开始日联合抵抗它，而它将会受到以大规模杀伤性武器进行的战略空袭，苏联很可能只有在确信它既有能力打垮西欧，也能大大削弱盟军在其他地方的原子打击能力和动员潜力时才发动攻击。如果成功，那时苏联对地面袭击而言将几乎无懈可击，而且它也不容易受到空中袭击。为了达到这样的位置，苏联和它的卫星国，在保护它们自己的领土和沿海水域的同时，很可能会尝试：

a. 以下战役，不一定是按照优先顺序，可能同时进行，着手：

（1）打垮西欧

（2）占领斯堪的纳维亚的战略要地或打垮它

（3）使英国中立或打垮它

（4）打垮南欧和所选定的某些中东地区

（5）破坏北美的军事潜力

（6）使其他地方的战略空军基地中立化

b. 连同以上战役，为它的舰队从波罗的海和黑海获得出海口，采取海上和空中行动以切断重要的盟国海上交通，对盟国的重要港口设立潜艇和鱼雷封锁线。

c. 在全世界从事颠覆性的活动，破坏盟国利益。它的这些活动预期会得到来自全世界的共产党的公开的或秘密的积极支持。

武器

7．所有类型的武器，没有例外，可能会被任何一方使用。据有大规模杀伤性武器知识的提供信息者估计，尽管到1953—1954年间它们对战争行为的影响将不会要求有必要减少现在的北约军事力量目标，但是，到1954—1956年，这类武器的大量出现及其运载能力的增加可能会使对成功防御北约地区的需要作出重新评估成为必要。无论如何，因为现有的传统北约部队远远不能满足需要，在武器开发所取得的进展证明重新评估是合理的之前，不能允许放松其已计划的扩充，尤其是在预备役和集结部队方面。这将一定不会改变现在确立的军事力量目标。

预警期

8．a．拥有最长的可用时间以方便掩护部队的部署和调动是最显著的优势。因此，应该在这方面作出各种努力以组织收集预警情报。

b．无论如何，作为最坏的情况，必须假设在战争开始前没有预警时期。

总体战略目标

9．万一被卷入战争，与任何可能建立的中东防御组织合作，北约国家的总体战略目标是，确保北约区域的防御并且摧毁苏联及其卫星国发动战争的意志和能力，最初通过空中袭击的手段，同时进行空中、地面、海上作战以保卫北约区域和其他对进行战争至关重要的区域的完整。在远东，战略政策将是防御性的。

10．实现此目标的作战将分为四个主要的阶段。这些阶段，不大可能是明确划分的，并且可能会在不同区域相对不同，如下：

第一阶段：从发动袭击之日到苏联最初的进攻趋于稳定，包括盟国空袭的开始。

第二阶段：从苏联最初的进攻趋于稳定到盟国发动主要进攻行动。

第三阶段：盟国发动主要进攻行动。

第四阶段：盟国实现最终战争目标。此指南的其余部分只考虑第一阶段的作战行动。

第一阶段的基本任务

11. 为实现以上总体战略目标，北约的基本任务是：

a. 在非常规作战行动的适当支持下，利用一切可用的手段，包括陆、海、空战略、战术部队，在切实可行的范围内尽快阻止并反击敌人对北约国家的进攻。

b. 确保盟军有能力运用所有可能的方式以及各种类型的武器实施迅速的战略空袭。

c. 获得、维护并防卫这种重要的支持区域、空军和海军基地，以及其他对成功完成这些基本任务至关重要的设施，保护服务于它们的交通线。

d. 按着所计划的对于后期进攻性作战行动的推动作用，动员并扩大北约国家的整体军事力量。

第二部分　北约区域的战略层面

第一节　北约区域防御的一般概念

一般概念

12. 第一阶段北约区域防御的一般概念要求指挥盟国的军事行动：

a. 阻止苏联的推进，因此，在可行的范围内最大程度上保护并维持盟国领土的完整并掩护它们进行的调动。由于欧洲可能是苏联推进的主要目标，且由于占据它对于后续阶段的重要性压倒一切，它的第一阶段的防御必须给予特别的重视。为了这个目的，主要军事行动必须致力于延迟并阻止敌人的主要袭击，同时占据并利用其他地方。正因如此，我们应该：

（1）旨在从一开始就拥有最多可利用的或至少在最开始的几周里准备好投入行动的军事力量，如果这样做不会在装备的储备或延迟后续编队的到来方面导致不能接受的危险。此概念对国家组织的训练、装备和调动其第二战线编队的可能影响是显而易见的。

（2）确保对抗最初进攻的首当其冲的部队绝大多数是那些拥有最大阻击力量的部队。

b．与此同时：

（1）对敌人发动战略空袭。这种进攻对防御战的间接影响将是渐增的且可能是决定性的。

（2）对敌人展开其他可能的进攻行动。

c．防止并最大程度上减少以任何方式和在任何地点为摧毁盟军作战潜力而发动的各种进攻。必须预先做好准备以保护盟国主要的人口、生产和调动中心以及它们的交通线免遭干扰或破坏。

实施防御

概述

13．在此阶段，应该动用一切可行的旨在分散、牵制敌人的方法和技术，包括破坏和颠覆行动，以为部署足够的军事力量压住敌人的进攻争取最多时间。

陆地

14．实行陆地防御应该积极进取，充分利用当地的各种进攻机会并且保持机动性，包括利用盟军控制的海上侧翼。应作出安排，在可以预料的地方对抗敌人的空军、制导导弹以及空袭。

空中

15．部署北约空军的总体计划必须从一开始就是攻击性的。起初这项计划必须旨在获得空中优势，为的是使更多盟国空军力量支持陆地、海上以及战略空战，保护交通线以及关键区域。此外，战略空军的进攻将会对争取空中优势的战役以及北约整体战役产生直接影响。控制和其他作战安排必须结合空军天生的灵活性以确保以最少兵力取得最大效果。

海上

16. 海军的部署应主要是为了保卫海上交通，及其主要港口和基地。包括保卫沿海水域以及海上、空中通道。否则，对于敌人可能会控制的区域应该封锁，不能让其使用对其战略来说必要的海上通道。也可能会要求盟国海军对陆军给予直接支援，并且必须做好准备执行突袭行动以及大范围的空中打击或水陆联合作战以支持整体战略。

17. 应该建立护航系统，包括提供反潜攻击部队，以及在核心区域增加护航舰和指挥护航队的军事力量。除此之外，需要有海上控制服务以确保中立国的航运不会损害盟军为防御作出的努力，战时禁运品不会到敌人手里。

第二节：对形势的评估

总体形势

18. 从战略角度来看，北约覆盖的领土必须从与其地理环境的关系角度来考虑。这个环境包括欧洲大陆（由西欧组成，侧翼是斯堪的纳维亚和南欧），不列颠群岛以及北美。这些防御也包含它们相邻的海域，尤其是北大西洋、英吉利海峡和北海以及地中海。除此之外，分离的北约领土葡萄牙大陆和阿尔及利亚需要单独考虑。

19. 这些区域中任何一个的防御概念必须考虑其在北约综合防御中的相应的战略重要性以及影响其防御的战略因素。这些因素在以下每一个区域都被考虑了，这些区域按照第18段所给出的顺序出现，它出于研究的目的最好地呈现了它们相互之间的战略关系。

西欧

西欧的战略重要性

20．因为它是人口的聚集地，它控制着物质资源，拥有高度的工业潜力，以及其中心地理位置的战略价值，敌人占领西欧则意味着重大胜利。通过征服西欧，敌人将获得几乎是决定性的继续作战的战略优势。

21．相反的，北约国家保住西欧就为它们保存了用于进攻敌人的港口、交通、机场等无价的设施及技术劳动力。因此，保有它至关重要，防御它的成本要比夺回它的成本低得多。

战略因素

22．以下因素是由上面的和其他考虑产生的：

a．西欧是如此重要以至于它将是敌人在战争中的首要目标。据估计，敌人很可能针对它及其交通发起其主要的陆地和空中袭击。这种攻击很可能包括大规模的空中打击，既包括常规的也包括原子的，以及可能的空降作战。

b．必须尽可能多地守住西欧。这是必要的：不仅仅保护其领土不受侵略，为盟国保存其最大潜力，给予其陆地和空域以纵深防御，而且也要帮助防御斯堪的纳维亚、不列颠群岛以及南欧，阻止敌人进入北海港口以及能够展开北约战略所设想的反攻战。

c．西欧的生存在很大程度上依靠其海外资源、运输这些资源的海上交通以及装卸它们的港口。

23．除此之外，以下地形因素也影响西欧的防御：

a．在陆军从苏联目前占有的领土进入西欧的通道中最主要的天然屏障是长约150英里的易北河和从瑞士到伊赛米尔（Ysselmeer）的莱茵—伊赛尔河（后者通过人工方法改造了）。在这两条河之间有许多小河，以及其他可以用于延缓敌人推进的小障碍。

b．最合适防御莱茵河以东地区的地形是由西德中部的丘陵地带以及黑森林地带提供的，后者向南是瑞士。

c．德北平原，其侧面是北海，为苏联大规模进攻西欧提供了最适宜的地势。

战略概念和目标

[①]25．西欧的防御概念就是使敌人尽可能远离德国东部，最大程度上利用一切可用的进攻和防御手段扼止或限制其行动自由。

26．实现这一概念的作战行动应该基于提供足够的机动（couverture）部队，并且应该特别考虑以下情况进行计划：

a．保留西德、比荷卢地区及法国东北部的工业潜力。

b．保护主要港口、空军基地以及交通中心免遭空袭和空降袭击。

c．不让敌人使用基尔运河以及北海沿岸的基地。

27．战争爆发时实现这一概念的很可能可利用的最有效的进攻方式是，部署空军，既包括战术空军也包括战略空军。通过对敌人的空军和陆军、交通线和大后方发动猛攻，空军有能力减缓敌人的进攻并极大促进其停止进攻。

28．与上面25段所提及的前沿战略保持一致，陆地战应旨在延迟并削弱敌人的推进，目的是尽可能使其远离莱茵河以东。作战行动应该遵循防御—进攻指南展开，利用局势最大程度上牵制敌人的能力并逐渐削弱敌人的进攻。

29．不论何时，当第25—28段所提及的作战行动不能适当展开时，总体战略应该包含致力于尽可能控制某些关键区域。

斯堪的纳维亚

斯堪的纳维亚的战略重要性

30．斯堪的纳维亚的战略重要性主要在于那些控制从波罗的海到北

---

① 原文无"24"。

海的通道的半岛和岛屿。如果敌人能够占领它们或使其中立化，并由此打开波罗的海出海口，他就可能极大地增加其对盟国在北海和大西洋上重要海上交通线的打击。他也将会获得前沿机场，从那里攻击盟国的战略基地，尤其是那些在英国的。除此之外，他将使其在波罗的海的海上交通线更为安全，并通过建立前沿空中预警组织大大增强对其领土和基地的空防能力。反过来，斯堪的纳维亚对于盟国的价值在于拥有它所提供的战略掩护，以及它所提供的在海上和空中发动反击战的可能性。

31．瑞典，因其经济、工业和军事实力以及战略位置的原因，在斯堪的纳维亚的防御方面可以扮演最重要的角色。然而，它不是北约成员国，并且很可能保持中立，除非受到攻击。

32．挪威，与英国一起，控制着北海及东北部地区进入北大西洋的通道。它也是某些重要战略物资的重要来源或终点，尤其是铁、木材和木浆。

33．丹麦是在波罗的海作战的关键，它控制其出海口。它也是苏联借以致力于发动对瑞典和挪威的大规模进攻的一个桥梁。

战略因素

34．以下因素由上面和其他考虑产生：

a．为了自己拥有而不让北约盟国拥有波罗的海—北海通道，尤其因为这也将在至关重要的方向扩大其空中预警范围，敌人很有可能给予对挪威和丹麦作战以最优先考虑。而且，他很可能为跨拉普兰（Lapland）作战的可能性所吸引，为的是不让北约盟国进入挪威北部港口并获得其战略物资，并且在那里建立基地，从那里他的空军和白海海军能够干扰盟国在北大西洋的交通线。

b．挪威和丹麦的防御必须考虑瑞典，它位于任何从东部袭击斯堪的纳维亚的通道上，尤其是苏联不会忽视万一另一个斯堪的纳维亚国家遭受袭击，瑞典加入北约盟国的可能性。除了经由芬兰极北地区较困难的陆地通道，对瑞典的袭击必须采取海上以及可能空降突袭的方式。陆基空中掩护能够在南部最为有效的提供。在内陆，交通是非常有限的，通过瑞典进攻挪威的作战行动起初将会主要限制于南通奥斯陆和特隆赫姆（Trondheim）、北通纳尔维克（Narvik）地区的路线上，后者可能包括小规模的两栖作战。

c. 由于据估计，基于地形和有效的空中掩护的需要，在任何情况下，苏联最有可能从南部经过日德兰半岛（Jutland）和西兰岛（Zealand）制造重大威胁，防卫丹麦是防卫斯堪的纳维亚的关键。更进一步的考虑是，因为其位置，这里的成功防御比在斯堪的纳维亚其他地方更有可能从苏联对西欧的大规模进攻中分散更可观的军事力量。

d. 斯堪的纳维亚的防御计划很有可能受到在北大西洋和西欧作战行动的影响。由于很可能无法与在德国北部作战的西欧军队保持联系，此区域的防卫计划必须应对这一应急情况。另一方面，斯堪的纳维亚的部队可能会得到在北大西洋作战的海军攻击部队相当大的支持。

e. 丹麦和挪威在和平时期维持的军队数量很少。而且，那里的地形对于从国家的一个地方到另一个地方调动小队和编队十分困难，尤其是在涉及跨海调动的地方。因此，至关重要的是，这些国家应该收到尽最大可能发送的即将发生的袭击的预警，以帮助他们尽可能加强准备。无论如何，必须预料，苏联将旨在发动突然袭击，因此，部队在最开始部署的时候就应该考虑此因素，同时能够重新部署以集中对抗最为危险的威胁，由此避免被各个击破。

战略概念和目标

35. 鉴于以上考虑，很清楚的是，斯堪的纳维亚必须作为一个整体来进行防御，尽管在孤立的纳尔维克地区的作战可能会以与南斯堪的纳维亚的战斗完全分开的方式而有利展开。一旦这是可能的，由此，防御挪威、丹麦和瑞典的计划就必须是相互协调的。这些计划应该基于最大灵活性的需要，以便在突然袭击加强之前就集中力量应对它们。在防守进攻中，最大程度动用可利用的海军和空军力量，包括本地部队和支援部队。

36．尤其必须把重点放在对日德兰半岛、西兰岛的防御和守住在挪威、丹麦、瑞典的那些区域，万一后者加入同盟国，同盟国就可以从这里采取行动以：

a．控制波罗的海的出海口。

b．不让敌人在挪威北部建立前沿基地，从这些基地指挥其空军和白海海军攻击盟国交通。

c．对抗苏联的海上和空中作战行动，干扰它们在波罗的海及其上空的交通。丹麦的博恩霍尔姆岛（Bornholm）为此提供了有价值的前哨，但是很难维持其防御。

d．对从陆地和海上攻击敌人领土的作战提供支持。

e．合作控制北海和东大西洋。

南欧

南欧的战略重要性

37．在对苏联的战争中，南欧的战略重要性产生于以下几方面的考虑：

a．它的阿尔卑斯山侧翼覆盖了西欧防御的南端。

b．它在苏联军队和地中海之间形成一个屏障。

c．它控制黑海出海口，阻挡或从侧翼攻击苏联对中东的任何直接推进。在土耳其，它对于空军针对苏联实施的战略任务提供有价值的中途补给和其他便利。

d．它包括：

（1）南斯拉夫，唯一"丧失的卫星国"，尽管不是北约的一员，很可能会加入对苏联集团的防御战争，因此会给予盟国相当大的心理优势以及一些军事援助。

（2）阿尔巴尼亚，唯一孤立的，相对弱小的苏联集团成员国。

战略因素

38．南欧在陆地上分为三大部分：意大利半岛、巴尔干、土耳其。几乎贯穿整个这一地区的地形是山地。仅仅在意大利北部平原、色雷斯、安纳托利亚高原适合大规模的陆地作战活动和部署机械化编队。

39．意大利与敌人的领土不接壤，从陆地进攻意大利很可能只能通过奥地利或南斯拉夫进入意大利北部平原。在北部，此平原被广阔且易于防御的意大利阿尔卑斯山所覆盖，但是在东边，对意大利的防御被尤利安阿尔卑斯山脉（Julian Alps）所危害，其战略缺口超越南斯拉夫边界。因此，虽然伊松佐（Isonzo）河为意大利领土提供了第二道防线，南斯拉夫北部的事态发展也会对意大利北部的防御造成重大影响。

40．北爱琴海的沿海地带连接着希腊和土耳其，覆盖它们的侧面，并提供进入地中海地区的通道。然而，希腊色雷斯这个区域被南保加利亚山脉所控制，十分狭长，缺少有效防御的深度。

41．敌人在巴尔干的努力很可能首先直指南斯拉夫的多瑙河谷。估计卷入的苏联及卫星国的部队将通过南斯拉夫西北部逼向意大利以及通过南斯拉夫南部逼向希腊，以试图在地中海沿岸获得基地，从那里对盟国的海上交通构成严重威胁。后一种行动很可能会与从保加利亚直接袭击希腊的军队相协调。尽管南斯拉夫不可能守住它的北部平原，可以期待它将敌人有效的军事力量引入山区。

42．敌人将在相当大程度上致力于征服土耳其，由此剥夺北约同盟在横跨进入中东的直接通道的黑海的主要地位以及土耳其提供的空军基地和其他设施。占有土耳其或使其中立化将给予敌人进入地中海的通道以及更大的对中东作战的自由。尤其是，它将威胁盟国重要的产油区，扩大敌人的空中警告区域，以及其空中行动的范围。

43．据估计，敌人对土耳其同时发动的袭击将包括：

a．从高加索沿着赖宁纳坎（lenianakan）—卡尔斯（Kars）—埃尔祖鲁姆（Erzurum）轴心针对瑟瓦斯—坎加尔（Sivas-Kangal）地区的主要公路和铁路枢纽发动突袭。

b．从西部对土耳其色雷斯地区的主攻以发动跨越海峡的袭击和侵入安纳托利亚为目标。

除此之外，还必须预料，对瑟瓦斯—坎加尔地区的进一步威胁，它以跨黑海针对萨姆松（Samsun）的空降作战形式呈现。还必须考虑到敌军可能进行包抄的危险：从波斯阿塞拜疆转向西，穿过伊拉克北部和叙利亚，逼近伊斯肯德伦（Iskanderun）。

43．[①]除在防卫土耳其北部海岸中发挥作用之外，土耳其海军，尤其是它们的潜艇，可能会对盟国第一阶段在黑海的进攻行动作出更大的贡献。

战略概念和目标

44．因此，对南欧的防御应该包括：

a．意大利的防御，其因西北依靠瑞士阿尔卑斯山且据守意大利阿尔卑斯山，至少是伊松佐（Isonzo）线而得到加固。

b．希腊的防御尽可能向北部和东部扩展，考虑到至少要防御到斯特鲁马（Strouma）河，并尽可能向前推进防御线。

c．土耳其的防御尽可能向北部和西部扩展，鉴于对安纳托利亚的防御，拒绝敌人利用达达尼尔海峡和博斯普鲁斯海峡通道，这些地方被认为是至关重要的，因此不能使其陷入危险境地，尽一切努力使尽可能多的色雷斯地区掌握在盟国手里，考虑到至少防御查塔尔贾—德米尔卡皮（Catalca–Demirkapi）要塞，并尽可能向前推进防御线。

d．在土耳其的东北部建立适当的防御系统，并提供一支部队以防御位于中心位置的瑟瓦斯—坎加尔地区，尤其是对抗来自北方的两栖袭击。

45．南斯拉夫军队采取的战略的有效性，与它们合作所达到的程

---

① 原文如此。

度，如果这是满意的，它们能够承担的支持将对意大利和希腊前线的形势产生显著影响。尤其是，如果南斯拉夫能够，即便是动用轻型部队，控制或干扰前往儒略隘口（Julian Gap）的敌人，在阿尔巴尼亚和保加利亚之间保持强大的军队，在南方封锁瓦尔达尔谷（Vardar Valley），它将会极大地支援盟国。通过这种方式，将会牵制大量敌军，并增加同盟阵地纵深。

46．防止包围土耳其的对策将需要与盟军防御中东的安排相协调，反过来，它们将有助于提供支持。同样的，伊朗和伊拉克合作以防止阿塞拜疆和库尔德斯坦的通道落入敌手也是非常值得期许的。

47．在南欧有实施进攻性防御的特殊机遇，必须掌握其全部优势，尤其是要考虑：

a．南欧位于敌人插入西欧的左翼。

b．意大利北部阿尔卑斯山据点所处的位置可以俯瞰任何敌人向奥地利挺进的情况。

c．其海上交通线位于南欧的后面，尤其是在北爱琴海地区，这赋予盟国以灵活性。

d．控制尽可能多的广阔的南巴尔干和安纳托利亚领土区域，这些区域可用来作为未来进攻的作战基地。

e．如果南斯拉夫发动有效的抵抗并且维持适当的军队使大量的敌对力量中立或者撤退，这些优势，包括心理上的，就可能累积。

f．在南部的作战行动，苏联很可能依赖卫星国的部队。

g．阿尔巴尼亚的相对脆弱性。

h．大量重要的希腊—土耳其军队的存在立即提供了执行进攻性防御的可能性。

49．在南欧实现这一总体概念的计划还应该包括以下措施：

a．提供盟国的和共同参战国的地面部队，包括游击队，及适当的海军和空中支援。

b. 促进和利用南斯拉夫的抗敌行动。

c. 对抗任何敌人可能尝试通过在黑海登陆而发动的转战行动。

d. 确保与旨在防御相邻区域的行动进行协调。

e. 如果必要的话，协调在奥地利的部队的撤退。

f. 确保协调在地中海区域的海上和空中行动，包括支持以此区域上空为航线的空中战略行动。

g. 不让敌方海军从黑海出海，并且在那里干扰它们。

h. 指挥轻型海军，以支持土耳其本土的防御。

不列颠群岛

不列颠群岛的战略重要性

50. 不列颠群岛，凭借其地理位置、工业能力以及港口和机场，既为北约提供了一个支持区域，又为欧洲的防御提供了一个前沿基地和海上通道。这些因素使其对防御欧洲至关重要。考虑到这一点，以及敌人很可能对于不让不列颠群岛成为盟国的一个战略空袭基地特别重视，他很可能在战争的早期对它们发动一场既是常规的又是原子的猛烈的空中进攻。预计他也可能试图通过潜艇战和布雷攻击其海上交通线，从而切断其与海外资源供给的联系，并且可能用一些兵力对不列颠群岛本身的关键目标发动空中和海上袭击。

战略概念和目标

51. 作为其基本要求，不列颠群岛的防御要有一个有效的防空组织和保护其海上交通线。除此之外，要求有足够的陆军力量以应对敌人的空袭和海上袭击。

52. 结合其近程防御，对不列颠群岛战争能力的有效保护也包含对射程内的空军、潜艇和布雷基地发动空中进攻，这反过来将对盟国在斯堪的纳维亚和西欧的整体进攻—防御行动作出贡献。

北美

北美的战略重要性

53．在与苏联的战争中，北美的重要性在于这一事实：它是北约区域中最不易遭受大规模的陆地或海上进攻的，拥有盟国主要的生产和进攻能力，它所处的地理位置恰好提供了几个为控制欧洲与其支持地区之间的重要交通线所需的基地。

54．因此，它的重要性如此，以至于尽管它是一个困难的目标，敌人很可能会作出重大努力以破坏北美的军事潜力以及其军事调动。

战略概念和目标

55．加拿大—美国地区的防御概念是建立在这样的原则基础之上，一旦战争爆发，盟国的战争目标只有通过动用主要的盟国战争努力进攻敌人才能达到。为了提供最多的用于进攻的部队，加拿大—美国地区仅仅将其全部军事力量中为了对北美的战争能力的重要组成部分提供合理保护所必须的那部分投入防御性目的。

56．根据这一概念，第一批调用的据认为为北美提供可接受的最低程度的保护的军队必须用于防御其生产能力、交通线、基地、调遣与训练设施。美国和加拿大已经表明，对于不能从实质上损害该地区战争能力的那类形式和规模的进攻不专门提供防御，这其中所蕴含的风险是可以接受的。然而，1956年苏联可能会拥有强大的对付北美的原子潜力，为了使北约达到其军事目标，为该地区提供足够的防御由此变得很重要。

北大西洋

北大西洋的战略重要性

57．北大西洋是媒介，通过它美国强大的潜力可以被运送并且被用于对付欧洲的敌人。这片海洋区域的海上航线的安全是至关重要的要求。而且，通过盟国特种部队在这片水域的作战行动，可以给予敌人的潜力以有力的打击。

战略因素

58．不像苏联，在很大程度上它是独立且是自立的，北约国家则在很大程度依赖于对世界范围内的交通线的自由使用。因此，可以预料，敌人可能采取任何行动去破坏这些交通线。

59．在战争刚爆发的时候，除了在极北地区，苏联将不会拥有邻接北大西洋的基地，假使丹麦守得住，其在波罗的海的基地也不会对它构成威胁。然而，在夏季，从波罗的海来的轻型部队可能会通过波罗的海—白海海峡进入北大西洋。所有北大西洋上的属于北约国家或那些可能成为盟国的岛屿，在和平时期全部都能得到加固和开发，除了斯匹茨卑尔根岛（Spitzbergen），它由1920年条约的条款所管辖。

战略概念和目标

59．①支配在北大西洋作战的部队的使用的战略概念是，建立并维持对该区域及其海上与空中交通线的控制，防御北约和盟国本土及区域内和邻接地区重要的基地区，并动用可利用的进攻性—防御性海军以支持整体战略。

60．北大西洋的作战计划应该包括为以下具体的需要所做的必要准备：

a．亚速尔群岛、马德拉群岛和百慕大群岛的近海防御。

b．防御格陵兰岛、冰岛、亚速尔群岛和百慕大群岛。

c．防御法罗群岛（Faroes）、斯匹茨卑尔根群岛和扬马延岛（Jan Mayen），这些岛可能被敌人所

d．利用而使盟国处于不利的境地。支持在斯堪的纳维亚的作战行动。

---

① 原文如此。

英吉利海峡和北海

英吉利海峡和北海的战略重要性

61．保卫在英吉利海峡和北海的盟国海上交通线及其上空的空中航线，不让它们的海上航道和领空落入敌手，对于成功防御西欧和不列颠群岛是至关重要的。

战略因素

63．所有邻近英吉利海峡和北海的领土，包括西德（加上赫尔戈兰Heligoland）都是在北约\欧洲防御共同体区域之内的。因此，在战争开始的时候，敌人将不会在邻近这些水域的领土上拥有海军或空军基地，敌人的潜艇或者是水面舰艇仅仅能够通过北海或大西洋进入。然而，这些港口和港湾则在从现存的苏联基地起飞的飞机的攻击范围之内。

64．鉴于英国的战略潜力以及它作为盟国空中攻击的基地的价值，敌人很可能在战争一开始的时候就发动经由英吉利海峡和北海上空的大规模空袭。

战略概念和目标

65．这些水域的战略概念是建立并维持对它们的海上和空中控制，目的在于防御比邻它们的盟国基地和交通线，以支持整体战略。

地中海区域

地中海的战略重要性

66．地中海绕过盟国在西欧、南欧和土耳其的领土，而对于它的控制依赖于盟国与这些领土和与北非、中东及其他地区的海上和空中交通线的安全。

67．地中海也为利用海军的灵活性，通过两栖行动和动用海军打击力量支援地面战，提供了重大机遇，这些可以从战争一开始就对敌人在欧洲和小亚细亚的作战行动发起大规模空中打击。

战略因素

68. 在邻近地中海的领土中，只有阿尔巴尼亚可能对盟国是存在敌意的。因此，除了可能在阿尔巴尼亚，敌人最初在地中海沿岸没有海军和空军基地，而除了任何已经在此区域部署的潜艇，敌人的海军舰艇必须从大西洋或黑海的狭窄的入口穿过。然而，敌空军对地中海的威胁是值得重视的，尤其是在南欧的狭长水域。

69. 地中海的岛屿和南部海岸提供了若干许多掌握在盟国或友国手里的合适的场所，其所处的地理位置恰好为战略空中打击以及保护盟国的空中和海上交通线提供了基地。

战略概念和目标

70. 因此，支配位于地中海的部队的使用的战略概念是控制它的水域，防御它所邻近的北约沿海地区和友国的领土（包括克里特岛，西西里岛，科西嘉岛以及撒丁岛）以及动用可利用的部队，进攻性的和防御性的，以支持在南欧和土耳其的整体战略。

71. 地中海作战行动计划应该包括为以下具体需要做准备：

a. 控制大西洋和黑海的出海口。

b. 防御直布罗陀、马耳他、塞浦路斯、西北非、利比亚以及埃及的支持战略空中打击或服务于重要的盟国交通线的基地。

c. 支持盟国在邻近地区或维持地中海畅通的对敌作战行动。这可能包括动用打击力量执行空中或两栖反攻。

葡萄牙

葡萄牙的战略重要性

72. 尽管是欧洲大陆的一部分，葡萄牙处于伊比利亚半岛西部相对受保护的位置，其被西欧所掩盖并且位于比利牛斯山屏障之后，这赋予它以主要陆地战支持区域的角色。此外，它为防御大西洋提供了有价值的基地。

战略因素

73．在北约的欧洲总体防御概念中，敌人对葡萄牙采取的行动很可能最初局限于针对所选择的目标进行战略空袭。这些袭击的强度很可能在相当大程度上依赖于西班牙所采取的角色，以及多大程度上使用伊比利亚港口和交通线以支持并保持盟国在欧洲的努力。

战略概念和目标

74．这一阶段防御葡萄牙大陆的概念是提供最少量的部队且与在东大西洋的防御安排紧密合作，以及适当保护其港口、机场、陆地交通线以及其邻近的海上交通线免遭敌人的空袭。

阿尔及利亚

阿尔及利亚的战略重要性

75．在北约组织内阿尔及利亚的重要性在于以下事实：

a．它是宗主国法国经济的有机组成部分。

b．与其他西北非领土一起，它提供了：

（1）一个重要的北约支援区。

（2）盟国战略性空中进攻及其在地中海的海上和空中作战行动的一个基地区。

战略因素

76．鉴于其地理状况，敌人对阿尔及利亚的作战行动很可能限于针对其基地和主要的交通中心进行战略空袭。

战略概念和目标

77．阿尔及利亚的防御必须作为西北非支持区域的防御计划的一部分。在与欧洲和地中海的防御安排合作的同时，它需要提供合理的保护，以抵御敌人很可能针对北约和盟国在西北非的基地和设施及其邻近的海上交通线发起的空袭。

<<
_____

十七、未来几年内北约军事力量的最有效模式

（1954年11月22日）

序言

1．1953年12月，北大西洋理事会请求军事委员会加紧重新评估今后几年基于其可预期利用的资源军事力量最有效的模式，并且及时向理事会通报他们的进展。北约军事当局因此启动了一系列他们想要在今后几年进行的研究，这些研究是重新评估的基础。本报告包括这一系列研究的第一部分。在对第一部分研究作出评估之后，军事委员会已经得出了主要与部署于欧洲的部队有关的宽泛、可靠的结论，并且也遇到了某些问题，其中包括那些与海上通讯线和空中防御有关的问题，应该对它们进行进一步的研究。尽管在启动这些研究的时候，北约司令官们被引导研究1957年可能发生的战争，但是1957年并非特别重要，因此，在这份报告中，军事委员会阐述了今后几年涉及北约防御的广泛问题。

北约的防御目标

2．北约区域的防御准备旨在提供：

a．对侵略的主要威慑。

b．在欧洲以成功的前沿防御防止苏联的军事入侵，并确保当苏联

269

突然对北约开战时，北约将能够完全利用其陆、海、空力量，并且由此确保击败苏联。

c. 冷战期间一种高度的信心与安全。

3. 为实现这些目标，我们必须确信苏联人：

a. 他们不能快速打垮欧洲。

b. 如果发生侵略，他们会即刻遭受动用原子武器的毁灭性反击。

未来北约参与的战争的可能性质以及持续时间

4. 影响军事委员会研究的主要考虑是，在所考虑的时段里，数量可观的原子武器以及其运载能力，将既为北约也为苏联人所掌握。从研究中，军事委员会得出结论，原子武器系统的到来将彻底改变现代战争的情况。这些武器的破坏力量，尤其是热核武器，以及防御它们的困难提出了全新的问题，不仅仅是军事上的，也是政治、经济和心理上的。

5. 欧洲的防空问题将形成一个单独的主题报告。在现在的欧洲尚不存在一种足以有效对付那种坚决的空袭的防空系统，而且据认为，单单依靠现存的这种主动的防空系统不能提供这样的防御。当然，动用所有可用的防空武器，以消极的防御准备做补充，并且使它们的使用与防空作战行动相协调是极为重要的。在现今，反空袭在整体防空中是最为重要的因素。现在阻止敌人向欧洲的一些目标运送原子武器最可行的方式是：从源头上摧毁它的运载工具。反对在欧洲选择的目标的仅有的灵活方法是破坏它在源头的运送方式。这将需要对敌人的运载系统提早发动原子反击。

6. 由于由北约发动战争这样做会违背北约的基本原则，因此，这种可能性已经被排除了。因此，战争只有可能是共产主义国家蓄意侵略的结果或者是误会的结果。面对北约在原子武器方面强大的并且不断增长的力量，苏联人仅有的赢得这样一场战争的希望依赖于他们即刻、决定性地以原子武器突然摧毁北约的反击能力。这种可能性很小：苏联人可能尝试利用他们在陆军和战术空军上的优势打垮欧洲，而不是使用原子武器，以期望这样做可使盟国也避免使用这样的武器。在这种紧急情况下，我们的研究表明，北约不能防止欧洲被迅速打垮，除非北约迅速利用这种武器，战略上和战术上的。

7. 苏联人必须认识到这一点。因此，几乎不用怀疑，万一他们挑起一场涉及北约的战争，它将会以原子突击的形式开始，而北约则会以同样的方式作出反应。这将会导致一个密集的初始作战阶段——大约三十天或更少——在这段时间内，每一方都会努力尽可能快速而有效地运送大量他们累积的库存原子武器以努力抵消对手的原子运载能力。因此，逐渐增加破坏率对最近经历了长久的动员与消耗的战争而言很普遍，取而代之，由于交战双方努力动用他们累积的原子库存以获取原子优势，在最初的几天或几个星期就造成最大破坏。除了原子战之外，双方都将启动他们在陆地、海上、空中的作战行动，以取得战略优势，并为继续作战做准备。

8. 据认为，由起初的原子战，及与此同时附之以持续的袭击所导致的破坏规模可能会如此之大，以至于在战场上赢得优势的一方很可能能够防止敌人重新获得主动权。因此，在最初交战中失利的一方可能会屈服。然而，尽管在初始阶段所造成的破坏，战争很可能不会停止。在这种情况下，将有接下来的重新调整阶段以及后续行动，其确切的性质很大程度上依赖于初始阶段交战的结果。因此，我们设想未来涉及北约的战争将包括两个阶段。在初始阶段将包括敌手之间密集的原子武器战，因为每一方都想努力取得原子战优势。到这一阶段结束，相对弱的一方的原子武器库存将实际上已经耗尽了。在今后几年北约和苏联之间的战争中，我们在原子武器及其运载能力上的优势应该会在这一阶段提供一个重大优势，并有充足的剩余武器供我们用于随后阶段的作战行动中。随后的阶段包括导致战争结束的重新调整和后续行动时期。这一阶段持续的时间和结果将取决于在初始阶段所取得的相对优势以及我们继续为我们在英国和欧洲的军队提供补给的能力。

9. 由于不能有把握假定战争行动会在初始阶段结束的时候终止，因此，我们的军队必须为接下来更长时段的作战行动做准备。我们打败敌人的能力，无论如何，依赖于我们在初始阶段生存下来以及取得优势的能力。和平时期我们的兵力模式必须主要为在初始阶段取胜而设计，并且将重点放在发展能够最有效地参与这些作战行动的军事力量上。

影响初始阶段结果的因素

10. 万一苏联决定挑起一场涉及北约的战争，他们将会握有某些重要优势。这些优势可能概括如下：

a. 主动权。选择时间、地点、攻击类型的能力一直是十分重要的。在未来的使用原子武器的战争中，掌握主动比以往更为重要。

b. 突然袭击。突然袭击与占据主动直接相关。在原子时代，发动突然空袭的预警以分钟衡量，我们承受第一次打击的能力将取决于我们处于一种有效的警戒状态，敌人所能达到的突击程度会极大地影响战争的结果。北约军事委员会认为，以原子武器发动的突然袭击是西方不得不面对的最危险的威胁，苏联人不会危害他们通过预先进行大规模军力部署而发动突然袭击所获得的成果。

c. 统一的政治制度。苏联的政治制度，与北约的那种必须通过集体行动来决策的自由、民主制度相比，有快速决定的能力以及严格的安全的优势，这为其实现突然袭击提供了重要的初始优势。

d. 在陆军和战术空军方面的优势。苏联人在陆军和战术空军上的优势是其主要优势，这些优势尤其与他们迅速横行于欧洲大陆的目标有关。

11. 在考查如何最好地抵消并且克服这些优势的过程中，重要的是要牢记，一旦发生战争，北约军队的主要目标不仅仅是挺过敌人的最初打击，而且是迅速用核武器进行报复。为了能够成功执行这些任务，北约有必要采取以下措施：

a．发展有效的情报系统以便向北约提供有关苏联能力、意图和作战行动的可能最好的分析。

b．最大程度上确保其在欧洲的至关重要的战略空军部队和原子打击部队的安全。采取的最重要的措施就是建立一个令人满意的预警系统，改进情报和通讯，启用充足的积极与消极的防空措施，分散至关重要的原子运载部队。

c．确保一旦发生侵略，北约部队能够迅速启动包括使用原子武器在内的防御和报复行动。

d．发展欧洲的"现有部队"，这些部队能够有效地促进在初始阶段取得成功，并且可以防止欧洲被快速打垮。为完成这些目标，这些部队必须经过高度训练、动员，拥有一体化的原子能力，并且进行适当的纵深部署。在这一方面，获取德国对这些军队作出一份贡献的重要性怎么强调都不为过。

影响后续行动结果的因素

12．北约军事委员会尚不能对战争初始阶段之后的作战行动作出详细的研究。然而，似乎在这点上，优势在我们一方。苏联人很可能仍在野战军的数量上占有相当大的优势。另一方面，北约国家相对于苏联来说仍然在原子的运载能力、制造能力等领域占有优势，同时在战略空军和海军方面也有优势。万一北约获得这些优势，苏联人因为其在进行持续的原子攻击方面的战术编队、运输系统以及通信线上的脆弱，他们保持进攻的能力将会受到严重阻碍。

13．在开始阶段之后，我们空中行动的目标应该是持续袭击苏联的工业、通信、控制中心，这样他们不能充分地进行再动员以克服我们的原子优势。如果这些袭击是成功的，苏联依赖于高度集中的控制和通信的极权主义政治体制，可能不能继续给予苏联武装部队以有凝聚力的指挥，或发挥公民政府的基本功能。最后，很可能这时，苏联国内的持不同政见者和被奴役的卫星国人民可能发生叛离行动。如果我们的原子战成功迅即被旨在与这些群体相联系的陆地上的作战行动所利用，则后一种情况极有可能发生。盟国在原子储备、制造能力以及人力上剩余的更多则会以这些计划好的目标使北约能够施加不断增加的压力。

14．如果北约获得上述优势，苏联人通常会在战略和战术上处于守势——这种状况势必导致他们最终的失败。

对苏联能力和可能战略的评估

15．现在有必要从上面概括的原子战概念的角度评估苏联军队的能力，以及考虑他们可能采取的战略。那么，根据已经达成的结论，应可能：形成对付苏联威胁的北约战略；组建一种实施这一战略的北约军队，并仍在北约可利用的资源范围内；最终为达到这种军队模式提供对策建议。

16．假定未来3—5年苏联的军事集结适应目前的趋势，苏联武装力量应该能够在战争的开始阶段自始至终有效实施下述进攻行动：

a．针对北约的重要中心和原子基地的密集的原子战略空袭。预期突然袭击会被充分利用。

b．苏联陆军和战术空军对北约的欧洲国家发动大规模袭击，在执行这些袭击中，敌人在陆地上至少有2比1的优势，而在飞机的数量上也拥有可观的优势，这在占据主动权上会有更大的优势。此外，苏联战术空军也有能力运载原子武器。

c．针对盟国的海军、海军基地、港口以及商船发动的袭击。

17．由于据认为，突然袭击会赋予苏联人以在至关重要的原子基地占据主导权的最好机会，而这可能是北约面临的最坏的局面，苏联战略曾被假定为将基于突然袭击。它很可能会遵循下述方针：

a. 战略空袭的目标是：

（1）破坏北约盟国的重要中心以及美国、英国和加拿大以及它们的海外基地的作战能力，最优先考虑破坏北约盟国的原子能力。

（2）通过袭击北约在大西洋和地中海地区的通信线以及盟国在欧洲、北非和北美的港口、港湾，隔离欧洲战场。

b. 防御苏联。

c. 消灭欧洲盟军司令部的部队，夺取北约盟国在欧洲和中东的重要战略区域。

d. 尤其以潜艇，发动针对北约盟国海军、港口、商船的军事攻击行动。

e. 其他区域的战略防御。

北约在欧洲的特遣部队

18. 在对北约军队的未来发展和组织进行规划的过程中，重要的是不要忽视北约的防止战争这一主要目标。在这个目标下，驻欧北约军队的主要作用必须是一种有效的威慑力量。因此，这些军队必须很好地加以组织、部署、训练和装备，以至于当苏联人在他们的计划中考虑到这些因素的时候，一定会得出这样的结论，即尽管在数量上和突然袭击上占有优势，他们在欧洲战区赢得速战速决的机会很小，并且这种尝试会使苏联卷入重大危险。

19. 无论如何，我们一定不要假设，在这些情况下，苏联人也不会挑起战争，在这样的情况下，一直作为一种威慑力量而集结、部署的军队一定能够迅速、成功地完成其战时防止欧洲被迅速打垮的任务。

20. 这清楚地表明，基本的北约军队首先必须是现有部队。此外，从对欧洲盟军最高司令的《能力研究》的分析来看，很显然为了抵消苏联在陆地和战术空军上巨大的数量优势，北约现有部队必须装备一体化的原子能力。

21 为了使其在战时发挥有效的战术作用，这些现有军队必须能够：

a．承受住最初所遭受的袭击。这将需要在和平时期实施被动防御措施，比如分散和保护，最大限度获取袭击预警，建立有效的预警系统。

b．有效参与争夺制空权的战斗。他们必须能够与战略空军的作战行动相配合，通过攻击敌人以核武器为源头的空中复合体，建立空中优势。

c．防止欧洲被迅速打垮。对欧洲盟军最高司令的研究的分析使北约军事委员会得出结论认为，以北约可利用的资源，利用具有一体化原子能力高度训练和动员的部队，且使这些部队处于适当的纵深部署状态，时刻准备在发动进攻之日及战斗的初始阶段以最大强度参与战斗，则这一点是可以做到的。有理由相信，当部署这样的部队，尤其是当北约地面部队在他们自己选择的场所及预先选择并且处于战备状态的防御区作战，在战场上原子武器将对北约的有计划的防御体系有利，因为作为一般原则，如果一个敌人希望向一个防守严密的阵地推进，则他必须集中兵力。在原子战争中，集中兵力会使部队面临原子攻击而遭受严重损失。另一方面，为提供足够的保护以防御原子攻击所需的兵力分散将迫使敌人采取战术推进，与集中突破相比，它会不那么有效。

22．有鉴于上述情况，对于可能为欧洲盟军司令部所支配下的部队的考查可以得出如下结论，据估计在未来的几年里，以这些军队可用的大量原子武器，北约有实力在欧洲提供有效的威慑力量，尽管拥有这种威慑力量，但是万一战争还是爆发了，则防止欧洲被打垮，其前提条件是：

a．确保即刻使用原子武器的能力。我们的研究表明，如果不能即刻使用原子武器，我们就不能依靠可利用的资源成功防御欧洲。在原子武器使用上的任何拖延，——即便以小时来衡量——也可能是致命的。因此，如果发生涉及北约的战争，在军事上很重要的是，北约部队应该在防御开始时使用原子武器和热核武器。

b. 德国人将会做出它的一份贡献。显然，从以往的北约军事研究来看，就中欧战区而言，德国的贡献是必需的，即使是为了奉行控制莱茵——艾赛尔河一线战略。直到现在，北约仍有义务接受这一个战略，尽管它既不包括重要的鲁尔工业区，也不能为西欧提供足够的纵深防御。仅仅是战术原子武器的出现不能使北约在没有德国的贡献的情况下控制莱茵——艾赛尔河一线。然而，新武器的到来，加上德国的贡献，将使北约首次以深入莱茵——艾赛尔河以东的主防御线而采取真正的前沿防御战略。这对于成功地防御中欧、北欧以及对基本的北约战略来说都是至关重要的。

c. 在一场原子战中为使我们现在的部队能够有效作战必须采取一些重要措施。这些措施中最重要的（除了那些将在后续报告中陈述的与防空有关的附加措施之外）在此报告的附件中列出。欧洲盟军最高司令已经将这些措施做成了一份更为详细的清单。对此，北约军事委员会已经作了批注，将它作为欧洲盟军最高司令在未来采取进一步行动的基础。

23. 当且仅当采取这些行动时，北约驻欧部队才能够提供有效的威慑力量并且有理由期待，万一即便有这种威慑力量，战争还是发生了的时候，能够防止欧洲被迅速打垮。

24. 对于为了使我们的部队在一场原子战争中有效作战而必须采取的这些措施所蕴含的成本问题，尚不能作出评估。这些措施中很多重要的措施在资金或资源上耗费并不大；另外一些则代价高昂。

控制海上交通线

25. 在考虑未来几年为完成重要的海军任务而需要的北约海军模式时，北约军事委员会遇到了一些非常重要的问题。这些需要进一步的研究以确保海军的模式和能力跟上原子战争的最新发展及其对海军的要求。

26. 北约海军司令的基本任务就是出于北约的目的而控制并利用海洋，并且防止它为敌人所利用。为达到这一点，他们必须保护并维持盟国在大西洋、海峡以及地中海的航运畅通，确保支持并增援北约驻欧部队，控制并利用最重要的海域，防止敌人利用对其作战行动至关重要的海域。为最有效地参加未来北约卷入的战争，现存海军在开始阶段必须有能力针对敌人这类目标如海上基地、军事禁区发动强大的进攻行动，并且能够建立盟国在海上的优势。

27. 在北大西洋盟军最高司令部以及海峡总司令准备的能力研究中，他们表明，在未来几年中以他们预期可以使用的军队，他们不能为大量提出计划表示在战争开始阶段需要他们的保护的船只提供足够的保护。另一方面，北大西洋盟军最高司令将拥有相当大的进攻能力，这些能力他计划用于最大限度地减少对航运的威胁，以此部分弥补其防御力量的不足，并且减轻护航的负担。这些进攻部队作为为充当威慑力量所需的随时可以投入使用的部队的组成部分也是十分重要的。

28. 在一场发展成持续作战行动的战争中，来自海外的及时到达欧洲的增援与补给是很必要的。它将需要采取协调的行动以保护盟国重要的航运和海军力量以避免对维持平民之所需和继续成功地作战而言至关重要的损失。无论如何，在战争的初始阶段，基本的军队和平民的需求必须从库存和当地的资源中获得最大程度的满足，以减少使大量船只进入英国和欧洲盟军司令部的港口的必要性。在对一场未来的战争中为保护航运所需的军事力量作出有用的评估之前，迫切需要对在战争初始阶段及后续阶段所导致的最低航运需求作出可靠的估计。

29. 另一个对海军的构成与作战行动起决定性影响的因素是对港口和卸货设施实施原子袭击的效果。虽然所有的交通线都会暴露在同样的危险之下，但是港口尤其可能成为敌人的更优先的目标。由于在考虑的时段内看起来它们不可能得到足够的防御，所遭受的损失可能会如此之大，以至于在战争初始阶段，海运供应将不得不通过替代港口或者海岸来解决。这将极大地减少它可能运送的总吨位，同时也将对所需要的船只的类型产生影响。而且，过量地派遣护航队，在这种情况下可能是迅速进行的，这是很危险的。因为这么大的护卫队或等待卸货的船队他们本身就是敌人空袭和潜水艇袭击的完美目标。目前正在对原子袭击而可能对港口造成的破坏程度进行研究。对这些港口、锚地、海岸合成能力的评估，将随后决定它可能处理的轮船数量。一个相关的问题是，原子威胁很可能在战争爆发时导致商船从主要的欧洲港口迅速大批撤离。这些问题需要进一步的调查研究，因为它们可能对北约海军的构成产生影响。

30. 有必要进行进一步研究，以确定未来几年用于以优势地位执行重要海军任务的可利用的预期的海军情况。这些研究必须考虑海军技术和武器的新发展以使北约海军能够与在原子条件下海上战争的最新技术发展保持一致。

31. 因此，在这一阶段对于当下北约司令官所作出的能力研究，有必要推迟对其作出最终结论。军事委员会正在开始进一步研究，并且将在下一次对北约军队模式作出评估时向北约委员会汇报其研究结论。

结论

32. 作为新武器对涉及北约的战争的影响的最新研究成果，军事委员会得出以下结论：

a. 原子武器及其运载能力的优势将是可预见未来一场大规模战争中最重要的因素。

b. 突然袭击将是任何未来涉及北约的战争中的主要因素，敌人所达到的突袭程度将很大程度上影响战争的结果。北约的抵御能力以及对第一轮打击的反应依赖于我们的人口对这种行动的抵抗程度以及我们的军队在敌人突袭时的准备情况。

c. 如果战争发生，它很可能由两个阶段组成：

——初始相对时间较短的原子战阶段；

——随后的时长不定烈度较低的作战阶段。

最终的胜利，无论如何，可能由初始阶段的战果决定。

d. 一旦发生战争，对于原子袭击最好的防御在于盟国通过迅速而密集的原子反击从源头上减少威胁的能力。

33. 面对这样一场战争的威胁，北约的主要目标，超过以往的任何时候，必须是防止战争。这个目标只有在这种情况下才能实现，即盟国在现代战争的重要因素方面如此强大以至于敌人得出结论认为，在一场北约参与的战争中其获胜的希望很小。这意味着，北约必须能够承受得住苏联人最初发起的进攻，对敌人的战争能力作出决定性原子反击，并防止欧洲被迅速打垮。

34. 在制定驻欧北约军事力量的模式时，使之在所设想的未来几年的战争类型中最为有效，并且它也在可用的资源范围之内，那么，优先考虑必须放在提供能够有助于取得初始阶段战争胜利的可投入使用的军队上。还需要其他军队对后续的作战作出贡献，但是，鉴于开始阶段的重要性，并且考虑到预期可以使用的资源有限，这些军队的集结将给予次优先考虑。

35. 现有军队必须具有以下特征：

a. 原子运载部队足以抵御初始阶段打击并时刻准备发动迅速的反击。

b. 旨在确保提供进攻预警的作战系统。

c. 将具有一体化原子能力的部队，它将得到适当地装备、训练，且进行纵深部署，并将保持高度战备状态。

36. 如果采取措施提供以上述模式塑造的驻欧北约军队，并且如果可以获得德国的支持，可以认为，通过在战争刚开始的时候使用原子武器，驻扎在欧洲的盟国军队可以在欧洲提供成功的前沿防御。就中北欧的司令部而言，它们将使北约首次建立深入莱茵——艾塞尔河以东的主要的防御线，这对于这些司令部的防御以及控制波罗的海出口是十分重要的。

37．北约部队能够在他们的防御中使用原子和热核武器，北约军事当局应该得到授权以便为在防御一开始就使用原子和热核武器这一假设制定计划和做好准备，这些在军事上是十分必要的。

38．军事委员会正在针对海军问题开展进一步研究。在这些研究完成并且被评估之前，有必要推迟对最近北约海军司令官们提交的能力研究报告下结论。

39．当然，全体北约部队的最有效的模式必须依据核武器出现所提出的新问题而不断作出考量。

建议

40．北约军事委员会向北大西洋理事会建议如下：

a．批准以上结论，注意第37段假设的重要性。

b．原则上批准此报告附件中的措施，因为它们对于我们的军队适应未来的大规模战争是十分必要的；注意驻欧盟军最高司令已经准备了一份详细的计划建议清单，他将把此清单作为其进一步研究和行动的基础。

c．关注军事委员会启动关于北约海军问题的进一步研究的行动。

d．关注军事委员会在其权限范围内开展这种行动，以使北约军队适应原子战争。

e．关注军事委员会将提交后续防空报告。

f．注意此报告仅仅是军事委员会拟在未来所准备的一系列报告中的第一个。

附件

增加北约军队威慑和防御价值的最少的必要措施

1．原子能力。北约军队应该尽快装备可动用的综合原子能力以赋予它们最大的威慑力量和一旦战争发生则有效参与迅速的原子反击的能力。

2．预警系统。必须提供完全有效的预警系统，因为在一场原子战争中，突然袭击将是极其重要的。北约必须能够在对袭击作出积极评估之后，通过启动所有可能的消极防御措施以及针对敌人的防空设施准备发起反攻行动来对预警作出迅速反应。预警系统的有效性在战争开始阶段将是主要因素。

3．对袭击的预警。一旦发生战争，盟国军队最大程度上获取有关敌人袭击的预警是十分必要的。因此，所有有助于获取早期预警的措施都要给予最优先考虑。特别是建议考虑如下措施：

a．更加重视改进盟国的情报系统和改善此类情报在北约内部快速传递的方法。

b．采取步骤以确保北约的主要雷达网搭建完成并处于充分的操纵状态。

c．要对目前规划的雷达覆盖范围加以必要的扩展并搭建完成。

4．现有部队。必须赋予现有部队以优先权。这些部队必须有综合的原子能力，必须得到良好的组织、装备、训练并且进行深度部署，以使它们实际上最大程度履行其双重角色，即威慑力量和能够生存下来并能够反击敌人的初始猛攻的力量。来自德国的对这些现有部队的有效支援是必要的，并且这种支援必须尽快提供。提供现有部队之外的任何部队的问题应给予次优先考虑。

5. 使北约部队能够挺过苏联核打击的措施。鉴于苏联原子能力的增长以及未来战争可能由突然的原子袭击开始，采取必要的分散以及重新部署措施以确保北约军队挺过初始阶段的战争是十分必要的。我们必须重新调整我们的战术部署，改善且增加被动的和主动的防御措施，增加单位部队的分散性和机动性。这些措施适用于所有部队，空军、陆军以及海军。我们必须尤其保护我们的空军免遭这样的袭击，方法是尽可能将它们部署于不同的机场，在这些机场上尽可能将它们分散开来，以及提高它们前往备用基地重新部署并在那里迅速投入军事行动的能力。

<<

十八、未来几年内北约军事力量的
最有效模式（2号报告）

（1955年12月9日）

I. 问题

1. 向北大西洋理事会递交第二份《未来几年内北约军事力量的最有效模式》评估报告

II. 引言

2. 理事会于1954年12月17日批准了军事委员会48号文件（M.C. 48），并在其关于《1955年度评估的决议》中请军事委员会：

a. 遵照一致达成的战略概念并立足于预计可利用的资源，继续研究为遏制侵略和保卫北约地区所需的未来几年内北约军事力量的最有效模式，考虑军事技术的发展和苏联的实力，以为北约防御计划提供基本指导。

b. 尽快将目前防空研究的结论呈交理事会。

c. 在撰写《1955年度评估》的过程中提供进一步指导，尤其是向成员国政府尽早表明军事委员会48号文件（M.C. 48）关于军事实力的模式的再评估如何影响成员国的防御计划。

3. 我方的持续能力和其他专项研究及可获得的1955年苏联阵营能力的估计结果，足以使军事委员会对理事会重申军事委员会48号文件（M.C. 48）的广义概念和结论的正确性。必须记住，军事委员会48号文件中描述的战略和军力模式正是基于北大西洋理事会的指导。军事委员会48号文件本身并不完整，需要以基于同样指导的以军事委员会48/1号文件为形式的进一步的报告加以完善。这种指导产生了某些假设，包括成员国提出并由理事会在1953年和1954年的《年度评估》中支持的1956年军力目标。军事委员会希望指出，自军事委员会48号文件正式通过后，可能会延迟有效落实前沿战略长达两年，也就是到1957年年中之后。

III. 项目范围

4. 本报告范围如下

向理事会通报在新概念出台的背景下北约军事计划和准备情况，并进一步就北约军力模式提出建议，以补充目前军事委员会48号文件的内容，并列出未来需要重点解决的问题。

IV. 报告前言

5. 理事会对军事委员会48号文件的处理，具有几个主要的深远的影响，即：

a. 将实施前沿战略作为联盟的主要目标之一。

b. 原则上同意为使我们北约军事力量适应未来大规模战争所最为必要的那些措施。

c. 将北约民事和军事计划全面转变成新战略概念的必要性。

d. 提出特别有挑战性的复杂新问题，供日后思考。

6. 本报告将以如下主要标题呈现：

a. 实施前沿战略的能力

b. 欧洲的防空

c. 影响后续阶段军事行动的因素

d. 北约海军模式

e. 后勤保障

有部分问题未在军事委员会48号文件中提出，但其在本报告中的重要性足以应该引起理事会的注意，如民防事务，因为它影响军事行动和海上运输问题。

7. 现在还不能完全确定未来所需的军力模式。这种模式的发展必须是一个基于不断的研究、试验和实战检验的演化过程。但是，欧洲盟军最高司令会在年度评估报告中对为欧洲盟军司令部分配或预留的部队的效力提出意见和具体建议。北约军事当局在撰写《年度评估》报告期间也会给予成员国同样的指导建议。这种建议的具体目的是为了协助和指导成员国制定增强其军力的长期计划，以确保北约能以其可利用的兵力和资源进行尽可能最有力的防御。进一步考虑推广这种对不同军事问题提出建议的方法的可能性。

V. 主要问题

A. 实施前沿战略的能力

8. 实施前沿战略的日期。欧洲盟军最高司令和海峡委员会提交的1957年的《能力研究》报告，未具体说明欧洲盟军司令部到1957年年中实施前沿战略一事。

现在看来，基于目前的情况，有效实施前沿战略可能要推迟长达两年。军事委员会重申，将逐步实施新概念的诸多要素。但是，直到德国

做出贡献且军事委员会48号文件附件中概述的最少措施实施，前沿战略才能起作用

9. 原子能力

在批准军事委员会48号文件时，理事会授权北约最高司令基于防御一开始就将动用原子和热核武器的假设"制定计划并作出准备。"这是授权向前迈出的重大一步，它使制定和协调原子打击计划成为可能，这将使北约部队能逐步接近军事委员会48号文件中设想的备战水平。各位最高司令的1956年紧急防御计划在陆地和海上正转向前沿战略概念，因为他们可利用的兵力和资源使之成为可能。

10. 早期预警

军事委员会再次强调突然袭击因素在未来战争中的极端重要性。因此，旨在确保对攻击发出早期预警的运转中的各种系统便至关重要。军事委员会特别认为，重中之重必须是满足各项要求，以确保北约早期预警雷达系统全天候人员在位及运行。下令改进并扩大我方的雷达覆盖面。

11. 警报系统

在各成员国批准警报措施之前，倘若发生警报问题，北约指挥官的行动将会受到不利影响。只有五个国家正式批准了欧洲盟军最高司令提出的警报措施。关于其他指挥官提出的措施的谈判进度更慢。大西洋盟军最高司令曾指出，鉴于某些北约国家有明确的义务提供地面部队和空军，海军方面的情况却并非如此。他建议，在发布任何警报之后，即刻向其作战司令部派遣预留的部队。军事委员会指出，派遣部队的决定必须由政府作出，但考虑到这一行动的有利之处，敦促各相关成员国与北约主要指挥官就派遣行动开始日预留的海军部队一事作出安排，以便这些指挥官在战争爆发时即可实施有效的作战指挥。

12. 战备

突然袭击的危险为我陆、海、空军及为抗衡对各成员国领土的攻击

所必需的民防组织保持高度戒备提供了充分的理由。各国必须保持与其国家的能力相称的最高度战备状态，并认识到战备程度越高，北约的威慑力量就越大。

13．现有部队

军事委员会注意到，苏联人宣称他们打算大幅削减其武装部队力量。即使其所宣称的削减计划生效，从1957年年中起苏联军队的数量也总体上超过北约，且预计苏联人将会继续提高其现有部队进行原子战争的能力。军事委员会相信，北约的实力自成立以来已经大幅加强，它是遏制苏联实现其目标的主要力量，并极大促进了苏联对外政策在策略上发生的显著变化。北约应继续发展其实力。因此，派驻北约或预留给北约的部队的军力目标不应削减至低于《1953年度评估》中确立的1956年计划目标的"一般量级"①。德国延迟参与，一些国家也宣称要将其军力降至低于商定的目标，再加上其他行动发起日部队的临时重新部署，这一切造成了严重的缺口，它将危及北约的军事地位，推迟前沿战略的设施。

14．北约部队在苏联核攻击下生存的措施

今年试验陆战中陆军最佳组织和战术部署。随着研究的进行，将尽快就空军部队的疏散和改进防御态势问题提出解决方案。

B．欧洲的防空

15．军事委员会对建立完善的欧洲防空体系进展缓慢一事深表关切。该问题因诸多技术和政治因素而变得复杂。其中一些困难应该通过欧洲盟军最高司令部（SHAPE）防空指挥部和海牙防空技术中心解决，这两个机构都是欧洲盟军最高司令去年为研究防空问题设立的。

16．第一个任务是评估现有的防空工作指挥控制体系，及建立有效

---

① "一般量级"意味着假如这些部队保持同等的战斗价值，一旦由于战术机动的发展，需要变化部队编队，军力目标的调整有足够的空间。

协调的基础。军事委员会已向理事会递交了这方面的建议（M.C. 54）。现在尚不能预测欧洲盟军最高司令部现有的研究何时完成，或此类研究对北约军事力量模式的影响。

17. 预计批准军事委员会54号文件将有助于在现有的指挥体系内并在各国最少让渡其控制本国资源的特权的情况下逐步发展防空能力。

C. 影响后续阶段军事行动的因素

18. 背景

"初始阶段"和"后续阶段"这两个术语在军事委员会48号文件中首次使用，用于描述未来北约卷入的战争，其内容如下：

"如果战争发生，它很可能由两个阶段组成：

——初始阶段，相对时间较短的原子战阶段；

——后续阶段，时长不定、烈度较低的作战阶段。

最终的胜利，无论如何，可能由初始阶段的战果决定。

19. 初始阶段曾被军事委员会设想为至多约三十天。后续阶段的长度和结果取决于初始阶段取得的相对优势和北约对部队提供补给和增援的能力。所取得的相对优势，不仅取决于军事行动的胜利，而且也取决于成员国承受初始阶段原子武器攻击并生存下来的能力。

20. 由于对于如此激烈的战争没有实际经验或先例可循，军事委员会认为，要确切地评估进入后续阶段作战的可能条件殊为困难。

21. 军事上的考虑

无论如何，我方的军事研究和军事计划需考虑如下事项：

a. 在初始激烈的原子战阶段失败方可能投降。即便存在这种可能性，很可能战斗还会继续，因此，我陆、海、空部队必须准备进行后续阶段的长期作战。

预计初始阶段后空中的原子战的强度将大大减弱，但在后续阶段其他形式的作战将可能达到其最为激烈的程度。

b. 生存和疏散措施的重要性目前北约军事当局正在研究。

22．政治上的因素

除了军事委员会面对的问题，各国还需制定有效措施以确保其作战能力。第一轮猛烈的原子武器作战可能造成一种局面，这可能一段时间内挑战政府有效履行职能的能力。干扰和破坏受攻击国家或地区的通信、交通运输、医疗服务、水和食品供应，这可能暂时危害民众士气，并危及国家维持并增援其作战部队的能力。

23．必须认识到，各国未预留给北约的后备部队可能被召唤暂时协助受攻击地区的重建。该任务需由各国和平时期组织并训练的民防机构承担。此类民防机构应当在战争爆发时即行动员。

24．此外，必须制定政府分权计划，以使战争努力和作战动力都是为了争取最终胜利。

D．北约海军模式

25．背景

军事委员会48号文件提请理事会注意，军事委员会已开始进一步研究应对北约海军问题。据称，在这些研究完成并得到评估之前，军事委员会有必要延迟对北约海军指挥官1954年递交的《能力研究》下最终结论。

26．苏联海军战略及力量

苏联海军战略很可能会是进行进攻性作战，特别是以潜艇进攻北约盟国的海军、港口和商船，并参与保卫苏联。苏联海军的能力全面、强大，对北约构成严重威胁。据估计，1957年年中这一实力的核心构成如下：

a．33艘巡洋舰和160艘驱逐舰，辅以大量的海军飞机、护航舰、巡逻艇和布雷舰。这些将具有全面的布雷能力。

b．约500艘潜艇，其中约350艘能运载鱼雷或水雷及可能是制导导弹的远洋潜艇或现代潜艇，据估计，后一种类型的潜艇，北方舰队将有140艘，黑海舰队约有60艘。

27．北约海军战略和基本任务

北约海军战略必须旨在通过建立、维持并利用盟军对海洋的控制从一开战就保卫海上交通线。为此，基本任务是：

a．发动进攻以支持盟军战略并促进北约战争目标的实现。

b．建立海上前沿防御，阻止苏联潜艇和水面舰艇，特别是来自苏联北冰洋、波罗的海和黑海基地的，侵入北约区域。

c．保护和维持北约区域的航运。

d．阻止敌人进入对其军事行动至关重要的海域。

e．支持并确保对北约部队的增援。

f．抗击敌人海上或两栖作战威胁。

28．北约海军作战概念

要控制对北约至关重要的海域，阻止苏联人进入这些海域，最有效的战略就是通过提早发动进攻行动，从源头上消除对北约制海权的威胁。北约海军执行后续任务的能力很大程度上依赖于摧毁敌方部队及其基地。为此而采取的进攻行动主要依靠两支攻击舰队，一支是预留给大西洋盟军最高司令的，一支是预留给欧洲盟军最高司令的。大西洋盟军最高司令将动用其攻击舰队进攻苏联海军基地，并抗击敌人可能制造的海上或两栖作战威胁。欧洲盟军最高司令打算在防空作战、支持地面战和参与封锁行动中动用其舰队。

29．应致力于建立海上前沿防御，阻止苏联潜艇和水面舰艇，特别是来自苏联的北冰洋、波罗的海和黑海基地的，侵入北约区域。必须采取力所能及的其他防御措施，以在消除对盟军制海权的重大威胁的同时，减少损失，确保必要的航运。计划使用反潜航母战斗群进行密切的水上和空中护航。在切实可行的范围内，通过在重点海域或其他苏联潜艇集中的海域发动局部进攻，进一步加强对航运的这种保护。

30．商船航运问题

军事委员会认识到，我们目前对于在开战时为获得对航运的海上控制而作出的各项安排不足以应付很少或没有预警的大规模原子袭击。各国必须制定新的政策和程序以改变这种局面，确保紧急情况下能够将船舶在主要港区内疏散，或从主要港区疏散出去。为此需要建立应急停泊和卸货设施供商船使用。

31．北约海军模式

北约海军模式必须是能够完成上述基本任务，并为北约现有部队提供海军力量，起到威慑作用。这要求建立有效的现代化的海军，其具有军事委员会48号文件附件中所描述的现有部队的特点，一般量级不低于《1953年度评估》中所确定的1956年计划目标。

32．为了加强我们的海上力量，确保北约在战争中取胜，提出了一些补充措施，这些措施应该由各位最高司令、海峡委员会及有关各国形成具体计划，它们包括：

a．确保有能力阻止苏联海军出波罗的海和黑海。

b．确保后勤保障充足，并准备足够基地和机动保障设施。

C．为护航舰开发、装备改进的侦察设备和现代武器。

d．解决通信中的缺陷，准备备用应急指挥部。

e．建设适于用作应急泊位的小港口、河口和分散的锚地，并预备商船卸货设施。

f．成员国应为分派行动开始日预留的部队作出安排，以使北约主要指挥官在战争一开始就能实施有效的作战指挥。

g．各成员国应作出安排，以便在战争一开始商船就能被迅速置于盟国海军的控制之下。

h．增加护航舰、扫雷舰及海事/巡逻飞机，特别是在战争初期。

i．在和平时期将行动开始日后的海军部队在暴露的目标区内疏散部署，或从这些区域内疏散出去。

33．军事委员会将继续研究在很可能可利用的资源范围内北约海军的最佳模式，并确保其适应新的事态发展。

E．后勤保障

34．背景

在本报告设想的形势下，我军的后勤保障必须仍基于现已明确确立的原则，但是，为了北约进行有效的军事行动，至关重要的是，各成员国：

a．达到商定的战备物资库存水平①。

b．为疏散其库存物资作准备。

c．为本国部队提供充分的补给作准备。

35．战备物资库存

大部分北约国家尚不能按商定的库存水平为本国各兵种部队提供所需物资。特别是为行动开始日部队准备的战备物资严重不足，按现行供应速度，在本文件讨论的期限内这种不足无法弥补。虽然战争一爆发就会启动再补给行动，但关键是各国要尽早达到商定的储备水平，即可接受的最低储备水平，以便在建立再补给之前，行动开始日我们的部队能继续作战。

36．再分配和疏散库存物资

由于支持前沿战略的交通线将易遭受猛烈的原子袭击，所以考虑重新组织为前线部队所需的后勤保障。经受住首轮原子打击并随后重新集结的能力，需要部队具有相当强的内在机动性，并依赖现成的后勤储备。因此，一定程度上在前方和后方之间重新分配后勤储备十分重要。且必须准备疏散储备物资，避免将任何一种物资集中于同一地区，以降低风险。

37．再补给

如上文所提到的，启动再补给行动将在战争一爆发就开始。由于在原子战争的初始阶段将面临重大困难，因此，最重要的是，各成员国现

---

① 这是军事委员会 55 号文件（终稿）中提出的。

在就注意这个问题，以便尽可能迅速以本国资源或其他资源补给部队。后续阶段所需的军事行动部分取决于后勤资源的供应水平。交战双方用于动员的生产基地可能大部分丧失。由于交通线的脆弱性及北美设备的生产能力不足以满足所估计到的全部需求，因此，关键的军事和民事需求必须最大程度利用欧洲的生产基地。

结论

38. 作为未来几年内北约军事力量的最有效模式的进一步研究成果，军事委员会：

a．重申：

（1）军事委员会48号文件的广义概念和结论仍然有效。

（2）军事委员会48号文件附件中的最少措施是使北约军事力量适应未来战争的最必要措施。

（3）在这些最少措施中，我方预警系统的改进、人员配备及运转，是强制性的和最重要的。

（4）各成员国行政当局与北约各指挥官之间及早就警报措施达成协议至关重要。

b．得出结论认为，补充最基本措施至关重要，即：

（1）基本按第32段所指出的，加强我方的海事能力，以确保完成我们的海上任务。

（2）建立实用的防空系统。

（3）北大西洋理事会于军事委员会55号文件（终稿）中批准的商定的战备物资库存水平，应该在切实可行的范围内尽早确立，各成员国应制定有效的再补给计划。

（4）各成员国应在和平时期制定计划和措施以确保（a）突然开战后政府能保持控制，并（b）维持民众士气及继续作战直至取得胜利的能力。

39. 军事委员会进一步得出结论认为，有效实施前沿战略的时间将延迟至1957年年中以后，可能长达两年。在此期间，苏联将继续提高其现有部队打原子战争的能力。这一延迟使得北约部队需要在盟军拥有原子武器优势和苏联集团拥有大量原子武器的背景下，能够完成北约的防御目标。因此，最重要的是，各成员国应继续维持其防御性努力，提高战备水平和部队战斗力。这些部队的一般量级不应低于《1953年度评估》所确定的1956年计划目标。

建议

40. 建议北大西洋理事会：

a. 批准以上结论。

b. 注意北约军事当局将在下一年继续进行与欧洲防空有关的研究。

十九、北大西洋理事会对北约军事当局的指示

（理事会1956年12月13日会议批准）

第一部分　苏联意图分析

苏联政策的大体走向

1. 苏联领导人认为，世界事务是两种敌对意识形态争夺对世界的支配。这种观点与传统俄国权力政策在许多方面不谋而合。苏联领导人仍不遗余力地试图削弱和最后摧毁被其视为争夺权力的对手的"资本主义世界"。匈牙利和中东的事件都证实了这一点。

2. 不管匈牙利和中东的事件对苏联内部有何影响，苏联政权都无疑将维持足够的稳定，以继续发展其经济和军事实力。

虽然人力减少，但苏联军事实力不会减弱。相反，从陆、海、空三军装备现代化武器的情况看，其实力正在稳步增长。苏联总体核力量也继续稳步增长，包括核武器的运载能力，其既能覆盖欧洲，也可直接打击北美。除了扩大其核力量，苏联人似乎还维持了能进行各种规模非核战争的部队。卫星国的动乱对苏联集团军事实力的影响尚不完全清楚，有些欧洲的苏联卫星国的部队可能不可靠，这取决于侵略发生的境况。

苏联内部的分权和有限的"民主化"在方向上发生了变化；这些变

化的质和量仍不足以构成苏联政权的根本变化。

这些变化也影响了苏联与卫星国的关系。承认"不同的社会主义道路"加上非斯大林化带来的震荡给苏联集团的结构带来了十分严峻的考验，苏联在政策上简直是进退维谷。苏联显然已经误判了东欧民族主义和反共情绪的广度和实力，现在还不清楚，它是否将在卫星国继续推行其先前的改版的斯大林式经济、政治和军事控制政策。不过，显然，存在某种限度，苏联政府不会允许卫星国逾越这些限度，它不仅准备采用经济、政治手段，而且准备采用最无情的军事手段来维持其对本集团的控制。

3. 苏联经济实力的迅速增长给苏联领导人增添了希望，使它们更相信在可预见的未来可以不战而达到目的。苏联为扩大自身影响，企图将自己描绘成一支维护和平的力量，并尝试在非共产主义区域减少对苏联意图的怀疑，还越来越多地利用传统外交、经济联系和文化关系。虽然苏联人很可能会继续执行这些政策，但是，现在他们可能发现这么做越来越难，至少在西方。

苏联在北约区域一直以来的主要目标是削弱对西方防御安排的支持，并由此将北约引向解体。同时，苏联政府正积极利用新的制造麻烦的可能性，在中东、亚洲和非洲，这种可能性已经出现了。通过利用民族主义和中立主义的力量，苏联政府寻求提升其相对于西方的地位，并削弱和从侧翼包抄西方势力在全世界的阵地。在此进程中，苏联掌握着两个重要武器，一是越来越能对特定国家提供诱人的经济支持，二是从其庞大的可任意支配的库存中随时准备供应常规武器。随着苏联继续维持其旨在经济、军事实力上超过西方的工业增长率，它将越来越容易做到上述两个方面。

苏联发动全面核战争的可能性

4. 毫无疑问，苏联领导人明白并担心全面核战争的后果。因此，可以假设，只要苏联领导人认为西方准备以足以毁灭苏联的核力量进行报复，它们就不会蓄意发动全面核战争。

但某些情况下，苏联领导人可能会更加强硬，准备冒比此前更大的风险。苏联领导人放纵自己使用威胁，包括战争威胁，甚至威胁进行核打击来讹诈对手，以达到自己的目的。

而且，苏联领导人若误判形势，便有全面战争的危险。例如，这种危险可能产生于，低估西方对苏联侵略行动的反应，或误解西方的意图，这可能导致他们认为苏联即将受到核攻击。

苏联使用常规武器的军事行动引起全面核战争危险的可能性

5. 苏联领导人完全清楚苏联若如果攻击北约，即使使用常规武器，也将会立刻引起北约同盟的军事反应，并由此冒全面战争的风险。苏联领导人几乎一定会认为在现在的形势下，苏联、共产党中国或卫星国军队在北约区之外越过公认的国界以常规武器公开进攻，也将陷入一场严重的全面战争的危险，因而也是应加以避免的。因此，假如西方维持其防御承诺，例如在西欧保持海外驻军，拥有自我防御的坚定意志，保持适当的核报复能力和足够的常规部队以确保苏联或卫星国军队发动局部武装干涉也不能轻易取胜，苏联就不太可能会发动这种进攻。

6. 然而，苏联领导人可能以常规武器采取如下行动，这将在不同程度导致局势恶化成一场大规模战争的危险，必须加以考虑：

（a）全面进攻北约。如果苏联领导人估计北约除了报复苏联的核打击，它将被阻止动用核武器，他们可能会以常规武器对北约发动全面进攻。苏联领导人可能认为北约由此会被吓阻，例如：

——以为西方不愿首先使用核武器。

——以为西方担心它比苏联更易受核打击。

——以为西方内部分裂或士气低落。

（b）对北约发动局部打击。如苏联认为北约被阻止使用核武器（除了报复苏联的核打击）且不能抵御各种有限进攻，包括局部进攻（如由苏联卫星国发动的），苏联就可能发动、教唆、支持或包庇此类进攻。

（c）攻击周边非北约国家。如果认为西方被阻止使用核武器及由于这个或其他原因，苏联领导人认为苏联集团周边的某一非北约国家不会或不能得到西方大国的有效支援，苏联就可能冒使用其优势常规力量的风险对考虑之中的那个国家进行武装干预，或对其施加压力以迫使其转向与苏联阵营结盟。

（d）暴动和游击战。共产党一得到机会（例如非共产党国家的严重内乱、自由世界不团结或防御安排的失败等），就可能发生在共产党的直接或间接倡议下，得到该阵营游击队或"志愿军"支援的武装暴动或游击战。

（e）在北约区域外进行间接干涉。苏联将会利用其集团外的国家相互关系恶化的局势，以推进其政治、经济和军事影响。如果这种关系恶化达到发生武装冲突的程度，苏联甚至可能提供各种形式的军事援助，包括从其集团内派遣"志愿军"。

（f）苏联干涉卫星国。苏联过度采取军事措施应对其对卫星国的控制严重恶化的局面，可能导致局势一触即发。

第二部分　指示

1. 北大西洋公约规定联盟的基本目标是保障北约各国人民的自由、共同传统和文明。为此建立了以避免战争为目的的集体防御体系。除非潜在的侵略者所面对的北约其部队有如此良好的组织、部署、训练和装备以至于他得出结论认为，即使有数量上的优势和采取突然袭击，如果他发动或支持武装攻击，作出有利决定的机会也会因太小而不能接受，还会卷入致命的危险。

2. 根据本文件第一部分的结论，应当审查北约防御计划，以确定在可利用的资源范围内，北约及其成员国如何以其防御能力最好地实现最有效的兵力模式。

3. 为防卫北约，并作为苏联侵略的一个主要威慑力量，一支装备一切必要设施的完全有效的核报复力量必须得到维持和保护。

4. 考虑到核报复力量的作用，北约掌握的陆、海、空部队必须能防卫北约的领土，特别要能满足以下要求：

（a）保持对北约防卫机构军事效力的信心，从而促进遏制侵略，并防止外来胁迫。

（b）应对由苏联或其卫星国不论有无苏联公开或秘密支持挑起的事件，例如渗透、越境或局部敌对行动等。

（c）识别苏联或其卫星国的侵略（在陆地、海上或空中）。

（d）根据"前沿战略"规定，依靠一开始就使用核武器及连续作战，直到战略反攻已经达到目标，绝不拟作大规模撤退，以应对上文（b）项未及的武装入侵。

（e）保护和保持支持上述任务所需的海上交通。为了本指示的目的，应假设英国、加拿大和美国的部队将继续驻扎欧洲盟军司令部。

5. 万一局势需要，盾牌部队必须拥有以核武器对任何形式的进攻作出迅速反应的能力。当然，他们也必须拥有应对上文4（b）所设想的不必诉诸核武器的局势的能力。

6. 各成员国政府在战争爆发时为实行北约军事计划而作出决策的责任不受本指示的影响。

7. 尽管北约防御计划限于防卫北约地区，但有必要考虑由于北约区域外①的事态发展可能对北约产生的危险。在为北约部队的最有效组织和装备制定计划时，必须考虑某些北约国家可能动用其部分北约部队，履行在其他地方的防卫承诺，例如由于苏联在全世界挑起的各种不断变化的共产主义威胁所产生的。不过，这些需要应该与其对北约的承诺保持一致，并与防卫北约区域的优先任务相协调。

---

① 北约军事当局除针对北大西洋公约第5条款和第6条款所及的事件外，概无责任或权力。

8. 可能北约遭到攻击之前，会有一个时期的严重政治紧张，并有先行的迹象预示，包括启动"警报"系统。任何情况下，对北约的突袭后果都如此严重，故与早期预警和核报复行动直接有关的北约部队和设施都应时刻处于战备状态，其他部队也必须处于适当的北约标准的战备状态。

9. 在决定全部资源的分配时，除其他因素外，政府将还应考虑新式武器的高成本和全面应对苏联威胁所需的经济资源，并避免危及对各国安全至关重要的经济稳定。资源分配问题要时时评估，但同时为制定计划起见，应假设目前情况下极少或没有北约国家会大幅增加其用于防务的资源的比例。但北约防御仍确实需要人力、财力和物力。

《《

二十、北约地区全面防御战略概念

（1957年5月23日）

I. 序言

1. 本文件旨在在CM（56）138文件提出的指导方针的框架内概述北约的防务战略概念。

2. 这一战略概念基于成员国的地理位置、经济、物资、科技资源、工业能力、人口及军事实力等各方面因素的考虑，并确认各国的贡献应该考虑到这些因素。目的是通过维持现有的与经济上的努力、资源与人力相一致的足够的军事实力，以此向潜在的侵略者表明如果他发动或支持针对北约的武装进攻将面临致命的危险的方式来防止战争，而万一战争强加于我们头上，我们也要有能力取得最终的胜利。为了参与北约地区的共同防务，为其本国的防务承担责任，以及在适当的地方，履行其他防务承诺，各成员国应该在与北约战略概念保持一致并符合保卫北约地区这一至关重要的使命的情况下最大限度发展其军事力量。

3. 本战略概念是制订旨在减少侵略的可能性并维护和平的现实、重要并具建设性的防务计划的基础。它为北约的军事当局提供基本的战略指导，以便确保制订与下面的第5段提出的原则相一致的相互协调的计划。实施本战略所需的各项措施将要不断加以评估。

4. 为了维持北约地区的和平与安全，在不忽略北约地区安全的情况下，对于苏联在非北约地区的敌对影响加以考虑也是极为重要的。因此，在尽可能切实可行的情况下，为了得以实施这一政策，使某些北约国家在军事上保有足够的灵活性是可取的。

北约防务原则

5. 某些总则是北约地区总体防务的基础。这些原则对于北约的成功运作和共同防务计划的形成至关重要。那些本身适用于防务计划的原则将作为北约军事当局基本指导原则的有机组成部分在下面的段落中提出。

a. 最重要的原则是通过自助和互助的方式采取共同行动以防止战争，而一旦威慑失败，则共同抵抗武装进攻。直接目标是在北约成员国内部拥有足够的集体自卫能力。

b. 依照北约第3条款所规定的总体目标，各成员国将以最有效的方式提供与其处境、责任与资源相一致的、同时也是它被合理期许的援助。

c. 在发展与北约总体战略概念相一致的军事力量的过程中，各参与国应牢记，维持经济稳定是实现其安全的重要组成部分。

d. 北约武装部队的部署着眼于使其能够在万一遭受侵略时相互支援，它们应该协调发展，以便依照共同战略概念更经济、更有效地发挥作用。

e. 北约国家的防务计划必须兼顾武装部队的最高效率和为提供足够的集体安全所必需的人力、财力与物力的最大节约。

f. 北约计划的基本原则应该是，各成员国应该承担一项或几项它最适合的任务。某些国家由于其所处的地理位置或其所具有的能力将准备承担适当的具体任务。这些任务应该与总计划相协调。

g. 国家机关有责任制订计划和措施，它们将确保突然发生战争后政府能够持续控制，也将确保维持国内的士气及将战争胜利进行到底的能力。

6. 只有通过获取及时、完整且准确的情报，我们的防御态势才能达到其最佳能力，尤其是鉴于敌人可能通过突然袭击获得不断增加的军事优势。这导致开发各种手段以确定苏联或其卫星国（在陆地、海上或空中）发动的侵略行动并形成一个迅速传播情报并最切实可行地交流情报的系统。

7. 本战略概念计划落实各种重要的措施，包括涉及军队、程序和设施在内的条款，其目的是为了威慑战争，以及一旦战争爆发则确保北约地区的防御与领土完整。这些措施在当下的军事委员会第48号（MC48）文件中得到阐述。

8. 作为成功实施共同计划的前提条件，必须预先采取合作性措施。这些措施包括各项计划的有效协调，以及尽可能地使各种军事思想、实践、物资与设备标准化。

II. 北约未来参与的全面战争的可能特点

9. 毫无疑问，苏联领导人了解并担心全面核战争所导致的各种后果。因此，只要他们知道西方准备以足以毁灭苏联的核武器进行报复，他们就不会蓄意发动一场全面战争。然而，由于苏联方面的误判、对于西方意图的误解或者由于苏联起初没有料到可能会导致一场全面战争的有限军事行动，爆发一场全面战争的风险仍然会出现。苏联不愿走向全面战争很可能会导致其优先的战略选择：继续冷战或发动有限军事行动。不过，虽然一场全面战争并非很有可能发生，但是，它仍是北约国家生存最大的威胁。相应地，首先必须发展有效的防御系统，以便

a. 避免全面战争。

b. 万一北约同盟被迫参战，应确保其达到其目标的能力。

10. 核武器系统的出现已经彻底改变了现代战争的条件。首先，无论是北约还是苏联都会拥有越来越多不同种类的核武器及其各种运载能力。这些武器的毁灭性力量，尤其是热核武器的，及其难以抵御提出了一些在以往战争中所经历的完全不同的新问题，这不仅是军事上的，也是政治、经济和心理上的。

11. 由于双方核能力的扩展，大规模核战争将会更加激烈并具毁灭性。因此，不再像最近那些旷日持久的动员与消耗战所流行的那样逐渐提高破坏率，取而代之的是，在核战争的最初几天就会造成最大的破坏，因为双方都力求利用其核武库来获取核优势。以最为激烈的核战为特点的最初几天是十分关键的。

12. 双方动用大规模核武器所造成的破坏将严重妨碍随后的动员、部队调动、通讯和后勤支援。因此，制订军事计划必须考虑到，在大规模核战争发生之后的最初几个月内，很有可能交战双方可用的动员基地已大大减少。

13. a. 如果苏联蓄意挑起全面战争，那么它很可能以大规模的核进攻开始。这种进攻将会迅速升级并旨在使盟国的核运载系统及其他军事目标失去效力。

b. 如果全面战争是由于苏联人对于西方意图的误判或误解，或者由苏联人未曾预料会导致全面战争的有限军事行动而引发的，那么，他们起初可能不会动用核武器。

c. 在这两种情况下，苏联在陆、海、空发起的战役几乎必然会旨在孤立和占领北约的欧洲。由于北约除非动用战略与战术核武器，否则它就不能防止欧洲遭受迅速的蹂躏，因此，我们必须准备主动使用它们。

14. 因此，万一爆发全面战争，无论苏联是否动用核武器，北约的防御都依赖于立即使用核能力。在最初的关键阶段，北约同盟将需要在陆、海、空发起一系列相互依赖的最大强度的战役。这些战役包括核战略战役，它们的目的是为了保卫北约的人口、领土、重要的海域及进攻打击力量，摧毁敌人追求全面战争的能力和意志。

15. 在最初的进攻中获得优势之后，北约将有一段部队整编、休整及对剩余作战资源集结的时期，以便为结束战争状态而完成其余必要的军事任务。这些军事行动的特点与持续时间无法保证准确预料。不过，只要可行，就要为下一阶段、不定期限的军事行动制订计划，以便迅即掌握在初始阶段所获得的优势。其中，直到苏联海军，主要是其潜艇与/或者它们的支持力量被压制而失去威力，它们很可能还将继续威胁我们的海上补给线。

16. 因此，在上述情况下，战争本身在逻辑上被划分为两个主要阶段：

a. 阶段I：一段相对较短的有组织的、大规模暴力作战时期，很可能不超过30天，其中最初的几天将是以最大强度的核武器战为特点的。

b. 阶段II：较长的未定时限的阶段，该阶段被用于部队整编、再补给和完成必要的导致结束战争的军事任务。不过，海上作战很可能不会这么清晰地划分作战阶段，在这类战事中，反潜战持续的时间很可能是无法确定的。

17. 考虑到在一场竭尽全力的核战争之后，很可能双方的动员基础已经大大削弱，这一点本身可能会妨碍进行大规模持续的作战行动，同时也考虑到初始阶段军事行动的重要特点，北约军事委员会得出结论认为，在发展北约军事力量模式，以使之在所设想的战争中最为有效并在可利用的资源所能承受的范围之内的过程中，着重点应放在武装现有的部队，使之具有有效促进在初始阶段取得成功的能力。

III. 北约安全的其他威胁

18. 苏联人了解北约在核能力领域的巨大的不断增长的力量。他们一定认识到，在竭尽全力、几乎同时爆发的核战争过程中，尽管对北约造成了广泛的破坏，他们自己所遭受的破坏已达到这样的程度，以至于不能指望取得一种有利的军事或政治上的胜利。

19．因此，苏联人可能得出结论认为，由于相信北约盟国都希望防止全面冲突并因而相应地限制其反应行动或者根本不作出反应，则他们唯一有力推动其目标的方式是发动目标有限的军事行动,例如秘密或公开地支持在北约地区进行渗透、侵入或敌对的局部行动。在这种情况下，北约必须准备立刻应对这种局面而不必诉诸核武器。而万一情况需要，北约也必须准备迅速以核武器作出反应。在后一种情况下，北约军事委员会考虑认为，如果苏联参与一场局部的敌对行动并谋求扩大这类事件的范围或使之延长，这种局面可能要求北约动用其掌控的各种武器和部队，因为无论如何北约没有有限的对苏战争这样一个概念。

20．可以设想，北约成员国的领土可能会遭受非苏联支持或不能确定是苏联支持的进攻。这种进攻不能限于政治意义，因为针对任何北约成员国的进攻都是对北约同盟所有成员的进攻。北约将尝试限制由此而爆发的军事行动的地理范围，但是将以任何适当的军事措施抵抗这种侵略，以迅速而有力地结束之。

21．此外，强调这一点越来越重要，即苏联努力通过直接或间接的方式获取对某些非北约国家的影响力，而这对于使北约同盟维持其在苏联轨道之外的存在至关重要。这一花招的特点是，苏联试图最大限度地利用苏联集团之外的国家间的分歧;发动心理、政治和经济攻势；武器交付；以及甚至暗地里或公开在其中的某些国家建立基地。这可能导致一场蕴含各种内在危险的局部战争的爆发。

22．尽管北约防务计划局限于北约地区的防御，但是，有必要对北约以外地区的事态发展可能对北约构成的危险加以考虑。在此方面，为北约这一最有效的组织及其部队的装备制订计划必须考虑到某些北约国家可能需要履行其在其他地区的防务承诺而动用其部分北约部队，例如在由于面临在全球阵线上苏联挑起的不断变化的各种形式的共产主义威胁的情况下。无论如何，这种需要应该与它们对北约的承诺保持一致，并与它们保卫北约地区这一最重要的使命保持协调。

IV. 北约战略概念

23. 北约的总体防御概念是为了通过以北约军队对抗潜在的侵略者来推进维护北约地区的和平与安全，这支部队的组织、部署、训练与装备是如此之好以至于使潜在的侵略者将得出结论认为，作出有利决定的机会太小而不能接受，而如果他发动或支持一场武装进攻，则将会卷入致命的风险。

24. 我们的主要目的是通过创造对侵略的威慑力量来防止战争。这种威慑力量的主要构成要素包括足够强大的核部队和其他预备部队以及以我们所掌握的所有部队，其中包括保卫北约可能会需要的核武器，对任何侵略行动实施报复的明确决心。

25. 万一我们被强加一场全面战争，在为此做准备的过程中，

a. 我们首先必须确保利用一切可用的手段进行一场迅速、毁灭性的核反击能力，并发展承受得住敌人攻击的能力。

b. 当前，与达到这一目标最为密切相关的是，在依靠从一开始就使用核武器的情况下，我们必须发展动用我们的陆、海、空部队防御尽可能前沿的北约领土、领海的能力，以维护北约地区的完整。我们必须拥有结合利用核反击进行这种军事行动的能力，直到摧毁敌人追求全面战争的意志和能力。

c. 最后，我们准备一段时间对剩余的作战资源进行再组、休整和集结，以完成导致结束战争状态的其余必要的军事任务。

d. 自始至终，为支援上述任务，我们必须根据要求维护海上通信。

e. 自始至终，成员国必须准备维持战争后方的秩序。

26. 北约还必须准备在不诉诸核武器的情况下，以适当的力量——

因而维持各种应对的手段——对任何针对北约领土的其他侵略行动，如渗透、侵犯或局部敌对行动，作出迅速反应。

27．与此同时，我们必须认识到，某些北约国家的部队可能需要维持行动上的灵活性，以便在北约地区之外应对除全面战争之外的有限军事情况。这种灵活性应该与北约成员国承担的义务保持一致，也应该与保卫北约地区这一首要的使命相统一。

《《

二十一、实施北约战略概念的措施^①

（1957年5月23日）

引言

1. 本文件旨在制订详细的实施参考文件中所阐述的北约战略概念的措施，以帮助北约主要指挥官和北约国家制订其计划，并制订其防御模式。

2. 北约的总体防御概念是为了通过以北约军队对抗潜在的侵略者来推进维护北约地区的和平与安全，这支部队的组织、部署、训练与装备是如此之好以至于使潜在的侵略者将得出结论认为，作出有利决定的机会太小而不能接受，而如果他发动或支持一场武装进攻，则将会卷入致命的风险。然而，一旦发生侵略，本战略概念要求立刻动用所需的军事力量以维持，或如果必要，恢复北约区域的完整和安全。

3. 只要苏联能用其他手段达到其目的，它大概就不会开战。但是，随着苏联核武库及其强大的陆、海、空部队的不断扩大，如果它误判北约意图，如果它认为北约部队没有准备好或不能进行有效报复，或

———————————

① 本文件所出现的"核武器"一词无论其运载工具是什么皆指原子武器和热核武器。

如果它认为只有它取得了科学上的突破，而这种突破使北约的报复降到可接受的程度，那么，苏联就可能转而实施其所计划的侵略以实现其目的。在这点上，苏联拥有先发制人和突然袭击的优势。这源于其集中统一的政治体系，这种体系与西方政治体系相比，更能赋予其迅速决策的权力。

4. 苏联可能利用这一优势，以：

a. 对西方发动全面核打击，同时发动海、陆、空战役，或

b. 不必动用核武器而直接或借助卫星国军队对北约领土渗透、侵入、进行局部敌对行动或其他形式的侵略，或

c. 攻击或威胁邻近北约领土的区域。

5. 必须认识到，在未来动用核武器的战争中掌握主动比以往更加重要。对于突然袭击成分，军事委员会认为，以核武器进行的突然袭击构成了军事意义上西方所要面对的最危险的威胁。苏联人如果蓄意开战，预计他们会避免预先进行任何大规模的部队部署而损害其突然袭击行动。

所需的手段

6. 在研究如何抵消和克服苏联的这些优势时，重要的是要记住，如果发生全面战争，北约部队的主要任务是在挺过敌人的初始打击的同时，立即从一开始就以核武器进行报复，并遏制敌人的攻势而不考虑进行大规模撤退。为了即使在面对核突袭的情况下也能成功完成这些任务，并应对其他对北约安全的威胁，需要采取如下措施：

a. 核报复措施

必须维持并保护来自各兵种的配备了一切必要的设施并能够在任何环境下摧毁侵略者的完全有效的核报复力量。必须制订有效的执行程序，它将确保在战争一爆发就能利用核武器。与拥有这些力量同样重要

的是，在全面战争一开始就动用这些力量的明确决心。

b. 盾牌部队措施

除了核报复措施，依赖从战争一开始就动用其核武器，我们的陆、海、空部队也必须能对为维护北约区域的完整而尽可能向前防御这些海域和北约领土的任务迅速作出反应。我们必须有能力配合核反攻继续进行这些军事行动，直到敌人进行全面战争的能力和意志被摧毁为止。

c. 后方安全

为了向北约部队提供最大的行动自由，北约国家有责任在其为对抗对其国家领土的袭击、破坏等所必需的资源范围内，建立足够强大的民防和内部安全机构并准备相应的手段。

d. 海空交通线措施

在准备迎接全面战争的过程中，我们必须在整个战争中为保护和维持我们的海上和空中交通线提供有力支持，并消灭威胁我海、空交通的敌军。

e. 后续军事行动措施

虽然优先重点是装备现有部队，使其能够有效促进初始阶段的胜利，我们还必须为重组、休整和剩余资源装配阶段做准备，以完成最终结束战争所必需的剩下的军事任务。而这些军事行动的性质一定是推测性的，考虑初始阶段结束后可能利用的资源而采取的措施将包括：

（1）集结并部署增援部队和预备役部队，为此必须保持大西洋交通线畅通。

（2）再补给措施。

f. 情报

我们的情报工作程序必须适应于为北约提供最好的和及时的对于苏联能力、可能的动向和军事行动的分析，情报工作必须围绕尽早对敌人的袭击发出预警来组织，必须使北约国家和北约司令部之间能迅速传播和交换关键信息。

g. 早期预警

作为对我们的情报工作的补充，必须有完全有效、时刻运转的早期预警系统，以便在和平时期对即将到来的空袭提供足够的预警，并在战时在可行的程度上支援作战行动。为避免被舰艇和潜艇突袭，并发出战争迫近的预警，识别和预警系统也是必要的。

h. 战备

我们的陆、海、空部队及其后勤保障部门以及民防和内部安全机构应保持高度战备状态和强大战斗力。与早期预警和核报复行动有关的北约部队和设施应时刻保持战备状态。所有其他北约部队应保持与其国家的能力相当的最高战备状态，并认识到，战备程度越高，威慑力量越大。

i. 警报

在面对攻击的情况下，有效的警报系统，对于我们从战争之前的平时态势转变成行动至关重要。因此，我们必须尽最大努力就警报措施达成一致，这些措施包括：在苏联阵营与任何或所有北约国家关系恶化时应采取的措施，并争取建立旨在应对突袭的军事警报系统。

j. 指挥机构

核战争中的战斗行动将具有这样的特性，以至于军事指挥的组织应着眼于保持军事行动的集中化指挥和分散化执行，但必须要有在情况需要必须下放指挥权时执行任务的能力（如通讯中断时，指挥权就自动下放）。

k. 生存措施

（1）积极防空。我军生存及采取迅速有效的报复行动的能力要求我们有能力积极对抗苏联初始的核打击。因此，我们必须建立和维持有效的防空系统。北约的这一系统必须为所有与防空有关的飞机和导弹的协调和切实可行的控制提供有力支持。

（2）部队疏散。鉴于苏联日益增长的核能力，以及未来全面战争可能以核突袭开始，因此，重要的是，采取必要的疏散和调动措施，以确保北约部队在战争初始阶段生存下来。我们必须调整战术部署，改进和加强消极和积极的防御措施，扩大各部队间距，改善部队机动性。以上措施适用于所有部队：空、陆、海军及其后勤保障部队。我们必须通过在切实可行的范围内最大程度上疏散空军，提高它们接到警报后立即向备用基地重新部署并从那里起飞作战的能力，或者运用其他依靠新技术而成为可能的方法，特别保卫我们的空军抵御这种袭击。

（3）政府权力下放。激烈的首轮核打击将在一段时间内挑战政府有效履行其职能的能力。必须制定政府权力下放的计划，以确保对战时工作的领导和战斗到胜利的决心。

（4）民防。遭受核攻击的国家和地区的通信、交通运输、医疗服务、公用事业和食品供应中断或出现混乱，将危害民众的士气，严重妨碍国家保持和增援战斗部队。重建这些受攻击地区依赖于在和平时期就必须建立并得到训练的民防组织。但必须认识到，各国除了动员部队和第一梯队（M–Day and first echelon units）之外的部队都可能暂时受命协助这项任务。

1. 后勤保障

考虑到全面战争初始阶段军事行动的关键性，及动员基础很可能急剧减小，各国为北约部队提供的后勤保障应主要基于行动开始日投入的部队和在初始阶段能够动员并完成战备的部队。为了对这些部队提供有力支持，将需要建立一个后勤保障系统：为了减少其脆弱性，它下放权力并得到保护；旨在确保军事行动的独立性和机动性；行动开始日前在规定地点储备好足够的物资和装备，并随时准备支援初始阶段的持续作战，并在再补给线建立之前支援完成后续阶段的必要军事任务。北约的全面战争后勤保障系统也应能为参与北约区域内有限军事行动的北约部队提供后勤保障。

m. 灵活性

（1）侵略者可能认为在不挑衅北约走向全面战争的情况下也可以有所斩获，从而挑起有限战争，为了确保北约对付这种战争的能力，我们必须使北约部队具有灵活性。这种灵活性应具有这一特性，它使北约部队能迅速行动以恢复和维持北约区域的安全，而无须诉诸核武器。万一局势需要，北约也必须准备在这种情况下使用核武器。关于后一点，军事委员会声称，如果苏联人参与局部敌对行动并谋求扩大其规模或者使之拖延下去，这种局面将需要北约动用其所掌握的所有武器和部队，因为无论如何，与苏联人之间不存在有限战争的概念。

（2）认识到，某些国家可能出于国内需要，在北约区域之外动用其部分分派或预留给北约的部队。在保持其部队应对这种情况的灵活性时，这些国家必须使此类行动与保护北约区域这一主要任务相协调。

n. 合作措施

作为成功执行共同计划的前提，必须在和平时期采取某些合作措施。这些措施包括鼓励研究与开发；装备部队；提供设施和建立足够的基础设施；军事学说、程序和装备尽可能标准化；及进行联合训练。

军事力量模式

总体模式

7. 本概念要求两种北约部队一起构成全面战争的遏制力量，及万一战争被强加于我方，确保达到北约的目标。其一是强大的核报复力量，主体为主要由各国指挥的远程战略空中打击力量。其二是陆、海、空盾牌部队，以其部署和防御能力显示，任何形式的进攻都将遭到有效抗击。从威胁的性质和对战略概念的研究来看，现有部队必须置于优先考虑。与理事会的基于战争一开始便动用核武器（除以下列出的一些敌对行动的情况下）的假设而制定计划并作准备的授权相一致，这些部队必须具有综合的核能力。它们必须力量充足，且必须具有如此良好的组织、装备、训练、部署和后勤保障,以至于它们能履行其遏制侵略的职责。如果发生全面战争,我方部队必须能够成功履行其使命。它们还必须无须诉诸核武器应对北约区域内的渗透、侵入或局部敌对行动。此外,某些北约国家的部队应能对毗邻北约区域和北约区域之外的局势作出反应。因此,虽然我方和平时期军事力量的模式必须旨在主要是为了在全面战争的初始阶段取得胜利,但是,它必须足够灵活,以应对战略概念中所设想的较小规模的威胁。这一模式的形成很可能是一个渐进的过程,它必须基于不断的研究、实验和实战检验。

陆军

8. 全面战争中北约陆军的任务是尽可能靠前遏制苏联或卫星国的进攻,以保持北约区域的完整,直到我方的核反攻和陆、海、空军联合摧毁敌方全面战争的意志和能力。完成该任务所需要的部队必须经过严格的训练且机动灵活,它具有综合的核能力,部署得当,并在行动上做好了在行动开始日以全部战斗力作战的准备。这些部队同时必须能在无补给或无增援的情况下长时间扼守和保卫某些关键地区。

9. 此外,这些部队还承担在全面战争之外的情况下确保北约欧洲部分陆地边界完整的重要任务,为完成该任务,该部队必须能以所需的军事力量应对对北约领土进行侵略,包括从渗透到局部敌对行动的进攻行为。

海军[①]

10. 北约海军现有部队必须能控制和利用关键海域,并参与初始的核交战,对敌人的海上目标和其他既定目标发动攻击,确立盟军的制海权。此外,海军部队亦应能支援陆战和空战,同时必须建立海上前沿防御,以抵御苏联潜艇和水面舰艇侵入北约区域。从源头上消灭敌海军力量,就将大大加强北约海军完成后续任务的能力。

———————————

① 包括海事飞机/巡逻机。

11. 北约海军部队将受命保护和维持北约区域内的友好船舶的航运，并确保对欧洲的北约部队提供支持和增援。根据北约义务，应采取成员国本国的和跨国的措施，以协助维持北约区域外的盟国和友国的航运。

空军

12. 北约遏制战略和防御北约领土需要通过迅速的大规模反攻行动利用核武器毁灭性力量的能力和明确决心。北约空军在该战略中发挥重要作用。故在可预见的未来，盟国空军的力量结构必须强调进攻性打击力量，必须均衡装备导弹和飞机。空军的模式和部署应能保证部队在首轮突然袭击下生存下来，并能立即作出有效反击。

北约空军与北约之外空军的共同初始任务是建立制空权。除消灭敌人的空中进攻部队和导弹部队外，北约空军必须能进行空中封锁，并在任何情况下支援陆、海军部队。必须建立有效的交战规则体系，并能识别和迅速对苏联的渗透、侵入或局部敌对行动而不是无害飞越行动予以还击。

13. 未来几年内如发生战争，仅靠防空部队不足以有效防御敌人的大规模空袭。苏联空中力量增强突显了北约各司令部相互依赖以实现有效防空的重要性，这决定需要高度协调空中活动，统一防空工作，装备防空导弹，进行足够的消极准备及有效的防空作战。从源头上摧毁敌人的运载工具的防空反攻，大概仍是未来若干年里最有效促进总体防空的方式。

<<

二十二、北约防务计划委员会部长级会议决定

(1967年5月11日)

1. 关于1975年前影响北约的军事形势评估：

各位部长：

（a）注意到军事委员会的评估（MCM-9-67）及在所传阅的参考文件RDC/67/136上土耳其当局的评论。

（b）并注意到希腊当局对MCM-9-67文件附件C附录中关于希腊军队的数字持保留意见。

（c）注意到讨论中所作的陈述。

2. 关于给北约军事当局的指导文件：

各位部长：

（a）请军事委员会在1967年7月4日前提交1968—1972年兵力建议①，并在1967年9月16日前提交1969—1973年兵力建议。

（b）请军事委员会继续其北约整体战略概念的修订工作。

（c）DPC/D（67）23号文件（修改稿）附件（已在开会期间修订的）传递给军事委员会，作为编制上述（a）项中兵力建议和尽可能继续修订

---

① 见DPC/D（66）12（修改稿），第15—20段。

战略概念^①的指导。

（d）在遵照上述提到的指导的情况下，请军事委员会注意各位部长在讨论中提出的意见^②。

（e）请军事委员会在按以上（a）项编制兵力建议时，考虑1967年5月2日德国、英国和美国常驻代表在防务规划委员会常设会议上针对此三国讨论结果所作的陈述中提出的建议^③；及可能由其他国家依据北约防御计划评估程序所要求的全体提交国家兵力计划之前向防务计划委员会提出的其他建议。

（f）注意到讨论中所作的陈述。

3．关于侧翼防御：

各位部长：

（a）注意到DPC/D（66）4—希腊文件中所提出的兵力计划，为的是，一旦防务计划委员会对能证明可用资源足够支持此兵力计划的进一步研究结果满意，希腊即可到1970年实行最低数量的北约兵力计划。

（b）注意到希腊当局认为讨论中的兵力结构远不足以防卫希腊区。

（c）1966年7月25日部长级会议通过的到1970年底北约最低兵力计划中，应有1967—1970年希腊兵力计划，要求防务计划委员会常设会议加紧有关研究。

（d）DPC/D（66）4—土耳其文件（第二次修改稿）中所述的1967—1970年兵力计划的修改稿获得通过，它成为1966年7月25日防务计划委员会会议上通过的北约到1970年最少兵力计划的一部分。

（e）注意到土耳其当局仍认为，考虑到北约的总体防卫能力，特别是预计可利用的外援，土耳其最好的兵力态势就是为应对对土耳其的威胁所需的最低兵力态势，并将其目前所提交的计划视为旨在落实这一兵

---

① 附件Ⅱ附有附件修改稿。
② DPC/R（67）10。
③ DPC/R（67）9。

力态势。

（f）注意到防务计划委员会在常设会议①上递交的关于外部增援侧翼的报告，特别是关于北约机动部队的拟议概念文件及军事委员会中期报告中的总结部分。

（g）请军事委员会按防务计划委员会1967年4月14日②的要求，完成战略概念的相关研究，并对防务规划委员会提出建议。

（h）同意对拟议战略概念的研究不应损害现有盟军机动部队和多国联合分舰队的演习和作战。

③

（j）提请北约军事当局注意上述决定。

（k）注意到讨论中所作的陈述。

4. 关于防务计划委员会在常设会议④上提交的研究进度报告：

各位部长：

注意到该报告。

给北约军事当局的指导

按各位部长的指示准备兵力建议时，北约军事当局应以下命题为指导，这些命题分为苏联政策及威胁、战略与北约部队及资源等三个标题。

A. 苏联政策及威胁

苏联总体政策

1. 引起东西方之间关系紧张的基本问题没有解决。

---

① DPC/D（67）22。
② DPC/D（67）7。
③ 原文缺"i"项。
④ DPC/D（67）16（修改稿）。

2. 作为对世界政治变化及可信的西方威慑力量的持续存在（包括有效的加拿大、英国和美国部队在欧洲盟军司令部的持续存在）的反应，苏联谋求实现其目标的政策显示出变化的迹象，尽管苏联领导人尚未声明放弃把苏联共产主义影响扩展到全世界这一最终目标。

3. 在欧洲，苏联领导人近年来似乎遵循更加谨慎的路线。

4. 在欧洲之外，只要这样做不会使苏联招致军事危险，苏联领导人就利用一切机会建立能够在战时威胁北约的据点，特别是在非洲、拉丁美洲和中东。

5. 在一些与东欧国家有着共同利益的问题上，苏联多少得到东欧国家的支持。

6. 华约国家的军事力量构成这一威胁的主要部分，且华约国家还继续以大量投入改善其军事能力。

7. 苏联可能用以达到自己目标的手段大概一方面要受北约军事能力（特别是随时可以动用的部队）的影响，另一方面受苏联对北约凝聚力和北约在必要时使用武力决心的认识的影响。

8. 只要对北约承担义务的部队和支持同盟的外部核力量能在即便先遭到核突袭的情况下仍能对苏联社会造成毁灭性打击，苏联大概就不会蓄意发动一场全面战争，或在被明示常规战争可能升级为核战争的情况下，在北约区域发动有限战争。

9. 但是，仍不能排除敌人有意进攻的危险；例如，如果潜在的敌人可能出于政治原因，或从我军战备水平得出的推论，而怀疑我们的凝聚力、决心或抵抗能力。

10. 因此，军事计划必须考虑敌人有意进攻的危险，这种危险在各个地区程度不一；我侧翼地区兵力薄弱，使其尤其容易遭到攻击。

11. 而且，不能排除因意外或误判形势而导致战争，及此类战争可能升级的可能性。

预警时间

12. 潜在敌人有能力发动相当大规模的突然袭击，突然袭击概念仍是战争的一条基本原则；因此，北约军事计划的一个基础是假设潜在的敌人，在很少或没有战略预警的情况下以部分或全部兵力即刻发动攻击。

13. 对于只针对或最初针对北约侧翼地区发动的攻击，北约的局部军事弱点很可能会使侵略者作出支持突然袭击的行动选择。

14. 如果华约为了增加其攻击威力而准备放弃战略突袭，我们就应该预见一些军事集结的迹象——我们并非试图对可能获得的预警时间作出精确的假设，但我们注意到，估计将80个师的兵力集中于核心前线发动进攻，需要4到15天时间。

15. 虽然不确定苏联或其某个盟国不可能发动突然袭击，但在现在的政治气候下，侵略前很可能有一个政治紧张时期（可能数星期，即便不是数月）。这一关系紧张不断加剧时期的开始阶段可能以一些迹象（如苏联政策变化）为标志，如果被正确、及时解读，会帮助北约推测预警时间。然而，将这种可能性作为整个同盟的军事力量计划的一个基础会冒很大危险，在计划政治措施和军事行动时，还应当考虑如果做好准备和部署增援部队，由此能够最大限度利用预警时间以展示同盟的凝聚力和决心并加强其威慑态势的可行性。

B. 战略与北约部队

16. 北约军事计划的基础必须是通过可信的威慑力量确保安全，其次，万一发生侵略，部署前沿防御概念所允许的必要的军事力量，以维持或恢复北约区域的完整和安全。

17. 为了威慑及必要时对抗侵略，同盟需要全面的军事能力，包括：

（a）同盟的战略核力量。这种力量在即便遭到核突袭之后仍能足以对苏联社会造成毁灭性破坏，并构成北约军事实力的支柱。尽管似乎没有办法防止全面核打击给西方造成的同样破坏，但是，危险是一项基于威慑的政策的必然结果。

（b）北约主要指挥官掌握的战术核力量。这是威慑力量的重要组成部分。其主要任务是通过使敌人面临随之而来的冲突升级的前景，以增加对任何规模的常规进攻的威慑，及必要时予以反击；并通过对敌人造成升级为全面核战争的威胁，以吓阻动用战术核武器，并在必要时对其作出反应。

（c）同盟的陆、海、空常规力量，其中许多与战术核武器的支援有机结合在一起，是威慑力量的另一关键组成部分。常规力量应旨在通过使侵略者面临那种可能陷入升级为核战争的严重危险的非核战争的前景，尽可能在最大程度上吓阻和成功对抗有限的非核进攻及任何较大规模的非核攻击。

18．北约不应该计划为全面核战争之后的战事预留部队。

19．直接防御需要有效的随时可以投入使用的部队，在陆地上能够尽可能向前防御，在海上能够防御任何海域发生的攻击。

20．主要北约指挥官掌握的战术核武器在数量上足够满足未来战争可能的需求，尽管改进不同类型武器的"调配"及其使用的计划和程序以及提高其生存能力可能更有利。

21．在中心地区北约目前常规军事力量水平（如果像下面阐述的那样得到改进）似乎在目前情况下在现在正在讨论的灵活的战略概念范围内是可以接受的。北约在侧翼地区的局部防御能力有限；在侧翼地区的成员国的局部兵力数量上少于华约国家可以迅速动用的兵力。大西洋盟军司令部（ACLANT）和海峡盟军司令部（ACCHAN）的兵力总评结果也是"有限的"。

22．为满足直接防御的需要，北约部队必须质量优良、后勤补给充裕并能按以下方式迅速加强。某些不平衡、缺点、弱点和错误部署需要纠正。

23．考虑到在可能的侵略发生之前可能有一段政治紧张时期或利用其他任何迹象提供的预警时间，北约需要一种迅速加强其前沿态势的实力。这需要现实的计划以：

（a）及时地部署任何不在其应急防御阵地的现役部队。

（b）通过加强北约的快速增援能力，在不影响其他地域开始动员日的防御能力的情况下，将当地有效的现有部队补充到侧翼地区。

（c）建立训练有素、装备齐全和随时可以动员并可能对北约负责的预备役部队。上述（c）项计划应全面考虑北约国家的动员和扩编能力，应在长期的政治决心的考验中为长期扩编部队提供基础。

24．应该考虑到在危机或战争中北约不能利用法国部队和法国领土、领空或设施的可能性。

25．应修订北约总体战略概念，以使北约更灵活，并为动用一个或多个适当的直接防御、蓄意升级和全面核反应做准备，由此使敌人面临可信的战争升级的威胁，以对任何大规模核攻击以下水平的侵略做出反应。

C．资源

经济和财政

26．除非世界政治形势发生意想不到的实质性的变化，到1975年，用于防务的国民生产总值比例总体上不可能超过1965年的水平，可能还会低于这一水平；当然，这一趋势可能在不同国家具体情况不尽相同，而且，由于某些成员国的经济面临特殊的压力[①]，另有一些国家甚至可能增加用于防务的国内生产总值比例。

27．由于某些军事成本呈上涨趋势（某些情况下猛涨），且武器系统迅速复杂化，可利用资源的限制，即使按最乐观估计，也需要在规划和维持部队中更加强调最大的成本效益。

28．基于第26段对未来可用资源的估计，可以假设至少在第一种情

---

① 参见DPC/D（67）15（修改稿）第33段。

况下，现在为1970年计划的军事实力大致应该能够维持到1975年，尽管在装备的复杂化方面可能会存在一些困难；即便如此，也应当结合复杂的新装备和专业水平更高的兵员带来的高效率，决定可用财政资源的分配。应当在下一阶段的防御计划评估期间研究达到拟议的兵力水平的可能性，特别是那时在获得了更多信息的背景下，讨论各国能做出的贡献。

技术

29．就可预见的技术进步而言，应当注意以下结论：

（a）尽管最近冯·卡门（Von Karman）的长期研究项目已经涵盖了1975—1980年间可预见的技术发展，防御计划的时间只应当超前五年，虽然决不能忽视长期的事态发展，但它们对可在1970—1975年时间框架下很可能被引进同盟武装力量的武器和装备系统的发展没有那么直接的影响。因此，应当将工作重心放在获取已经处于开发阶段的项目的信息上；例如有关美国C–5A飞机和快速部署后勤舰的可用信息。

（b）在早期阶段进行系统分析，特别有利于对包括不同武器"调配"的部队的有效性进行量化比较及充分考虑诸如总成本、后勤、维护保养和人力需求等因素。

（c）潜在敌人按计划向其武装力量引进新式武器和装备系统时所遵循的倾向，应在向同盟推荐和/或选择新式武器和装备系统时加以考虑。

<<

二十三、北约地区全面防御战略概念

（1968年1月16日）

宗旨

1. 北约总体防御概念是以一种可信的威慑力量和足够的北约部队对抗任何可能的威胁或实际侵略，其中包括从秘密行动到全面核战争，来维护北约区域的和平与安全。它们的组织、部署、训练与装备必须是非常良好，以至于华约组织可以得出这样的结论，即如果它们发动一场武装进攻，这种决策对他们有利的可能性太小而不能被接受，而且那样还会卷入致命的危险。华约组织一定不能被赋予任何理由认为，它们通过对北约的任何地区进行威胁或使用军事力量就可能达到其目的。为此，作为北约宗旨与原则支撑的军事力量条款规定，相关国家和一体化的指挥部之间要进行密切、积极、持续的合作。

2. 万一遭受侵略，北约的军事目标是通过动用这些可能必须是前沿防御概念框架内的部队来维护或恢复北约区域的领土完整与安全。

威胁的评估

威胁的性质

3. 苏联领导人不曾放弃将在全世界扩大苏联共产主义的影响作为一个最终目标。尽管作为对世界的各种政治变化和一种西方可信的威慑力量持续存在的反应，苏联人谋求实现其目的的政策显示出演化的迹象，但是，作为东西方紧张局面起因的基本问题没有得到解决。在此背景下，为了加强其作为世界大国的地位，苏联人将试图在北约区域内外利用相对于它们自己的优势而言的任何弱点。苏联的政策在一些问题上或多或少得到了东欧国家的支持，在这些问题上，它们分享共同体的利益，该政策将继续依赖于：

a. 经济手段；

b. 政治手段；

c. 宣传；

d. 颠覆活动——其中包括传播共产主义意识形态和出口武器与物资；

e. 军事力量。

4. 在欧洲，近年来苏联领导人似乎奉行更为谨慎的路线。在欧洲之外，无论在哪里，只要这样做不会使苏联遭受军事危险，他们就积极利用各种机会加强其地位，以期在万一发生战事的情况下从那里威胁北约；在非洲、拉丁美洲及中东尤其如此。

5. 华沙条约组织的军事力量构成了这一威胁的令人生畏的组成部分。尽管华沙条约组织领导人很可能认为他们现在拥有足够的军事力量威慑北约，使之除非在其至关重要的利益遭受极端威胁的情况下，否则不会诉诸全面核战争，但是，他们继续花费巨资改进其能力；尤其是：

a. 苏联人将继续谋求以各种可能的手段，其中包括研究、开发和生产等获取相对于北约的明显军事优势。可以预见，他们会通过采取更具挑衅性的政策来最大限度地利用其任何可能的重大成功。

b. 苏联人将继续从基于核、巨大的常规、化学及很可能也包括生物能力在内的令人生畏的军事力量的角度支持其目标。他们将继续提高其核能力并可能加强其反弹道导弹能力。作为一个主要的并且仍在发展中的世界海上大国，苏联将以更大的规模在全球范围内部署其海上力量。苏联还将为更大范围的军事行动而维持并增加华沙条约组织部队的能力。

华沙条约组织的能力

6. 华沙条约组织能够挑起并实施广泛的针对北约的行动。其可能采取的主要行动方案包括：

a. 对北约发起核攻击，其目的是尽可能摧毁北约的军事潜力，尤其是北约在全球的核报复能力，与此同时，打击工业与人口中心。

b. 可能发起以战术核武器和化学武器为支撑的大规模进攻同时横扫欧洲盟军司令部的北部、中部和南部地区，并向海洋地区扩展。

c. 使用或不使用战术核武器和化学武器对北约的一个或两个陆地区域发起大规模攻击。

d. 局限于北约的海洋地区、针对北约部队、海运和海上通讯线而实施的有核或无核作战行动。

e. 由于某种特殊情况而对某一北约国家发起的有限进攻。这种进攻可能会被局限于某一特定区域。

f. 再次干扰或封锁西柏林，抑或对其发动进攻。

g. 在北约区域内展开秘密行动、侵入或渗透行动。

h. 以最后通牒、军事演习、军力部署、动员及其他相关敌对行动对北约的一个或多个成员国施加军事压力和威胁。

其他突发事件

7. 可能会出现其他突发事件，这些事件或许不会对北约的领土和人口产生即时、直接的威胁，但它们可能对北约特别重要，迫切需要引起它的关注，例如：

a. 苏联在北约区域以外的周边地区，如非洲、拉丁美洲和中东，或者在公海区域，抑或在挪威、芬兰或南斯拉夫这类国家采取行动。

b. 在北约区域之外，即双方都无法直接或全面实施控制的陆地或者海上从事敌对行动。

可能针对北约实施的各种敌对行动

8. 总体上，华约领导人将继续利用一切机会削弱北约的团结，而总的来说，削弱北约并谋求其军事力量撤离、遣散，其中包括那些为前沿防御而部署的部队。他们为达到其目的而可能选择的手段很可能受到两个方面的影响，即北约的军事能力（尤其是立即可用的部队）和他们对于北约的凝聚力及其必要时使用军事力量的决心所作出的推断。

更可能出现的敌对行动似乎是较低层面的，例如，正如上述第6f和第6h段所提到的：通过干扰或封锁柏林而制造紧张局面或施加其他政治、军事压力。其他各种行动方式将在下面各段中加以更详细地阐释。

9. 秘密行动。这类行动包括从颠覆到彻底的暴乱，其最可能在那些政治、经济与社会不稳定的国家起作用。因此，与北约以外的地区相比，苏联人在北约区域内取得任何重大成功的可能性小得多。然而，可以想象，在北约区域内，苏联人会从事导致动荡、不安全和颠覆的秘密活动，以试图为日后的行动创造有利条件。无论如何，他们会小心采取任何可能导致与北约部队直接对抗和扩大敌对状态的措施。

10. 有限进攻。据信，华约领导人认为，他们在北约区域内发起的有限进攻比在世界任何其他地区的都更能触及西方至关重要的利益和承诺，即便是小规模的军事行动也蕴含内在的升级为全面核战争的风险。假使苏联人仍对升级为核战争的风险了然于心，而且，只要他们仍相信北约的决心、军事力量和政治凝聚力，那么，他们就不可能蓄意在北约区域内挑起有限战争。

a. 尽管如此,如果北约不能维持应对全面侵略的可信能力,则华约可能得出结论认为,他们可以在苏联核战略能力保护伞之下发动有限的进攻。在这样做的时候,苏联人可能试图在不升级为核战争的情况下利用北约的弱点。此类行动可能旨在迅速成功达到有限目标,随即呼吁谈判,以利用既成事实,避免与北约发生军事对抗。

b. 苏联人可能用它的部队发动此类有限进攻,但是更可能动用其他部队或共产党支持的地方革命团体进行这种军事行动。在保持这种行动的有限政治目标的过程中,他们可能谋求限制北约部队的参与,限制交战的地域,防止或至少限制使用核武器。

11. 大规模进攻。只要对北约承担义务的部队和支持北约的外部核部队即使发动一次突然核打击就能够对苏联社会造成灾难性破坏,那么苏联就不可能蓄意挑起全面战争或在北约区域内发动任何可能具有升级为核战争风险的其他攻击。

12. 蓄意进攻。这种进攻的风险在不同地区之间可能是不同的,但这种风险不能忽视;例如,如果潜在的敌人,或源于某种政治迹象,或由我们的军事准备状况推断,而怀疑我们的凝聚力、决心或抵抗能力。北约侧翼军事上的薄弱使这一切尤为脆弱。

13. 意外事件或误判。敌对状态可能会由意外事件、误判而起并升级为更为严重的紧张局面,这种可能性不能排除。

收到进攻预警的可能性

14. 潜在的敌人有能力发动大规模突然袭击,而突然袭击的概念仍是战争的基本原则;因此,北约军事计划的基础之一应该是,假设即刻可以为华约所用的部分或全部部队发动进攻时几乎没有或完全没有战略预警。就专门或最初针对北约侧翼地区发动的进攻而言,由于北约在当地的军力薄弱而极有可能对侵略者的行动选择产生影响,使之倾向于发动突然袭击。

15．如果华约为了增加攻击的分量而准备放弃战略突袭，那么，可以预见，一定有一些迹象表明其正在进行军事集结。尽管不能确定苏联或它的一个盟友不会发动突然袭击，但是，在目前的政治气候下，在其发动侵略之前很可能会经历一段政治局势紧张不断加剧的时期（即便不是几个月，也可能是几个星期）。这种紧张局面不断加剧时期的最初阶段可能以某些迹象为标志（例如苏联政策的变化），这些迹象如果得到正确、及时的解读则可以为北约提供一定的预警。由于依赖这种可能性作为制订北约总体军事计划的一个基础蕴含相当大的风险，因此，在制订政治措施和军事行动计划的过程中，还应该考虑如下方面，例如准备和部署增援部队，以便最大限度地利用任何预警期以显示北约的凝聚力和决心，并加强其威慑态势的可信性。

战略考虑

防御原则

16．北约的威慑概念基于：

a．一种明白无误的采取集体行动以抵御任何针对北约区域的侵略的决心；

b．一种公认的北约对于任何侵略都能作出有效反应的能力；

c．一种防止潜在的侵略者有信心预测北约对于某种侵略作出何种具体反应的灵活性，而这将使其得出结论认为，无论其进攻的性质如何，它所涉及的风险程度都是不可接受的。

17．万一威慑失败，侵略发生，北约应该有三种类型的军事反应供其选择，其中一种或一种以上的反应类型应该在任何具体的应急情况下使用：

a．直接防御。直接防御谋求在敌人选择的作战水平上击败侵略。它取决于防止敌人获得其想要得到的东西。在任何紧急情况下的直接防御能力是对该紧急情况的一种威慑；成功的直接防御或者击败侵略或者使侵略者背负升级的负担。当用于直接防御的各种选择方案都存在时，北约能够成功对抗任何侵略，无论它在何地、何时、何种水平、多长时间内发生。直接防御包括动用这类现有的可能被授权使用的核武器，这种授权或者是在预先计划中作出的，或者是以个案为基础的。直接防御需要实际的可随时作战的军事力量，其在陆上必须具有前沿防御能力，在海上，必须具有抵抗在任何地方发生的侵略的能力。

b. 蓄意升级。蓄意升级谋求在可掌控的地方扩大作战的范围和强度，使成本与风险与侵略者的目标不相称及核反应威胁逐渐更为迫近。它不仅依赖像这样的能力击败敌人的侵略，相反，它削弱其继续冲突的意志。依据侵略开始的水平、每个升级性行动与反应所需的时间以及成功率，升级性步骤可能会从下述样本中选取，前提是假定这些样本先前未曾作为直接防御体系的一部分而得到运用：

（1）扩大或加剧一场非核战事，很可能通过开启另一条战线或在海上开始作战行动以应对低强度的侵略；

（2）动用核防御和反介入武器；

（3）明确使用核武器；

（4）对于阻断目标实施选择性核打击；

（5）对于其他合适的军事目标实施选择性核打击。

c. 全面核反应。全面核反应考虑根据需要对全部核威胁、其他军事目标和城市工业目标实施大规模核打击。北约可能会遭受苏联的大规模核打击。它既是终极威慑力量，而如果被使用，则是终极军事反应。

战略要素

18. 防御概念——为了保卫北约领土和人口，保护海洋和空域的自由使用，北约防御概念应该实现如下基本目标：

a. 以安全的报复性打击能力和全面备战来维持核战略威慑态势。

b. 为了使潜在的侵略者相信它将会迅速、有效地投入战斗，北约必须维持前沿防御概念。维持足够的作战准备和均衡的陆、海、空部队，并将其尽可能必要地进行前沿部署。

c. 尽快确定针对陆地或海域侵略的规模。

d. 防止侵略者夺取并控制北约的领土或干扰海洋与空域的自由使用，在不必诉诸核战的情况下对抗有限的侵略；或者，如果侵略者仍执着于它的目标，则给予其这样的抵抗，迫使它要么撤退，要么冒战争进一步升级的风险，如果必要，则有控制地使用核武器。

e. 为应对大规模侵略，动用为实现北约的目标所必需的常规与核能力。

19. 北约部队。前沿防御概念需要有足够的保持高度戒备状态的陆、海、空部队，在局面紧张时期致力于迅速参与北约的一体化行动，抑或抵抗任何有限的或大规模侵略。北约的具有常规能力和核能力的可随时作战的部队和平时期必须致力于提供可信的力量，威慑任何级别的侵略，其中包括从侵犯到大规模侵略。为了完全有效地抵御由几乎没有或完全没有预警的部队发起的进攻，必须向北约部队提供足够的作战支援和后勤支援，使之拥有必要的战术动员，并在合适的战术位置以适当的纵深梯队形式进行前沿部署。

考虑到在可能的侵略发生之前很可能会有一段政治局势紧张时期，或者利用其他迹象提供的预警，北约需要具备快速增强其前沿部署的能力。这要求：

a. 对不靠近应急防御位置的现役部队进行及时部署。

b. 在不削弱动员日在其他地区的防御能力的情况下，通过提高北约快速增援能力在侧翼补充起作用的可随时作战的地方部队。

c. 提供训练有素、装备齐整并随时可以动员且可能对北约负有义务的预备役部队。

d. 可以利用充足的常规武器和核武器供应。

上述 c 中所提出的要求应该充分考虑北约国家的动员能力和部队扩

编能力，应该在长期的政治决心的考验中为长远的军力增长提供基础。

20．外部战略核部队。北约成员国控制的战略核部队与北约的核部队之间必须一直进行全面的计划上的协调，以确保全部核能力的最有效使用。

21．对于北约而言的成员国其他部队。对于北约不承担义务但可利用的成员国部队应该通过以下一种或更多的方式促进北约区域的防务：

a．情报收集与传播。

b．以安全部队对付各种针对北约国家的秘密行动。

c．在应对有限的侵略中，以增援部队支持前沿防御概念。

d．在应对大规模侵略中，以纵深防御支持前沿防御概念。

e．以外援部队迅速介入，与坚定的地方部队联合保卫北约侧翼。

f．威胁开辟另一条战线。

g．提供部队以便为北约或其成员国的部队提供后勤支援并保卫各条通讯线。

22．升级威胁：

a．对于未动用全面核进攻的侵略的主要威慑手段是威胁将战争升级，这会导致华约得出结论认为，因此而冒的风险与其目标不相称。万一发生未动用大规模核进攻的侵略，北约应该立即以直接防御作出反应。（参见上文的第17a段）。首要目标是在不使战争升级并保护或恢复北约区域的完整与安全的情况下对抗侵略。不管怎样，北约必须一直公开为升级冲突、必要时使用核武器做准备。应该强调，北约在不诉诸核战争的情况下对抗常规侵略的能力将取决于敌人的行动、北约国家基于获得的预警而采取的行动、可随时投入作战的部队与增援部队的作战效果及其常规前沿防御能力。这些因素将决定北约会在何种侵略级别上致力于启动使用核武器。

b．在和平和战争时期，现存核力量在谈判的天平上占有很重的分量，而北约的安全与完整的基石必须继续建立在足够的全面核态势基础之上。核战争的后果将会如此严重以至于北约应该只有在尝试了通过政治、经济及常规军事行动等各种可能手段，仍发现不足以保卫或恢复北约区域的完整之后才能进行这样的行动。

c．北约应该保留在军事或政治所需的情况下使用核武器的主动性。尽管不能排除在有限范围和区域内使用核武器对抗侵略，这可能会导致冒更大的战事升级的风险。

23．决策机器——基于华约推进其军事行动的速度，北约的政治、军事管制安排必须考虑到：

a．继续评估敌人的能力和进攻迹象。

b．决策机器能够迅速作出决定，特别是在如下方面：

（1）宣布警戒措施，包括向北约的主要司令官派遣部队。

（2）在动员与部署增援部队的决策过程中，对于常规军事行动的需要。

（3）放开核武器。

24．北约部队集结的影响——能够对战略预警作出迅速反应的北约部队会加强北约威慑任何规模侵略的能力。如果成员国的部队维持有效的戒备状态，如果他们能够在开始阶段，甚至在真正的战争状态出现之前增援北约部队，则他们会极大促进北约的威慑效果。

北约的军事态势

总体态势

25．为了威慑，如果必要，对抗侵略，北约的基本军事态势要求陆、海、空部队具有方位能力，包括：

a．北约的战略核力量。这些力量应该足以对苏联社会遭受灾难性破坏，即便是在遭受突然核打击之后，它们构成了北约军事能力的支柱。尽管似乎无法避免西方因全面核打击而遭受类似的破坏，但是，风险在一项建立在威慑基础上的政策迫不得已承担的必然结果。

b. 北约的主要司令官可利用的战术核力量。这些战术核力量是北约威慑力量的重要组成部分。其主要目的是通过使敌人面临冲突升级的后果来增加对于任何级别的常规进攻的威慑力量，如果必要，则用来对付它们；通过升级为全面核战争作为威胁来威慑战术核武器的使用，及如果必要，则用来对其作出反应。

c. 北约的许多陆、海、空常规部队从根本上得到了战术核武器的支持，它们是威慑力量更为重要的组成部分。通过使侵略者面临一种可能陷入冒升级为核战争的严重风险那样一种规模的非核战争状态前景，它们可以被用来威慑和最大程度上成功对抗可能有限的非核攻击，以及用来威慑更大规模的非核打击。

对于这些部队的更广泛要求将在下面列出。

秘密行动

26. 正常情况下，北约国家的武装部队及其内部安全部队应该足以应对其各自国家内的秘密活动。某些秘密行动可能由华约部队直接参与。这些潜在的冲突来源，特别是包括苏联对柏林的态度，应该作为北约战略的特殊要素而加以考虑。

有限的侵略

27. 北约的陆、海、空部队应该具有对各种有限侵略作出迅速、灵活而有效反应的能力。为了提供必要的灵活性并满足直接防御的需要，这些部队需要足够的机动性、火力、通信工具和后勤支援，以及进行广泛防御性和进攻性作战行动的能力，包括有选择、有区别地使用核武器。

由于北约部队可能得对付占优势的华约常规部队，这就需要与威胁相适应的快速增援。为了加强北约对有限侵略迅速作出反应的能力，特别是在侧翼位置，下列要素十分重要：

a. 提供足够的能够实施前沿防御的地方部队。

b．提供根据计划迅速干预的陆、海、空援助部队。

大规模侵略

28．为了应对大规模侵略，在同盟内部北约需要：

a．作为终极反应手段，拥有安全报复能力的核战略部队。

b．能够对任何侵略或颠覆活动进行常规和核防御的陆、海、空部队。

c．海上部队为保护航运而对潜艇和海面部队发动攻击，为支持陆地作战而在安全撤离、处理盟国的船只及北约国家的重要物资供应等方面提供援助。

大规模核战之后的军事行动

29．由于任何核战的规模与性质都无法确切估算，因此，核战后的局面也是难以预见和限定的。北约不应该计划在一场全面的核战争之后保留作战部队。无论如何，北约需要一种生存能力，以至少完成以下任务：

a．落实各项生存措施。

b．维持法律和秩序。

c．控制陆地和海上区域。

细菌战和化学战

30．尚不清楚生物武器或化学武器能力可能对威慑产生何种程度的影响。不过，存在这样的危险，即苏联领导人可能开始相信他们在这些领域的能力会赋予他们重大的军事优势。北约的威慑应该主要依赖其常规力量和核力量，但是，它也应该具有有效部署能力：

a．作为报复的有限的致命化学战剂。

b．对抗化学武器的被动防御措施。

c．对抗生物武器的被动防御措施。

北约区域之外的军事行动

31．为了便于应对在北约区域之外，尤其是周边地区出现的有限军事危局之所需，某些北约国家的部队可能需要保留灵活性。这种灵活性应该与保卫北约的需要相协调一致。

战略概念

32．北约总的军事目标是以打造一种有效的对付各种侵略的威慑力量来防止战争。为了实现这一目标，北约需要全方位军事能力，包括从常规力量经由战术核武器到战略核力量。

33．为了向这一威慑战略提供最低的必需品，北约必须联合行动并至少维持：

a．一种可信的直接防御能力，以威慑像这样的较低程度的侵略，如秘密行动、侵犯、渗透、充满敌意的局部行动及有限的侵略。

b．一种可信的故意使战事升级的能力，以威慑更具野心的侵略。

c．一种可信的作为最终威慑手段发动全面核反应的能力。

34．万一发生侵略，北约的军事目标必须是动用可能在前沿防御概念框架下必要的部队来保卫或恢复北约区域的完整与安全。万一发生侵略，北约应该：

a．起初以现有的直接防御力量应对任何除大规模核攻击之外的侵略。

b．如果直接防御不能阻止侵略、平息事态，则故意促使冲突升级。

c．如果侵略行为是一场大规模的核攻击，则启动相应的大规模核反应。

35．北约的各项政治与军事管制安排应该允许进行为各种进攻指标所需的政治协商，以及为动用核武器所需的协商。核武器的使用应该与下述方针保持一致：

a．万一北约区域确凿无疑遭受了核武器进攻，北约应该以与事态相适合规模的核武器作出反应。在此情况下，协商的可能性是极为有限的。

b. 万一爆发全面常规侵略，表明致使整个北约区域陷入了全面战争状态，如果必要，北约部队应该以与事态相适合规模的核武器作出反应。可以预测，假使这样的话，有协商的时间。

c. 如果某一次进攻不符合上述 a 和 b 所描述的情况，但它威胁了遭受攻击的部队和领土的完整，而又不能以常规力量成功加以阻止，则使用核武器的决定将取决于北大西洋理事会事先协商的结果。

<<
_____

二十四、实施北约防御战略概念的措施

（1969年12月8日）

引言

1. 1967年5月防务计划委员会部长级会议向北约军事当局发布了指南①。根据这份指南，北约整体战略概念修订了，部长们在1967年12月的会议上批准了修订后的战略概念②。

2. 本文件旨在确立实施该战略概念的必要措施，以便北约主要指挥官和北约国家能够制定其计划并形成其防御模式。

3. 本指南可能时常由军事委员会按防务计划委员会不仅是为了平时制定计划而且在实际发生危机的情况下颁布和批准的具体指导文件加以修订。

_____

① DPC/D（67）23, 1967年5月11日。

② MC 14/3（Final）, 1968年1月16日。

目标

4. 北大西洋公约的基本承诺是联盟的一个或多个成员遭到武装攻击,应视为对全体成员国的武装攻击。这一承诺及军事委员会14/3号文件（MC 14/3）中的战略概念,都要求北约在遭到攻击时有多种行动可供选择,并完全具备各种军事能力。北约军事计划的基础必须是以可靠的威慑力量确保安全;[①]第二,一旦发生侵略,以前沿防御概念范围内必要的军事力量维护或恢复北大西洋公约区域的完整和安全。

战略概念的含义

5. 本战略概念（MC14/3）强调以下事项:

a. 在关系紧张和危机时期,北约军事当局和政治当局需要保持密切联系,以加强交流,在集结部队、战备及对北约军事当局提供政治指导等问题上加快集体决策。

b. 在保持北约核能力的同时,需要足够的常规军事力量并加强常规作战能力。这应该包括获得最佳的双重能力,特别是在空军中,及在常规作战中动用这些兵力的灵活性。

c. 需要尽可能利用一切可利用的预警时间集结现有的北约部队,方式包括现役部队的快速投入、部署和调动,及迅速动员、部署训练有素、装备齐全的后备部队。

d. 前沿防御概念,包括在合适的战术位置进行纵深梯次部署和机动运用有战斗力的现有部队。

e. 对侵略作出灵活反应的概念基于这种侵略的规模和地域准备好各

---

① 缺"第一",原文如此。

种反应方案，即：直接防御，我方故意升级战争并发起全面核打击，针对任何具体的紧急情况，应有一种或一种以上预案。

f. 需要故意使战争升级的能力。

g. 虽然北约需要完成实施生存措施、维持法律和秩序及控制陆地和海域的生存能力，但本政策主张不应为全面核交火后的战争预留兵力。

军事行动持续时间

6. 军事行动的性质和持续时间不可能准确预测。缺乏有关信息，如紧张状态持续时间／预警时间，侵略的规模和类型及战区——其最初的选择完全取决于敌人——这使得很难预测军事行动持续的时间长还是短，抑或二者之间。

7. 在敌人发起较小规模的侵略时，军事行动的持续时间取决于敌我任何一方作出的是否应该结束、扩大或升级冲突的决定。如果冲突以大规模常规进攻形式挑起，或发展成为大规模常规进攻，北约无须诉诸核武器而可以抵抗的时间长度则取决于敌人进攻的地域、进攻强度、北约常规力量的充足程度和战备水平及北约核打击力量幸存情况。

8. 虽然可能导致战争升级，但适时使用战术核武器可能阻止侵略者，从而限制战争的进一步升级。但一旦使用核武器，战争的走向可能就非常难以控制。

所需的措施

9. 情报、形势报告、早期预警、指挥、控制和通信。

军事和政治情报工作必须向北约及时、连续提供关于华约（a）能力，（b）可能的行动方向和（c）军事行动的尽可能详细的分析。这项工作必须尽可能提前向北约发出敌人可能即将发动进攻的预警，并确保能在北约国家和北约政治、军事当局之间迅速传播和交流关键信息。必须建立有效且不间断工作的早期预警系统，以在敌人即将空袭时发布预警，并在战争期间支援北约军事行动。必须部署有效的侦察和保安部队，以便对敌人的进攻发布战术预警，并掩护北约部队部署。为避免遭到敌人水面舰艇和潜艇的突袭并对战争的到来发出预警，建立有效的海上监视和预警系统也是必要的。全北约的监视和预警工作必须协调一致，以提供有效预警。北约战略重视从常规力量到战术核力量再到战略核力量的全频谱军事能力。相应地，这种对于迅速变化的形势作出灵活、及时反应的需要，使高度自动化的现代军事指挥、控制和通信系统成为必要。同样，还需要以迅速、可生存、安全和可靠的通信系统将各成员国政府、北约政治当局和北约军事当局联系在一起。

10. 在预警时间内迅速的协调行动。

北约战略认为，潜在敌人将不断加强其发动相当大规模突然袭击的能力。因此，北约军事计划的基础之一是应该假设华沙条约组织以其部分或全部能立即投入的兵力发动很少或没有战略预警的进攻。如果敌人专门或起初针对北约侧翼地区发起进攻，北约局部的军事劣势尤其可能影响侵略者倾向于选择突然袭击行动。北约战略还认为，在敌人发动侵略之前可能会有一段（可能是几个星期或几个月）的政治紧张时期。北约战略既为了实现成功的威慑，也为了战胜敌人，它在相当程度上取决于北约最大限度利用这一预警期，迅速集结前沿做好战斗准备的部队，该项工作应在保持灵活性的同时尽可能预先计划。为提高效率，应当及早提出迅速集结的措施，如有可能，应于现存的军事预警阶段之前。在此问题上，如时间允许，北约成员国应在与北约协商的情况下，准备采取此类直截了当的措施，如使本国分派和预留给北约的部队及本国指挥的但可以由北约动用的部队做好战斗准备，并向北约政治和军事当局报告其行动。

11. 战备。

北约现役陆、海、空军部队及其后勤保障力量应保持高效和高度机动，以迅速投入作战。部队战备水平应适应于其任务。为早期预警、即刻反应、早期部署和快速反应做准备的部队必须时刻保持高度战备状态。演习可以被用作一种预警措施，以加强北约在危机时期的军事态势。重新部署部队、增援部队和可动员的后备部队及其运输、兵站和后勤保障必须处于战备状态，以使北约的集结和增援能对华约组织的先发制人行动作出有效反应，并增强北约威慑态势的可信性。

12. 灵活性。

为应对各种可能的侵略，并防止潜在的侵略者有信心预测北约对各种侵略的反应，北约必须加强其部队及部队部署计划的灵活性。这种灵活性依赖于最大的机动性、迅速反应和快速还击的能力、良好的增援和后勤保障计划及政治决策以及反应灵敏的军事指挥、控制与通信系统。很大程度上也要依靠装备和程序的标准化，以便相互支援。而且，在保持足够核反应能力的前提下增强常规能力，这需要能迅速从执行常规任务转为核任务，反之亦然。

13. 进攻能力。

北约的总体态势仍完全是防御性的，北约战略要求对任何侵略立即采取直接防卫，也就是通常敌人在何时何地以何力度发动侵略，就在何时何地以何力度加以应对。不过，当直接防卫不够的时候，北约战略要求有意使战争升级，其采取的方式包括增加作战行动的烈度，或扩大作战的范围和规模。后者要求进行陆、海、空作战的能力，其中既包括核战，也包括常规战，且在作战的地点、时间及性质方面，由北约掌握主动权。联盟的核力量必须能完成这一从核威慑到全面核反击的战略目标。

14. 防空。

北约部队的生存和迅速、有效报复的能力，需要北约能够积极或消极地抗击苏联常规空袭或核空袭。因此，北约必须建立和维持有效的防空系统，该系统必须在切实可行的范围内协调和控制所有与防空有关的飞机、大炮和导弹。它还应包括保证部队、设施和资源幸存的消极措施。

15．紧急反应部队和增援部队。

北约需要能随时作战的多国部队，其部署能显示联盟的内部团结，并由此增强威慑力量。虽然这些部队应能作战，但其主要作用是一种示威。北约也需要具有均衡的作战能力，可以按应急计划部署的增援部队。紧急反应部队和增援部队应由不承担欧洲防御计划（EDP）任务的部队组成。

16．动员和扩编。

在保持现有部队的结构、战斗力和战备水平的同时，北约应通过提高其陆、海、空军后备部队的实力、训练、装备和战备水平，增加其有效应对华约部队集结的能力。且应当建立和维护有效的快速动员和扩编的体系及程序。

17．后方安全。

北约国家有责任立足本国资源建立足够强大的民防和内部安全组织，使北约部队能有最大的行动自由并保护交通线。

18．后勤和基础设施。

后勤计划必须不仅考虑已预留的动员日部队，也考虑可能参与北约作战行动的所有部队。后勤保障力量应被疏散部署并得到掩护，以降低其易受攻击性，其旨在进行独立和机动作战，且通过标准化实现灵活的相互支援。为了支持持续作战，必须获得并预先安置各种战争储备，这些战争储备必须足以实施北约战略，并由此使其具有可信性。为了作战行动的灵活性及灵活的再补给，制订各国和北约的资源计划应该考虑标准化的要求。北约的基础设施与各国的设施应该足以对当前的战略概念指导下的北约部队提供支持。

19. 训练和演习。

平时应抓住机会在盟军的演习中训练部队，并测试紧张时期或发生侵略时需要的反应能力和决策机制。

结论

20. 为了威慑，并在威慑失败时依据前沿防御原则对抗侵略，北约国家应在平时准备为提供全频谱军事能力所需的部队。为了建立可信的全面威慑，并在落实各项措施、任务和职责以实施本战略概念中，关键是要维持常规力量和核力量。故需要：

a. 加强现有常规部队，确保常规战略选择的可信性。

b. 有能快速加强受威胁地区的增援部队。

c. 提供动员和扩编部队，以进一步加强北约防御能力。

附录A——北约地理区域内的战略考虑

附录B——按司令部和地理区域划分的北约部队的职责和任务

附录A　北约地理区域内的战略考虑

一般原则

1. 从战略角度来看，北大西洋公约所覆盖的领土必须在与其地理环境的关系中加以考虑。这一环境包括：

a. 盟军欧洲司令部北区

b. 盟军欧洲司令部中区

c. 盟军欧洲司令部南区

d. 海域

e. 北美

盟军欧洲司令部北区

战略地位

2. 盟军欧洲司令部北区北邻巴伦支海和挪威海，南接波罗的海。因此，联盟很可能利用它所毗邻的一个海域操控其海基核打击力量并控制苏联进入开放的大洋的通道。北区对于盟国的价值源于其对于早期预警设施来说的有利位置，及其提供的战略掩护。该区域内的机场可供攻击机集结和休整。如该区域陷落，则极有利于苏联切断到西欧的海上交通线，大大缩短苏军进入作战区域的中转时间，并使苏联更易分兵，并将进一步暴露盟军欧洲司令部中区的北部。

3. 控制和监视巴伦支海/挪威海到北大西洋的出口对保护北约海上交通线至关重要。

4. 盟国控制和监视巴伦支海/挪威海区域，就能对苏联潜艇的部署提供预警，并有助于阻止其自由进入公海。并能进一步协助盟军在联盟北翼地区发动进攻。

波罗的海区域的战略地位

5. 控制波罗的海入海口、西波罗的海和中波罗的海毗邻地区对防御挪威南部、丹麦、德国北部、北海和北大西洋意义重大。这可以阻止华约军队对邻近的联盟领土展开两栖攻击，并协助盟军在波罗的海区域发动进攻。这种控制还会阻止华约海军通过波罗的海诸海峡。

盟军欧洲司令部中区

战略地位

6. 盟军欧洲司令部中区人口众多，资源丰富，战略位置重要，是北约欧洲部分的工业和政治中心。它是防御华约威胁的前线。华约若夺取该地区，将严重威胁欧洲其余部分和北美大陆。

盟军欧洲司令部南区

战略地位

7. 盟军欧洲司令部南区是华约国家与地中海－中东地区的屏障，该区的战略资源和交通线的安全对联盟至关重要。

8. 希腊和土耳其阻挡华约进入地中海，也是进攻敌方南翼的良好基地。如苏联试图进入中东，土耳其亦可阻挡或侧击之。

地中海的战略地位

9. 地中海是一个中间站，欧洲与外部世界的大部分贸易途经这里，美国的援助物资也需经地中海运往南欧。控制地中海对于盟国海军发挥其固有的灵活性至关重要。

10. 地中海环绕联盟的西欧和南欧区域及中东和北非的战略地区。控制这一地区提供了唯一手段，借此南部地区三大块陆地（意大利、希腊和土耳其）能相互支援。

黑海的战略地位

11. 黑海为华约部队提供了大量港口、船坞及基地设施，是苏联海军威胁地中海的主要来源。黑海有华约国家的重要交通线，阻断这些交通线，将妨碍对华约进攻南欧和中欧的行动的支持，并防止敌方在北约南翼发动两栖进攻。

海域

北大西洋的战略地位

12. 北大西洋是联盟的美洲和欧洲成员国之间联系的最关键一环。也是华约借以在全世界扩大政治、军事存在的通道。

13. 在紧张时期或有限进攻时期，北大西洋是北约和华约借以影响军事部署，公开的或秘密的，以进行独立作战，或支援陆地作战的工具。而且，北大西洋地区还可用于采取可控的海上试探行动。

14. 战时，北大西洋赋予北约进行海基战略威慑的手段；它还有助于华约由此发动潜艇核导弹攻击，以切断北约的海上生命线，并对抗北约海上进攻力量的威胁。

岛屿司令部的战略地位

15．各大西洋岛屿司令部占据通向北大西洋的主要通道和沿关键海上交通线的战略要地。它们为早期预警、反潜作战、前沿后勤保障和空中作战提供了各种基地。

葡萄牙的战略地位

16．葡萄牙及其大西洋岛屿提供了防御大西洋海上交通线和地中海通道的宝贵基地。此外，葡萄牙的位置相对受到保护，使其能够支援盟军欧洲司令部中区。

冰岛的战略地位

17．冰岛的地理位置有助于对苏联空军和海军作战，亦为北约提供了早期预警、反潜战部队作战、前沿后勤保障和空中作战的基地。

格陵兰的战略地位

18．格陵兰濒临丹麦海峡，该海峡是苏联北方舰队借以进入大西洋的西部海上通道。它可供北约进行早期预警和空中作战。

不列颠群岛的战略地位

19．不列颠群岛凭借其位置、工业实力、港口和机场，为早期预警、反潜战、战略反攻和支援在欧洲的北约部队提供了宝贵基地。

英吉利海峡和北海的战略地位

20．英吉利海峡和北海覆盖进入英国、法国北部、比利时、荷兰、德国、丹麦和挪威南部各海岸的通道，并拥有主要港口，其中几个居于世界最大港口之列。上述区域内航运密集，是有关国家经济和繁荣的生命线。

北美

北美的战略地位

21．北美建有联盟战略核力量的主要基地，这是联盟的终极威慑力量。在欧洲的工业生产能力遭到严重破坏的情况下，北美可能成为联盟主要的生产和后勤基地。

附录B　按司令部和地理区域划分的北约部队的职责和任务[①]

1. 一般指导

a. 和平时期。联盟部队在平时要显示北约的团结和有效应对华约主动进攻的能力。它们的主要职责是威慑可能入侵之敌，这取决于充足的实力和战备、高标准的训练、机动性、拥有现代化装备、充足的后勤保障、快速动员和扩编能力及选择性动用核武器和必要时作出全面核反应的能力。通过前沿部署警报，现有部队做好战斗准备及表现出动用和增援这些部队的明显决心和能力，可以进一步加强威慑力量。

b. 紧张时期。除了上文对和平时期的一般指导外，应利用紧张时期可能提供的任何预警时间，使北约部队达到适合于局势的实力和战备状态，并准备执行应急计划。派遣快速反应部队和/或迅速增援当地部队，展示联盟的决心、实力和内部凝聚力，可能防止局部紧张发展成侵略。情报、侦察、监视和治安作战需要加强，以对敌方可能的进攻提供尽可能长的预警时间，并协助保护北约核能力和其他重要设施。

c. 战争时期。除了上文对于和平时期和紧张时期的一般指导，北约

---

① 北约部队的职责和任务在下述文件中有了进一步扩展，规定了更多职责和任务，这些文件应与本文件结合起来阅读：

a. MC118-1968年8月5日，《北约海上力量的职责和任务及其与北约其他军事力量的关系》

b. MCM-23-68-1968年4月16日，《外围增援侧翼概念》

c. MCM-45-67（修改稿）-1967年12月8日，《大西洋常驻海军部队》

d. MCM-76-68-1968年9月24日，《大西洋海上应急部队》

e. MCM-88-68-1968年10月31日，《新战略方针（军事委员会14/3号文件）对盟军海峡司令部区域影响研究》

主要指挥官应准备在其负责的整个区域内运用部队，并根据敌人的可能行动，做好反击任何规模进攻的准备。

2. 一般职责和任务

以下的职责和任务为北约各区域内的所有部队所共有：

a. 作为有战斗力的作战部队，以公认的能力对任何敌对行动作出迅速反应，从而迫使敌人在撤退和升级战争之间作出选择，以提供一种威慑力量。

b. 为了尽可能对敌人的进攻发布预警，并及早识别敌人侵略的规模，开展情报、侦察、监视和治安行动。

c. 以适当的兵力，包括在得到授权时动用核武器，在敌人进攻之处予以抗击，以保持或恢复北约领土、海域、领空和部队的完整和安全。

d. 发动必要的进攻以争取主动。

e. 保持发动局部或全面核反应行动的能力，并在得到命令时参与这种军事行动。

f. 迅速、准确定位关键目标，以最大限度发挥核武器的威力。

g. 封锁敌人的陆、海、空力量。

h. 防止敌人发动两栖作战。

i. 采取一切切实可行的措施以确保部队、设施、交通线和补给的生存能力。

j. 维持动用消极防御措施应对化学战、生物战的能力，并按命令有效使用致命性化学战剂进行有限报复。

k. 落实生存措施，控制关键区域，协助各国政府在大规模核交火后维持法律和秩序，在紧急情况下采取直接行动控制平民人口流动。

l. 与各国政府合作，保卫后方的北约设施。

m. 执行此类为整编、再补给所需的任务，及完成为结束战争所必要的军事任务。

n. 开展电子战。

o. 开展心理战。

p. 奉命接收、支援和/或动用调防部队、紧急反应部队、外部增援部队和新动员部队。

q. 与邻近指挥官协调，并支援其行动。

r. 假设一个中立国或从前的敌对国家要与北约结盟，则与其武装部队建立联系，并联合开展行动，或利用其军事实力。

s. 假使一个中立国或从前的友好国家与敌方结盟，则以军事行动遏制或消灭其军事实力。

t. 参加北约演习以训练部队，并检验部队的指挥控制、通信、装备、预警程序和作战效能。

u. 与法国军队适当合作。

盟军欧洲司令部（ACE）

3. 影响盟军欧洲司令部职责和任务的重要因素

a. 北区

挪威邻接苏联绕过北角（the North Cape）进入挪威海和大西洋的海上通道。挪威的地理位置有利于在波罗的海、白海和巴伦支海开展空中行动。丹麦是在西波罗的海作战的关键，并控制着波罗的海和大西洋之间的海上通道。北区防御很可能很大程度上会受到邻近海域和盟军欧洲司令部中区的作战的影响。由于与在德国北部作战的中欧部队的联系可能被切断，因此，应制定防御计划以应对这种紧急情况。丹麦和挪威现在的政策不允许联盟和平时期在其境内永久驻军或部署核武器。这些国家在和平时期维持的军队数量较小。因此。如果发生侵略，这一地区得严重依赖迅速的外援。

b. 中区

中区的大部分与华约领土毗连，并处在华约部队打击范围之内。相对有限的纵深，特别是这导致区内盟军欧洲司令部所属空军部队部署集中，增加了其易受攻击性，这给本区的战略局势带来了不利影响。本区有源自东欧的几条主要通道，即北德平原、艾森纳赫/法兰克福轴线（the Eisenach/Frankfurt axis）和慕尼黑/奥格斯堡轴线（the Munich/Augsburg axis）。北德平原特别有利于敌人最大限度运用装甲和机械化部队。

c. 南区

意大利不与华约接壤。敌人进攻意大利，大概只能经奥地利或南斯拉夫进入北意大利平原或跨过亚得里亚海。希腊东部和土耳其色雷斯的海岸地带为将希腊和土耳其的防务联系起来以便其相互支持提供了实际可能性。土耳其是苏联在黑海发动两栖攻击可能威胁到的唯一北约目标。一旦希腊和土耳其遭到侵略，它们的部队得严重依赖快速外援。

d. 法国

法国领土、领空紧邻至关重要的盟军欧洲司令部中区和南区的后方。它们在作战和后勤两方面都对联盟有重要战略意义。任何进一步限制或永久放弃法国领土、领水或领空的决定或行动都将对盟军欧洲司令部中区和南区的防御带来不利影响。

4. 盟军欧洲司令部部队的职责和任务

以下按部队类别划分的盟军欧洲司令部部队的职责和任务，是对以上第2段中概述的一般任务的补充或进一步说明。

a. 陆军

（1）尽可能靠前防卫北约领土。

（2）确保陆上交通线畅通。

（3）扼守波罗的海海峡两岸。

（4）扼守土耳其海峡陆地边界，阻止敌军进入地中海。

（5）落实防御工事、障碍物和爆破计划，以增强作战部队的防御能力，支援纵深防御。

b. 海军

（1）通过维护海上自由和国际法的原则，向敌人连续、清楚地显示北约的团结统一，以阻止或抗击似乎威胁联盟政治、经济、军事利益的苏联海上活动。

（2）必要时，发起海上作战，以维持对海域，包括陆地水域的牢固控制，保持外海交通线畅通，消灭或干扰敌方商船的航运，并保护联盟的航运，重点保护从挪威南部到挪威北部的后勤补给和部队运输及德国北海区域、波罗的海入口（the Baltic Approaches）和地中海的海上交通线。

（3）在挪威北部邻近海域（与大西洋盟军最高司令官配合）、西波罗的海、中波罗的海邻近地区、黑海和地中海开展各种适当的海上作战。并在波罗的海东部和北部开展空中作战和潜艇战。

（4）以各种形式的海上、海军航空兵和两栖作战支援陆上和空中战役。

（5）在可能的情况下在封闭海域牵制和摧毁敌海上兵力，并以海上阻击战防止敌海上兵力进入外海，特别是在波罗的海和黑海出口，及直布罗陀海峡。

（6）实施与商船有关的防御作战，方法是：

（a）疏散商船，令其改航安全地区；

（b）建立海军对航运的控制；

（c）令商船结队航行或配备护航船队；并

（d）在切实可行的范围内对商船提供最大保护。

（7）实施反水雷措施以保护北约船舶沿既定航线安全通过浅水区，并靠泊港口或锚地。

（8）防御北约领土和岛屿基地，使其免遭敌人的海上袭击，并提供海上防空。

（9）以两栖作战保护或夺回军事要地。

（10）按北约既定政治方针，根据实际情况，在海上对华约的商船、渔船或海洋考察船施加压力，以应对华约的袭扰，并抗击华约一方的类似行动。

（11）提供海基后勤保障，并在其他手段不足的地区为地面部队提供后方勤务空运能力。

c. 空军

（1）夺取并保持制空权。

（2）以防空能力和防空作战保护部队、设施和平民；通过协调陆军和海军、邻近各指挥部和各国指挥部的防空需求和能力，组织、操作和协调早期预警设备和通信，防御各自的防空区。

（3）以战略和战术空中作战行动支援欧洲的陆、海、空全面作战；并依具体情况，协调或掌控由海军、邻近的各指挥部或外部空军提供的突袭部队。

（4）必要时，通过与各国气象部门协调，提供气象信息，以支援陆、海、空作战。

（5）协调搜索与救援工作。

（6）进行空中布雷。

（7）在波罗的海、黑海和地中海及其周边区域，并与盟军大西洋各司令部协同，在挪威北部附近海域，攻击敌方部队、交通线和港口。

盟军大西洋司令部（ACLANT）

5. 影响盟军大西洋司令部职责和任务的重要因素

控制北大西洋攸关联盟欧洲成员的生存。而且，使我方能进攻敌导弹潜艇，并在发生战略核武器交火时，分配剩余资源。联盟的制海权使海军特遣部队和弹道导弹潜艇能攻击敌人的军事基地，削弱敌人发动战争的潜力。

6. 盟军大西洋司令部所属部队的职责和任务

由于华约能够挑起和执行多种影响盟军大西洋司令部区域的行动，因此，无法以特定的地理区域划分该司令部所属部队的职责和任务。这些职责和任务可能会因每一个特定的作战地域而改变，某些任务可能根本不需要执行。尽管如此，确实可以大体规划盟军大西洋司令部所属海上力量的职能和任务，具体执行何种任务取决于敌人进攻的类型、作战地域和当时的其他情况。以下职责和任务旨在补充或进一步说明上文第2段中概述的一般任务。

a. 通过维护海上自由和国际法的原则，向敌人连续、清楚地显示北约的团结统一，以阻止或抗击似乎威胁联盟政治、经济、军事利益的苏联海上活动。

b. 必要时，发起海上作战，以维持对海域，包括陆地水域的牢固控制，保持外海交通线畅通，消灭或干扰敌方商船的航运，并保护联盟的航运。

c. 支援邻近盟军大西洋司令部海域的陆上作战，特别是在盟军欧洲司令部北翼的陆上作战，其方式为提供：

（1）两栖突击、后方勤务空运（administrative lift）和后勤保障。

（2）火炮、导弹、航空母舰和海上航空兵支援和反水雷措施。

d. 阻击敌方水面和水下部队，防止其进入外海，并部署反潜战部队以遏制大体已在外海的华约潜艇。

e. 进行与商船有关的防御战，这种防御战将在进攻作战之后进行或与之相配合，取决于可用的舰船情况，包括：

（1）疏散商船，并使其改航安全地带；

（2）建立海军对航运的控制；

（3）令商船结队航行或配备护航船队；并

（4）在切实可行的范围内对商船提供最大保护。

f. 实施反水雷措施以保护北约船舶沿既定航线安全通过浅水区，并靠泊港口或锚地。

g. 按需要进行布雷作战。

h. 定位并消灭敌海上力量，特别要注意很可能是潜艇发射弹道导弹的区域，并消灭敌海、空军基地及其他岸上设施。

i. 建立海上前沿防御，阻止敌航空、水面和潜艇部队入侵，并防御北约领土和岛屿基地，使其免遭敌人的海上袭击。

j. 从海上为地面部队提供防空掩护，并以两栖作战保护或夺回战略要地。

k. 按北约既定政治方针，根据实际情况，在海上对华约的商船、渔船或海洋考察船施加压力，以应对华约的袭扰，并抗击华约一方的类似行动。

l. 提供海基后勤保障，并在其他手段不足的地区为地面部队提供后方勤务空运能力。

海峡盟军司令部（ACCHAN）

7. 影响海峡盟军司令部职责和任务的重要因素

集中于英吉利海峡和北海的狭窄水域毗连地区的大量港口、基地以及利用这一地区的船舶，特别易遭敌方空袭。且该水域水浅，总体上使其遭遇潜艇战的危险，但它们特别适合水雷战。

8. 海峡盟军司令部部队的职责和任务

作为海军指挥官，海峡盟军总司令（CINCHAN）的部队面临的威胁与大西洋盟军最高司令（SACLANT）的部队的基本相同。在海峡盟军司令部管辖的区域，优先任务也取决于华约的主动行动，且如上文第1段中一般指导所述，具体采取哪一种措施要看所遭遇的进攻情况。海峡盟军总司令的总体职责和任务是对上文第2段中概述的内容的补充或说明，具体如下：

a. 通过维护海上自由和国际法的原则，向敌人连续、清楚地显示北约的团结统一，以阻止或抗击似乎威胁联盟政治、经济、军事利益的苏联海上活动。

b. 必要时，发起海上作战，以维持对海域，包括陆地水域的牢固控制，保持外海交通线畅通，消灭或干扰敌方商船的航运，保护联盟的航运及维持对欧洲和欧洲盟军最高司令部的补给。

c. 以水面兵力和海上巡逻机开展反潜战。

d. 发动与商船运输有关的防御作战，包括：

（1）疏散商船，并使其改航安全地带；

（2）建立海军对航运的控制；

（3）令商船结队航行或配备护航船队；并

（4）在切实可行的范围内对商船提供最大保护。

e. 实施反水雷措施以保护北约船舶沿既定航线安全通过浅水区，并靠泊港口或锚地。

f. 防御北约领土使其免遭敌海上袭击并提供海上防空。

g. 按北约既定政治方针，根据实际情况，在海上对华约的商船、渔船或海洋考察船施加压力，以应对华约的袭扰，并协助大西洋盟军最高司令对抗华约在大西洋的袭扰。

北美地区

9. 加拿大—美国区域计划小组（CUSRPG）只是一个制定计划机构，因而在这方面与北约主要指挥部不同。北约在该区未设总指挥官，详细的防御计划由各国制定，或经双边协商制定，并与加拿大—美国区域计划组制订的紧急防御计划（CUSRPG EDPs）和其他联盟战略计划保持一致。

10. 被派往履行加拿大—美国区域计划小组职责的加拿大和美国陆、海、空部队的使命是抵抗进攻，维护加拿大—美国区域的安全。为此需要协调运用加拿大和美国部队完成以下任务：

a. 为那些区域和军事设施提供防空，其中包括关键的核报复部队、其他军事资源和北美的工业和动员基础。

b. 维持海上交通并通过控制对防御加拿大—美国区域至关重要的

海域抵抗敌人的海上攻击。

c．防御敌人的空降和两栖作战、特种部队突击及在我方建立据点，并从据点出发作战。

d．根据各国民防政策协助民政当局。

图书在版编目（CIP）数据

北约是什么：北约重要历史文献选编. 3、4 / 刘得手编译. ——
北京：世界知识出版社，2015.6
ISBN 978-7-5012-4924-4

Ⅰ.①北… Ⅱ.①刘… Ⅲ.①北大西洋公约组织—文献—汇编
Ⅳ.①E161

中国版本图书馆CIP数据核字（2015）第113175号

责任编辑	龚玲琳　余　岚
责任出版	赵　玥
责任校对	马莉娜
封面设计	小　月

书　　名｜北约是什么
　　　　　——北约重要历史文献选编之三、之四
　　　　　Beiyue shi Shenme
　　　　　—Beiyue Zhongyao Lishi Wenxian Xuanbian Zhisan Zhisi

编　　译｜刘得手　姚百慧　许海云　李海东　等

出版发行	世界知识出版社
地址邮编	北京市东城区干面胡同51号（100010）
网　　址	www.wap1934.com
电　　话	010-65265923（发行）　010-85119023（邮购）
印　　刷	北京京科印刷有限公司
经　　销	新华书店
开本印张	720×1020毫米　1/16　24印张
字　　数	330千字
版次印次	2015年7月第一版　2015年7月第一次印刷
标准书号	ISBN 978-7-5012-4924-4
定　　价	50.00元